Inwieweit ist eine gesetzliche Festlegung der Lohn- und Arbeitsbedingungen möglich?

Erfahrungen Englands, Australiens und Kanadas

Von

Dr. R. Broda,

Professor am Collège libre des sciences sociales, Paris.

Berlin 1912

Druck und Verlag von Georg Reimer

Vorwort.

Im Juni 1911 beschloß der Vorstand des Instituts für Internationalen Austausch fortschrittlicher Erfahrungen, eine internationale Aktion zugunsten gesetzlicher Regelung der Heimarbeit — gleichzeitig in Deutschland, Österreich und Frankreich — in Anknüpfung an die in England erzielten Erfolge einzuleiten.

Dem Verfasser vorliegender Studie ward der Auftrag zuteil, das Erfahrungsmaterial Australiens, Kanadas und Englands in einem Buche niederzulegen, das den konkreten Reformforderungen des Institutes als Grundlage dienen soll.

Seit längerem mit Vorarbeiten für eine Studie über gesetzliche Regelung der Lohn- und Arbeitsbedingungen, als neue Entwicklungsstufe unserer sozialen Verfassung, beschäftigt, glaubte ich — im Rahmen dieser wissenschaftlichen Arbeit — auch den praktischen Notwendigkeiten der vom Institut unternommenen Reformaktion, die so segensvolle Ausblicke für Hunderttausende gequälter Heimarbeiter und Heimarbeiterinnen eröffnet, gerecht werden zu können. Ist es ja doch meine Überzeugung, daß vor allem die Heimarbeit einer gesetzlichen Regelung der Lohn- und Arbeitsbedingungen bereits heute auf das dringendste bedarf, weil eben alle Methoden der Selbsthilfe, die anderen Arbeitergruppen zur Verfügung stehen, für sie versagen.

Das soeben beschlossene Deutsche Hausarbeitsgesetz wird auch bescheidenen Forderungen nicht gerecht: aber es zeigt doch, daß man sich auch an maßgebender Stelle nicht mehr völlig der Würdigung des Problems verschließt; es muß zum Ausgangspunkt doppelt entschiedener Aktion für Errichtung von Lohnämtern, welche Minimallöhne bestimmen können, werden. —

Im Sinne dieser praktischen Aktion glaubte ich, die beispielgebenden Erfahrungen des Pionierstaates Victoria (Australien) eingehend, an Hand der offiziellene Dokumente, die ich während meines Aufenthaltes im Land gesammelt und auf Grund meiner persönlichen Teilnahme an den Beratungen der dortigen Lohnämter darstellen zu sollen, um so den Beweis für die Möglichkeit und Ersprießlichkeit solcher gesetzlicher Festlegung von Minimallöhnen zu erbringen. Ich glaubte ferner, den Tätigkeitsbeginn der englischen Lohnämter, welche Minimallöhne für Fabrik- und Heimarbeiter festlegten und sofortige schöne Erfolge erzielten, eingehend schildern zu dürfen, um hiermit den Freunden gleicher Reform in Deutschland und Österreich ein beweiskräftiges Beispiel, eine neue Waffe zum guten Kampfe, zu reichen.

In den nachfolgenden Abschnitten bemühte ich mich, im Sinne des wissenschaftlichen Grundgedankens, der mich zur vorliegenden Studie angeregt hatte, zu zeigen, daß sich auch in gewissen anderen Industrien, deren Betriebseinstellung öffentliche Interessen gefährdet, der Ersatz der anarchischen Methoden von Streik und Aussperrung, welche heute über das Ausmaß der Arbeitslöhne entscheiden, durch eine gesetzliche Festlegung derselben als notwendig erweise. Ich wies darauf hin, daß die in Kanada und Australien diesbezüglich gefundenen Methoden den Ausblick auf eine völlige

Beseitigung des Streiks in einem Zeitalter, da die Lohn- und Arbeitsverhältnisse von der Wissenschaft nach Gesichtspunkten der Sozialhygiene und des volkswirtschaftlichen Fortschritts diktiert werden, eröffnen.

Ohne auf eine Erörterung, ob damit ein endgültiger Zielpunkt der Entwicklung gefunden sei, eingehen zu wollen, hielt ich es doch für angebracht, diese Perspektiven der Zukunft anzudeuten, im übrigen aber die wesentlichen Abschnitte des Buches den Gegenwartsforderungen für gesetzliche Festlegung der Lohn- und Arbeitsbedingungen in der Heimarbeit und in den Industrien öffentlichen Charakters zu widmen.

Möge die vorliegende Schrift der deutschen Öffentlichkeit zeigen, daß Forderungen, die man vielfach noch als Utopien abzutun gewohnt ist, bereits heute in den Hauptkulturländern jenseits der Meere lebendige Realität geworden sind; daß England als Mittler zwischen den aufstrebenden Tochternationen angelsächsischer Rasse und den Völkern des europäischen Festlandes den entscheidenden Schritt der Verpflanzung dieser Einrichtungen nach Europa getan hat, daß nicht mehr in Frage steht, ob diese segensvollen Gedanken zur Durchführung gelangen, sondern nur: Welche Völker des Festlandes sich den Ehrentitel, als erste vorangegangen zu sein, gewinnen wollen.

Paris, am 30. November 1911.

R. Broda.

Inhaltsverzeichnis.

Anhang.

1. Kapitel.

Gesetzliche Lohnfestsetzungen in der Vergangenheit.

Die Regelung der Arbeiterlöhne durch das Widerspiel von Angebot und Nachfrage wird heute vielfach als einzig mögliche angesehen.

In vorliegender Studie soll versucht werden zu zeigen, daß bloß die Gegenwart unter dem Zeichen dieses Gesetzes steht, die Zukunft einer gesetzlichen Regelung der gewerblichen Lohn- und Arbeitsbedingungen gehört.

Daß solche gesetzliche Regelung übrigens auch in der Vergangenheit bis zum Beginn des 19. Jahrhunderts vielfach üblich gewesen, ist von der historischen Forschung einwandfrei festgestellt und sei hier ein kurzer Überblick über die diesbezügliche Entwicklung seit dem Ende des Mittelalters gegeben. (Die Sklavenarbeit des Altertums und die ländlichen Arbeitsverhältnisse des frühen Mittelalters sind zu disparat, um für unsere Untersuchung in Frage zu kommen.)

In Deutschland gehörte es seit dem vierzehnten Jahrhundert vielfach zu den Rechten der Stadtobrigkeit, die Löhne der Gesellen festzulegen, und später ward diese Befugnis zwischen dem Staat und dem Landesherrn geteilt, wie andererseits auch die Zünfte das genannte Recht gern in Anspruch nahmen. So ist uns eine Urkunde aus dem vierzehnten Jahrhundert erhalten, eine Verordnung vom 4. August 1358 [1]), durch die der Arbeitslohn der Schneidergesellen von den preußischen Städten und dem Hochmeister des deutschen Ritterordens festgelegt wurde. Besonders im Baugewerbe, das ja auch heute den Abschluß von kollektiven Arbeitsverträgen besonders nötig hat, wurden schon im 14. Jahrhundert die Löhne vielfach von den Stadtobrigkeiten festgesetzt, und eine Verordnung der Stadt Speyer aus dem Jahre 1342 ist uns erhalten, die die Löhne der Steinmetzen, Maurer, Zimmerleute, Dachdecker und anderen Bauhandwerker festlegt [2]).

Vom 16. Jahrhundert an wurden die Gesinde- und Gesellenlöhne immer häufiger durch die landesherrliche Gewalt selbst bestimmt. So sind uns in der württembergischen Landesverordnung aus dem Jahre 1567 viele eingehende Festsetzungen über die Löhne der gewerblichen und landwirtschaftlichen Arbeiter erhalten. Auch in den folgenden Jahrhunderten wurden vielfach Lohnsatzungen erlassen, oft jedoch nur Maximallöhne zugunsten der Arbeitgeber festgelegt; so wurden in Österreich unter Karl VI. im Jahre 1711 und 1722 Lohnsatzungen für Bauhandwerker erlassen, die im wesentlichen nur Maximallöhne enthalten. Die Erstarkung der Arbeitgeberstellung, die merkantilistischen Anschauungen der Zeit, wie in gewissem Grade auch der Gedanke einer Fürsorge für die wirtschaftlich schwächeren Unternehmer, die gegen Lohnüberbietung der Großkapitalisten zu schützen wären,

---

[1]) Siehe Zwiedineck-Südenhorst, Lohnpolitik und Lohntheorie S. 32.

[2]) Siehe Zwiedineck-Südenhorst, Lohnpolitik und Lohntheorie S. 36.

mögen die Momente gewesen sein, welche die seltsame Bewegung hervorriefen.

Mitte des 18. Jahrhunderts wurden die gesetzlichen Maximallöhne jedoch seltener und für Österreich durch ein Patent vom 1. September 1773 ganz aufgehoben.

Bereits in die gleiche Zeit fallen auch die ersten organisierten Versuche einer Aufstellung gesetzlicher Minimallöhne. Schon 1674 und 75 wurden im Kanton Zürich zum Schutze der heimarbeitenden Florweber, Seidenkämbler, Seidenspinner und Seidenwinder Lohntaxen erlassen, um durch dieselben der Ausbeutung der Hausarbeiter durch ihre Verleger eine Schranke zu setzen. Eigentliche Minimallöhne wurden mit der Fabrikordnung von 1717 festgesetzt und zwar für folgende Fabrikationszweige: 1. Schafwollfabriken, 2. Seidenfabriken, 3. Gold- und Silberdraht- und -Gespinstfabriken, 4. Baumwollfabriken und endlich 5. Strumpffabriken. Die Löhne waren Stücklöhne, für die einzelnen Arbeitszweige mit ziemlicher Genauigkeit berechnet; für die Fortbildung der Lohntaxen im Falle der Einführung neuer Arbeitsverrichtungen war in dem Gesetze gleichfalls durch besondere Bestimmungen Vorsorge getroffen.

In England läßt sich die Kontinuität staatlicher Lohnpolitik vom 13. bis 18. Jahrhundert noch klarer nachweisen. Schon im Jahre 1351 wurde das First Statute of labourers erlassen, welches eine vorangegangene Lohnbewegung durch staatliche Festsetzung der Löhne in den verschiedensten Gewerbszweigen beendete. Waren es auch überwiegend Maximallöhne, die in dieser und in anderen gleichzeitigen Verordnungen festgesetzt wurden, so kam ein Gesetz des

Jahres 1563 der moderneren Forderung einer Festsetzung von Minimallöhnen entgegen. In einem andern Gesetze des Jahres 1603 wurden speziell die Strafbestimmungen gegen Arbeiter wegen Überforderung der Maximaltaxen aufgehoben und umgekehrt Strafbestimmungen gegen Meister, welche die vom Gesetze festgelegten Minimallöhne nicht bezahlten, eingeführt [1]).

Erst mit dem 18. Jahrhundert ging man von der staatlichen Lohnfestsetzung ab und übertrug im Jahre 1747 den Friedensrichtern das Recht, Streitigkeiten zwischen Arbeitern und Arbeitgebern auch ohne vorherige Zugrundelegung einer staatlichen Lohnfestsetzung zu schlichten. Mit der fieberhaften Entwicklung der englischen Industrie seit der Mitte des 18. Jahrhunderts und der Wandlung in den Anschauungen der Nationalökonomie, dem Siege des Gedankens absoluter Unabhängigkeit des gewerblichen Lebens, sind dann die letzten Reste staatlicher Lohnfestsetzung zusammengebrochen. Die Anträge auf Festlegung von Minimaltarifen, die man in den Jahren 1795, 1800 und 1808 im englischen Parlamente stellte, wurden abgelehnt.

---

2. Kapitel.

Die gleiche Frage in der Gegenwart.

Das 19. Jahrhundert hat allüberall dem ungebunden freien Spiel der wirtschaftlichen Kräfte in der Bestimmung gewerblicher Lohn- und Arbeitsbedingungen zum uneingeschränkten Durchbruch verholfen.

---

[1]) W. Cunningham, The Growth of englisch industry and commerce.

Nur das „Gesetz“ von Angebot und Nachfrage sollte auf dem Arbeitsmarkt, wie auf allen andern Märkten, gebieten.

Einige Jahrzehnte vergingen, bis die öffentliche Meinung gewahr wurde, welch trostlosen Irrtum sie begangen hatte, als sie die Beziehung zwischen Käufer und Verkäufer einer Ware den Beziehungen zwischen Käufer und Verkäufern der „Ware“ Arbeitskraft gleichstellte; bis sie begriff, daß ein Verhandeln von Gleich zu Gleich zwischen Unternehmer und einzelnem Arbeiter, dem bei Nichtverkauf seiner Arbeitskraft unmittelbar der Hunger droht — nicht möglich sei; daß durch die Natur der Dinge selbst sich eine Art von neuem Hörigkeitsverhältnis zwischen Unternehmer und „freiem“ Lohnarbeiter herausgebildet habe, dem jedoch keine Tradition schützend zur Seite stehe; daß die Schutz- und Hilflosigkeit der industriellen Lohnarbeiter zu überlanger Arbeitszeit, zu Frauen- und Kinderarbeit, die der Rassenhygiene ins Gesicht schlage, sowie häufig zu derart niedrigen Löhnen führe, daß die für Erhaltung der Volkskraft notwendige Ernährung und Behausung, speziell im Großstadtmilieu mit seinen besonderen Schwierigkeiten, nicht mehr sicher gestellt werden können.

Bald mußte man auch erkennen, wie alle diese Einzeltatsachen sich zu großen Massenwirkungen zusammenballten und physische Degeneration der lohnarbeitenden Bevölkerung herbeiführten; wie schließlich im Gefolge derselben und insbesondere dank der Auflösung der Familie durch Frauen- und Kinderarbeit auch eine psychische Degeneration einzusetzen begann [1]).

[1]) Siehe für nähere Darstellung und Beweisführung: „Das moderne Proletariat“, eine sozialpsychologische Studie von Dr. R. Broda und Dr. Jul. Deutsch, Verlag Reimer, Berlin.

In England wurden diese Gefahren am frühesten erkannt und gewürdigt. Und schon in der ersten Hälfte des 19. Jahrhunderts entschloß man sich, wenn auch nicht Lohn-, so doch Arbeitsbedingungen der gewerblichen Arbeiterschaft der freien Vereinbarung beider Interessengruppen schrittweise zu entziehen und gesetzliche Festlegung, gesetzlichen Arbeiterschutz an ihre Stelle treten zu lassen. Deutschland, Österreich, Frankreich und die meisten anderen Kulturstaaten folgten, beschränkten die Kinder- und Frauenarbeit, setzten vielfach Maximalarbeitstage auch für erwachsene männliche Arbeiter fest, trafen Vorsorge für hygienische Arbeitsräume und eine wirksame Inspektion derselben durch staatliche Funktionäre usw.

Die Ausgestaltung des gesetzlichen Arbeiterschutzes, von einflußreichen Verbänden, wie der Internationalen Vereinigung für gesetzlichen Arbeiterschutz, vereinheitlicht und gefördert, geht weiter und hat gerade in den letzten Jahren in den internationalen Verträgen, welche die Nachtarbeit der Frauen ausschließen und gewisse gesundheitsschädliche Arbeitsmethoden in der Zündholzindustrie beseitigen, mit dem französischen Gesetz über den zehnstündigen Maximalarbeitstag, dem österreichischen und englischen Gesetz über den neun-, bzw. achtstündigen Maximalarbeitstag der Bergarbeiter, neue große Fortschritte gemacht. Schon kann mit Fug und Recht behauptet werden, daß die Regelung der gewerblichen Arbeitsbedingungen mehr und mehr den öffentlichen Gewalten anheimfällt; daß das Gesetz, wie es aus wissenschaftlicher Erkenntnis und sozialem Wollen herauswächst, an die Stelle blinder wirtschaftlicher Willkür tritt.

Die parallele Entwicklung zu der gesetzlichen Festlegung der Arbeitsbedingungen: die der Lohnbedingungen, ist noch unvergleichlich weniger weit gediehen. Direkte staatliche Eingriffe fehlen in Europa völlig. Und soweit die Privatindustrie in Frage kommt, kann bloß in gewissen bescheidenen Schutzmaßregeln, wie sie in Dänemark, Schweden, England die aus freier Vereinbarung erwachsenden Kollektiven Arbeitsverträge umkleiden, ein Ansatz zu solcher Gesetzesinitiative erblickt werden.

Im übrigen sind es die Gewerkvereine und ihr Kampfmittel, der Streik, die ein gewisses Gleichgewicht zwischen Arbeitgebern und Arbeitern hergestellt haben. Die Meinung der älteren Nationalökonomie, daß die Arbeitslöhne auf freiem Markt durch Angebot und Nachfrage befriedigend festgestellt werden könnten, ist somit auch hier längst durchbrochen und durchlöchert, aber nicht das organische Gesetz, sondern der Kampf der organisierten Interessentengruppen ist an Stelle des „Gesetzes" von Angebot und Nachfrage getreten.

Nur insoweit, als mehrere Staaten des Festlandes — vor allem Deutschland — Bahnen, Bergwerke, sowie manche Industriezweige in eigenen Betrieb übernommen haben, trat der planvolle Wille der Volksgesamtheit, trat das staatliche Gesetz als Faktor der Lohnregelung in Erscheinung. Gehälter und Pensionen der staatlichen Angestellten werden nicht nach den Gesichtspunkten von Angebot und Nachfrage, sondern im wesentlichen nach Normen allgemeiner Billigkeit und höherer Zweckmäßigkeit festgelegt.

Das gleiche gilt für die Gemeindebetriebe und an einigen Orten, so in Paris, wurden auch die Lohn- und

Arbeitsbedingungen in Betrieben, die von der Stadt konzessioniert werden (Omnibussen, Straßenbahnen usw.) in den „cahiers de charge“ durch die Stadtverwaltung in ihren Umrissen bestimmt. Diese öffentlichen Betriebe treten aber in allen Kulturstaaten gegenüber der privaten Industrie zurzeit noch ganz in den Hintergrund. Für die letztere wird überwiegend angenommen, daß eine gesetzliche Festlegung der Löhne einen unerträglichen Eingriff in die freie Beweglcihkeit der Interessentengruppen bedeuten würde. Es wäre zurzeit wohl aussichtslos, diese Position durch einen Frontangriff nehmen zu wollen.

In den letzten Jahren hat man jedoch zu erkennen begonnen, daß auch innerhalb der Privatindustrie keine einheitliche Problemstellung vorliege. Wohl kann mit einem gewissen Grade von Berechtigung gesagt werden, daß die Gewerkvereine im allgemeinen zur Herstellung des Gleichgewichts zwischen Arbeitgebern und Arbeitern ausreichen, daß ein, wenn nicht zufriedenstellender, so doch ausreichender Mechanismus zur Lohnfestlegung vorhanden sei, so große Schäden auch für die Beteiligten und vielfach auch die Unbeteiligten aus den stets wiederkehrenden Streiks und Aussperrungen erwachsen; daß eben diese Schäden jedoch unerträglich werden, wenn es sich um Streiks auf Bahnen und Bergwerken, im Post- und Telegraphendienst, bei elektrischen Kraftwerken und anderen öffentlichen Diensten, von denen die Kontinuität des Wirtschaftslebens abhängt, handelt, daß somit das Mittel der Lohnfestsetzung durch Streik und Aussperrung bei solchen öffentlichen Diensten durch ein anderes ersetzt werden müsse.

Während hierüber nach jeder Krise, wie deren speziell Frankreich, Italien und England in den letzten Monaten und Jahren erschütterten, mit wahrer Leidenschaft debattiert wurde, ward man sich gleichzeitig in sozialpolitisch und menschenfreundlich gesinnten Kreisen eines andern schweren Mißstandes bewußt, der sich wohl nicht in Kampflärm und Erschütterung der Staaten offenbart, aber Hunderttausende von Männern und Frauen in stumpfem Elend begräbt; es ist der Mangel eines Gleichgewichtzustandes von Arbeitgebern und Arbeitern in der Heimindustrie.

Jener Zusammenschluß der Arbeitenden, wie er sich sonst in der Werkstätte und ihrem geselligen Leben vollzieht, kommt für den isoliert tätigen Heimarbeiter in seinem engen Zimmer nicht in Frage. Gewerkvereine von Heimarbeitern haben sich fast nirgends bilden lassen, Streiks sind daher so gut wie unmöglich: Die anarchischen, aber doch in gewissen Grenzen wirksamen Methoden der Lohnfestsetzung, wie sie in der übrigen Industrie üblich sind, versagen in der Heimarbeit. Auf der Wage, in deren Schalen sonst Unternehmerinteressen und Gewerkvereinsmacht sich das Gleichgewicht zu halten pflegen, ist nur die eine Seite und zwar allein mit der Wucht des Unternehmerinteresses belastet. Kein Widerstandsgewicht liegt auf der andern, sie muß emporschnellen, die Verpflichtungen des Unternehmers gegen seine Untergebenen werden so leicht, daß sie vielfach selbst ein Existenzminimum der letzteren nicht mehr gewährleisten. Den Heimarbeitern werden entsprechende Behausung und Ernährung unmöglich gemacht; das Minimum der Ruhezeit wird ihnen entzogen: die Arbeiter sterben.

Mehr und mehr begriff man auf dem europäischen Festlande, vor allem aber seit langem in Australien, seit kurzem auch in England, daß nur eine gesetzliche Festlegung der Lohn- und Arbeitsbedingungen in der Heimindustrie Abhilfe schaffen könne.

In der folgenden Studie soll gezeigt werden, welche Methoden man in Australien und England gefunden hat, um die Lohn- und Arbeitsbedingungen der Heimindustrie in wirksamer, alle legitimen Interessen befriedigender Weise festzulegen und welche Ansätze andererseits für eine gesetzliche Festlegung der Lohn- und Arbeitsbedingungen der in öffentlichen Diensten beschäftigten Fabrikarbeiter in Kanada, Neuseeland und England vorliegen.

Zum Schlusse soll zu zeigen versucht werden, wie die Erfolge beider Methoden an besonders begünstigten Punkten, vor allem im australischen Staate Victoria, zu dem Versuche geführt haben, die Lohn- und Arbeitsbedingungen auch der freien Industrie jenseits von Heimarbeit und öffentlichen Diensten, gesetzlich festzulegen und welche schönen, zur Nachahmung anfeuernden Erfolge damit erreicht wurden.

3. Kapitel.

Das Problem der Heimarbeit[1]).

Die Heimarbeit, wie sie uns hier interessiert, ähnelt wohl in den äußeren Formen, ist aber ihrem Wesen nach durchaus verschieden von jenen häuslichen Beschäftigungen, jenem Hausfleiß für den eigenen Bedarf oder auch für den Verkauf: Hausindustrien, wie sie besonders bei der ländlichen Bevölkerung aller Staaten seit jeher üblich waren und noch heute überaus verbreitet sind. Dieselben mögen vielfach einen wertvollen Nebenerwerb der ackerbautreibenden Klasse während der arbeitslosen Wintermonate bilden, Wohlhabenheit und Kultur weiter Landstriche heben. Die kapitalistische Heimarbeit, wie wir sie im folgenden untersuchen werden, stellt hingegen, wie bereits im vorigen Abschnitt angedeutet, eine für die Gesundheit der Arbeitenden überaus gefährliche und bedenkliche Arbeitsmethode dar und gibt den Beteiligten in der Regel bei weitaus längeren, als den in Werkstätten üblichen, durchaus uneingeschränkten Arbeitstagen Löhne, die wieder — besonders auch bei den weiblichen Arbeitern — tief unter den ortsüblichen Taglöhnen, selbst der „Ungelernten", zurückbleiben. Solche überlange Arbeitszeiten verbunden mit Unterernährung führen fast durchweg zu körperlichem Verfall der von Heimarbeit lebenden Personen.

Am schärfsten tritt dieser Prozeß in der Großstadt zutage, milder auf dem flachen Lande, da in ersterer die Heimarbeit in der Regel als einziger Beruf

[1]) Siehe meine Aufsätze über Heimarbeit in den „Dokumenten des Fortschritts", Novembernummer 1910 und Septembernummer 1911.

vorhanden ist, auf dem Lande häufig doch nur als Nebenerwerb. Am unleidlichsten sind jedenfalls die Mißstände bei den weiblichen Heimarbeitern der Wäsche- und Kleiderbranche.

Derart ausdrücklich mit dem Wesen dieser Arbeitenkategorie verknüpft sind die bekannten Momente des Heimarbeiterelends, daß man sie nahezu identisch in der Wäsche- und Kleidererzeugung von Paris, London, Wien und Berlin wiederfindet. Differenzierter ist naturgemäß die ländliche Heimarbeit der einzelnen Staaten, aber auch sie weist viele gemeinsame Züge auf.

Ehe auf die Möglichkeiten der Abhilfe eingegangen werde, seien im Nachstehenden zur Erzielung größerer Anschaulichkeit mehrere typische Heimarbeitersituationen aus Deutschland, Österreich, Frankreich und England wiedergegeben.

In Deutschland war lange Zeit die Hausweberei das charakteristische Beispiel der Heimarbeit. Bekannt ist, daß die Löhne der schlesischen Hausweber, die mit der werdenden Fabrikindustrie in Konkurrenz standen, um die Mitte des 19. Jahrhunderts derart sanken, daß Tausende von Menschen an Hungerkrankheiten starben und an mehreren Punkten Hungerrevolten ausbrachen (wie sie Hauptmann zur Verfassung seines Dramas „Die Weber" bewogen).

Dr. Robert Wilbrandt zeigt in seiner ausgezeichneten Schrift „Arbeiterinnenschutz und Heimarbeit" [1]), wie gleiches Elend heute noch bei den Heimarbeitern entlegener Gegenden, in Thüringen und Schlesien, fortbestehe; wie z. B. bei Landshut noch heute bei überlanger Arbeits-

[1]) Verlag Gustav Fischer in Jena.

zeit Wochenlöhne von 5 bis 6 Mark verdient werden, ja, in der Glatzer Grafschaft Baumwoll-Weberfamilien häufig bloß 4—5 Mark pro Woche verdienen, also kaum 70 Pfennig pro Tag.

Wilbrandt gibt in seinem Buch eine sehr große Anzahl einzelner Beispiele von Heimarbeiterverdiensten. Ein paar seien hier angeführt: „Eine Näherin in Berlin bekommt für das Nähen von 1 Dutzend Wollhemden 1,50 Mark, arbeitet von morgens 8 Uhr bis abends 8 oder 9 Uhr und länger, im Durchschnitt 11—12 Stunden, die Wirtschaft bleibt liegen, ihre beiden Kinder machen manches und nähen mit, das 12 jährige Mädchen täglich s i e b e n Stunden, außer der Schule und den Schularbeiten, die es morgens macht; das Kind sieht entsprechend unkindlich aus. Mit dieser Kinderausbeutung und eigener Überanstrengung, deren Folgen sich an den Füßen, am Unterleib und durch Kreuzschmerzen äußern, erreicht die Frau, nach Abzug ihrer Auslagen für das Arbeitsmaterial, einen Wochenverdienst von 9½ Mark; ohne die Kinder würde nur 1 Dutzend täglich fertig zu bringen sein, so daß nur 7—8 Mark Verdienst möglich wären."

Betrifft dieser Fall die Großstadt, so sind die folgenden für das flache Land charakteristisch. Wilbrandt nimmt sie aus Buchholz bei Annaberg in Sachsen: „Eine alte Frau, hoch in den Siebzig, arbeitet am Spulrad, sie verdient 60 Pfennig täglich. Eine andere Frau, bei der Knüpfarbeit, Mutter von fünf lebenden und zehn gestorbenen Kindern, bringt es auf wöchentlich 3 Mark. ‚Vorigen Sommer konnten wir lachen, da hatten wir 5 Mark die Woche.' — Zwei sehr elende verkümmerte ältere Frauen, bei denen ich dann eintrete, haben ein winziges ebenso kümmerliches Wickelkind neben sich, wenden aber kaum ein Auge von der Arbeit, über schwarzweiße Quasten gebückt, die sie benähen. Für 12 Stück bekommen sie 20 Pfennig (früher 30); infolge sehr langer Übung bekommt jede in der Stunde fast 10 Stück fertig; eine Frau aus einem entfernteren Dorfe, die auf dem Heimweg bei den Frauen rastet, bewundert die Leistung und den Verdienst der beiden; bei ihr zu Haus macht man schwarze Posamentriekragen und verdient 5—6 Pfennig die Stunde."

Für Österreich liegt einem Bericht der k. k. Gewerbeinspektion über die Heimarbeit eine eingehende, im Auftrage des Handelsministeriums unternommene Enquete zugrunde. Ein Beispiel aus Hunderten sei herausgegriffen. In Berndorf bei Baden gibt eine Metallwarenfabrik einen großen Teil ihrer Erzeugnisse, vorwiegend Alpakka-Silberzeug, in Heimarbeit zum Polieren. Diese Arbeit ist sehr anstrengend, weil der Polierschwamm mit kräftigem Drucke über den Löffel, die Tasse, Kaffee-, Milch- oder Teekanne hin und her bewegt und dabei der Gegenstand gegen die Tischplatte oder Brust fest angepreßt werden muß. Der durchschnittliche Lohn einer solchen Hauspoliererin beträgt 80 Pfennig bis 1,30 Mark pro Tag und sinkt bei größeren, für die gleichförmige Versilberung ungünstig geformten Gegenständen bis auf nur 50 Pfennig pro Tag und noch weniger. Trotz der Gesundheitsgefährlichkeit der Arbeit sind die Heimarbeiterinnen der Firma von der Krankenversicherung der Fabrikarbeiter ausgeschlossen.

Aus einer „Enquete des k. k. Arbeitsstatistischen Amtes im Wiener Handelsministerium über die Wohnungs- und Gesundheitsverhältnisse der Heimarbeiter in der Kleider- und Wäschekonfektion" seien gleichfalls einige charakteristische Fälle angeführt:

„Knapp am Ortsfriedhof in Proßnitz befindet sich die Wohnung eines Sitzgesellen, die bis zur halben Mauerhöhe feucht ist. Das einzige zur Wohnung gehörige Zimmer ist überdies nicht zu erwärmen, da der Ofen schlecht ist. Der Hofbrunnen mit Nutzwasser wird durch die daneben befindliche Senkgrube verunreinigt, da die Jauche in die Brunnenöffnung abfließt."

„Die Wohnung eines Sitzgesellen in Plumenau befindet sich in einem romantisch gelegenen Häuschen nahe der Schloßruine; grüne Matten, pittoreske Felspartien und Fichtenwald kontrastieren arg gegen die Beschaffenheit der besuchten Wohnung. Hier lagert der Unrat des aus einer offenen Latrine bestehenden Abortes knapp vor den Fenstern, der Eingang in das Häuschen erfolgt über die Düngerhaufenbrücke."

„Eine Wohnung in Klein-Hradisko, welche aus einem Gange und einem Zimmer besteht, bewohnen ein Sitzgeselle, dessen Frau und zwei Kinder sowie eine Schlafgängerfamilie, bestehend aus Mann, Weib und drei Kindern. Alle diese neun Personen wohnen und schlafen in einem Raum von 56 cbm Luftinhalt. Der Gang, in welchem ein offener Kamin untergebracht ist, wird als Küche benutzt. Die Bewohner (durchwegs fahle, hohlwangige Gesichter) sind nur notdürftig bekleidet und schlecht genährt. Das Häuschen ist Eigentum des Sitzgesellen, es gehören ihm auch einige Felder und durch die Schneiderei verdient er angeblich 4 Kronen wöchentlich." (Hier genähte oder geflickte Kleidungsstücke werden dennoch vor dem Gebrauch keiner Desinfektionsanstalt übergeben!)

In der S c h w e i z ist die Heimarbeit sehr verbreitet; in einzelnen Kantonen (Appenzell) dient sie der Mehrheit der Bewohner zum Lebensunterhalt. Die Löhne sind vielfach so schlimm wie die oben zitierten; so wird aus Anlaß der Züricher Heimarbeitsausstellung der Fall einer Witwe (in Einsiedeln) konstatiert, die einen Tageslohn von 40 Pfennig bezieht,[1]) und der einer Züricher Stickerin, die 2 Pfennig pro Stunde verdient, usw. usw.

In Frankreich hat das Arbeitsamt eine umfassende Enquete über die Schäden der Heimarbeit vorgenommen [2]). In 13 % der untersuchten Fälle von Heimarbeiterinnen der Pariser Wäscheerzeugung wurde eine tägliche Arbeitszeit von über 12 Stunden festgestellt. Einzelne Umfragen förderten ganz furchtbare Verhältnisse ans Licht. So erwiderte eine Heimarbeiterin, daß sie stets um 3 Uhr morgens zu nähen beginne, zunächst im Bett, der Kälte wegen. Eine andere bleibt den ganzen Tag und einen Teil der Nacht an der Maschine, ohne aufzustehen. Ihr kranker Mann besorgt Hauswesen und Küche. Das Zimmer, das nie gekehrt wird, weist eine entsprechende Ansammlung von Unrat auf.

An Löhnen wurden unter 217 Fällen einer Fragegruppe viermal solche von weniger als 4 Pfennigen pro Stunde angetroffen (d. i. für einen 10 stündigen Arbeitstag kaum 40 Pfennig), ferner 51 Löhne von 5—8 Pfennig pro Stunde, 54 Löhne von 9—12 Pfennig pro Stunde: d. i. in der Hälfte aller Fälle, Löhne unter 1 Mark pro Tag. In einer andern Fragegruppe liefen 396 Antworten über die Jahresverdienste ein. In 52 Fällen wird ein Verdienst von weniger

---

[1]) Siehe: Prof. de Maday, Enquête sur le travail à domicile, St. Blaire bei Neufchâtel. Seite 16.

[2]) Enquête sur le travail à domicile dans l'industrie de la lingerie, S. 16, Paris, imprimerie nationale, und Comte d'Haussonville, Le travail des femmes à domicile, Paris, Blond et Comp.

als 160 Mark pro Jahr konstatiert; in 88 Lällen ein Verdienst zwischen 160 und 240 Mark, in 81 Fällen von 240—320 Mark; also wieder in ungefähr der Hälfte aller Fälle weniger als 1 Mark pro Tag.

In wieder einer andern Fragegruppe von 540 Personen wurde festgestellt, daß 186 der Witwen und Ledigen ausschließlich auf ihren Arbeitsverdienst angewiesen waren, der im Durchschnitt 1 Mark bis 1,20 Mark pro Tag betrug. Sehr viele hatten von diesen Summen noch für Kinder zu sorgen.

Ein Mädchen mit Kind arbeitet 15 Stunden pro Tag, um sich erhalten zu können. Eine Witwe verdient 1 Mark pro Tag und nährt sich bloß von Suppe. Eine Witwe mit Kind von 11 Jahren arbeitet 17 Stunden pro Tag für 1,40 Mark. Die eigene Nahrung und die des Kindes kosten sie 80 Pfennig. Die französische nationalökonomische Literatur ist übrigens reich an noch schlimmeren Beispielen; so zitiert Theodore Cotelle den Fall einer Arbeiterin, die von einem Tagesverdienst von 78 Pfennigen 52 Pfennig pro Tag für Brot, Käse und Gemüse (die einzig zugänglichen Nahrungsmittel) ausgibt, während nur 26 Pfennige pro Tag für Kleidung und Wohnung bleiben [1]).

Man hat sich sehr eingehend in Frankreich mit den Ursachen dieser Unterbezahlung beschäftigt und — außer den allgemeinen, allen Ländern gemeinsamen — Momenten speziell gefunden, daß die Löhne der Pariser Heimarbeiterin so tief gesunken sind, weil die Unternehmer (vor allem der Wäschebranche) sich nach der Provinz

[1]) Theodore Cotelle: Le Sweating-System, Paris, Verlag J. Sirodeau. S. 779.

wenden, wo die Lebensbedürfnisse billiger sind und Summen, von denen eine Pariser Arbeiterin — ohne die Prostitution als Nebenerwerb zu wählen — nicht leben kann, immerhin der Bauersfrau als angenehme Zubuße erscheinen können.

Auch die praktische Unzulänglichkeit aller Versuche, die Heimarbeit durch charitative Vorkehrungen und durch die Propaganda der Käuferligen (nur in Geschäften zu kaufen, die ihre Heimarbeiterinnen gut bezahlen) zu heben, konnte in Frankreich um so klarer nachgewiesen werden, als diese Versuche dank dem humanitären Sinn starker und wohlhabender Volksgruppen viel häufiger und auf breiterer Basis unternommen worden sind, als in anderen Ländern [1]).

Früher als in den andern Staaten des Festlandes wurde im französischen Parlamente — besonders von katholisch-sozialer Seite — die Festlegung von gesetzlichen Minimallöhnen für Heimarbeiter gefordert.

In England ist das Heimarbeiterelend besonders unter der eingewanderten Bevölkerung des Londoner Ostens erschreckend, aber auch unter der eingesessenen Bevölkerung der Provinzstädte sehr schlimm. So wird von der Fabrikinspektion berichtet, daß in Bristol 30—60 Pfennig für das Nähen eines Rocks bezahlt wird, in London 80 Pfennig für das Nähen von 1 Dutzend Hemden. Die Stundenlöhne sind ähnlich den oben aus Paris gemeldeten. Selbst männliche Heimarbeiter, die Zündhölzerschachteln anfertigen, verdienen bloß 4½—7½

---

[1]) Siehe: Comte d'Haussonville, Le travail des femmes à domicile, Paris, Blond et Comp. und G. Meny, Le travail à domicile Paris, Verlag Marcel Rivière, 1910.

Mark die Woche und auch dies nur bei sehr regelmäßiger Beschäftigung, also unvergleichlich weniger, als selbst der ungelernte englische Fabrikarbeiter.

Auch diese Löhne haben die Tendenz, noch weiter zu fallen, da eben die Unternehmer einander in den Verkaufspreisen unterbieten und dies durch Drückung der Löhne zu ermöglichen wünschen, während die Heimarbeiter, ohne jede Verbindung untereinander und auf den kargen Verdienst als einzige Quelle ihres Lebensunterhaltes angewiesen, sich den Anforderungen der Unternehmer nicht entziehen können.

* * *

Schon seit einigen Jahrzehnten hat man in allen Kulturstaaten auf Mittel und Wege gesonnen, diesen Übelständen zu begegnen. Die Ausdehnung der Arbeiterschutzgesetzgebung und Zwangsversicherung auf die Heimarbeiter wurde vielfach, vor allem in Deutschland, angeregt, bisnun ohne Erfolg. Auch die Hoffnung, die man immer wieder auf die Gründung von Gewerkvereinen der Heimarbeiter, auf ihre Selbsthilfe setzt, hat sich fast nirgends erfüllt. Auch sanitätspolizeiliche Maßregeln zur Beseitigung der ungesunden Arbeitsräume wurden vielfach gefordert und in mehreren Staaten der amerikanischen Union, wie auch in England in bescheidenem Maße und in Deutschland (durch eine Verordnung vom 8. Juli 1893) manchen dieser Forderungen Rechnung getragen [1]).

Auch die radikale Forderung der Abschaffung der Heimarbeit wurde vielfach laut, ohne aber zu irgendwelchem Resultat zu führen.

---

[1]) Siehe Ziele und Wege einer Heimarbeitsgesetzgebung von Dr. E. Schwiedland, S. 148.

Einem anderen weitgehenderen Postulat, die Heimarbeiter in Zentralwerkstätten zu konzentrieren, wurde nur in einigen Schweizerstädten und in Wien für einige wenige Gewerbe entsprochen. Die Versuche endlich, die Hausindustrie durch Errichtung von Schulen technisch zu heben, durch Schaffung von Genossenschaften und Vereinen ihre Erzeugnisse günstig zu verkaufen usw. — wie sie in Deutschland vielfach in den letzten Jahrzehnten unternommen wurden — haben nur selten zu ernsten Ergebnissen geführt, es sei denn, daß sie den Ersatz der Heimarbeit durch große industrielle Anlagen erleichterten, was in einigen Fällen, so bei den Seidenwebern am Niederrheine durch eine mit der Unterstützung der Regierung im Jahre 1896 begonnene Aktion, gelang [1]).

Zusammenfassend kann gesagt werden, daß auf dem europäischen Festlande bis heute nichts geschehen ist, das eine Lösung des Problems beinhalten würde.

In den letzten Jahren haben jedoch die Schäden der Heimarbeit mehr noch als früher die Aufmerksamkeit der Öffentlichkeit auf sich gezogen. Heimarbeitsausstellungen wurden (so in jüngster Vergangenheit in Berlin, Zürich, Kristiania, Genf) von tätigen Verbänden veranstaltet und auch dem großen Publikum in anschaulicher Weise die Nichtigkeit der für die einzelnen Stücke bezahlten Löhne vor Augen geführt. Enqueten, wie die des Pariser Arbeitsamtes, des österreichischen Handelsministeriums, des Londoner Board of trade, Veranstaltungen, wie der Berliner Heimarbeitertag, machten die

---

[1]) Siehe den Aufsatz von Gewerbeinspektor Dr. Karl Bittmann: „Versuche zur wirtschaftlichen Sanierung von Hausindustrien in Deutschland" in „Hausindustriepflege" (Schriften des II. Internat. Mittelstandskongresses Wien 1908).

furchtbaren Verheerungen, die mit der Heimarbeit, speziell auch weiblicher Personen, verbunden sind, weitesten Kreisen klar. Die letzten Jahre brachten für Europa eine analoge Bewegung für den gesetzlichen Schutz der Heimarbeiter, wie sie in Australien schon im Jahre 1895 zum Erfolg geführt hat. Zunächst in England, trat am 1. Januar 1910 eine Gesetzgebung, welche Minimallöhne für Heimarbeiter vorsieht, in Kraft. Ehe wir aber diese, die eine direkte Nachahmung der australischen Gesetzgebung darstellt, ins Auge fassen, seien die Gesetzentwürfe, welche den deutschen Reichstag seit 2 Jahren beschäftigen und andererseits der französischen Deputiertenkammer vorliegen, sowie dem österreichischen Reichsrat in den nächsten Monaten werden vorgelegt werden, untersucht.

* * *

Am unvollkommensten ist das deutsche Reichsgesetz, wie es von der Regierung beantragt und — allerdings in wesentlich erweiterter, verbesserter Gestalt — vom Reichstag angenommen wurde [1]. Die wesentlichen Bestimmungen betreffen gewisse hygienische Schutzmaßregeln bezüglich der Wohnräume, in denen Heimarbeit vorgenommen wird. Sie sind sicherlich sehr wertvoll, insoweit sie in der Praxis durchgeführt werden können, bilden aber ökonomisch für die Heimarbeiter nicht eine Besserung, sondern eine neuerliche Belastung.

Eine zweite Bestimmung, die während der Kommissionsberatung noch schärfer gefaßt wurde, verordnet, daß in denjenigen Räumen, in welchen Arbeit für Hausarbeiter ausgegeben wird, denselben durch offene Auslage von

---

[1]) Siehe den Text auf S. 120 des Anhangs.

Lohnverzeichnissen oder Aushängen von Lohntarifen die Möglichkeit geboten werden müsse, sich über die für die einzelnen, in diesen Räumen zur Ausgabe gelangenden Arbeiten jeweilig gezahlten Löhne zu unterrichten. Für neu einzuführende Muster gilt diese Bestimmung nicht.

Sie soll wenigstens die ganz kontrollose Herabschraubung der Löhne für einzelne Hausarbeiter, ohne daß diese selbst sich über ihre Benachteiligung klar werden, hintanhalten.

Das wesentliche Übel der Heimarbeit liegt indes in den nicht nur für einzelne, sondern für alle hier Beschäftigten allzugeringen Löhnen, die zu überlanger Ausdehnung der Arbeitszeit zwingen. Dem kann, nach dem einstimmigen Urteil aller Sachverständigen, wie es zuletzt wieder auf dem Berliner Heimarbeitertag im Januar laufenden Jahres zum Ausdruck kam, bloß durch gesetzliche Festlegung von Minimallöhnen begegnet werden. Tatsächlich wurde in der Kommission folgender Antrag eingebracht:

„Durch den Reichskanzler oder die Landeszentralbehörden oder die höheren Verwaltungsbehörden können für bestimmte Gewerbszweige, in denen Hausarbeiter in größerer Zahl zu einem im Vergleich zu anderen Arbeitern außergewöhnlich niedrigen Lohn beschäftigt werden, ganz allgemein oder für bestimmte Gruppen von Hausarbeitern oder für besondere Bezirke Lohnämter, die zu gleicher Zahl aus gewählten Vertretern der Gewerbetreibenden und der Arbeiter unter einem vom Bundesrat ernannten Vorsitzenden zusammengesetzt sind, errichtet und die zur Durchführung dieser Bestimmung erforderlichen Anordnungen getroffen werden. Mit den Aufgaben des Lohnamts können auch Gewerbegerichte oder Arbeitskammern betraut werden.

Diese Lohnämter haben tunlichst für die in der Hausarbeit beschäftigten Arbeiter, für welche sie errichtet sind, nach Ermittlung der orts- und berufsüblichen Löhne Mindestzeit- und Mindeststücklöhne für einen bestimmten Zeitraum festzusetzen. Sobald die solcher Art festgesetzten Löhne die Zustimmung der Behörde, welche die Einsetzung des Lohnamts vorgeschrieben hat, gefunden haben, sind sie als Mindestlöhne rechtsverbindlich. Entgegenstehende Vereinbarungen zum Nachteile des Hausarbeiters sind nicht rechtsverbindlich.

Die so festgesetzten Mindestlöhne können auch für solche Betriebe vorgeschrieben werden, in welchen Personen beschäftigt sind, die als gewerbliche Arbeiter im Sinne der Gewerbeordnung gelten, soweit ohne Einbeziehung dieser Personen der mit der Festsetzung von Mindestlöhnen für die Hausarbeiter beabsichtigte Zweck nicht erreichbar ist.

Die Verordnungen des Bundesrats sind durch das Reichsgesetzblatt zu veröffentlichen und dem Reichstag bei seinem nächsten Zusammentritt zur Kenntnisnahme vorzulegen."

Dies wäre im wesentlichen die gleiche Reform, wie sie in Australien so unendlich segensreich gewirkt hat und sich in England eben jetzt im Sinne des neuen Gesetzes in so erfolgversprechender Weise durchzusetzen beginnt. — Diese Bestimmung würde das Problem seiner Lösung entgegenbringen und sie vor allem wurde auch in den Beschlüssen des Berliner Heimarbeitertages gefordert. In überzeugungsvoller Weise führten die Antragsteller in der Kommission aus, daß die Arbeitgeber in der Hausarbeit erfahrungsgemäß von sich aus nicht bereit seien zum Abschluß von Lohntarifen, welche den Wünschen der Hausarbeiter nach einer Erhöhung allzuniedriger Löhne entgegenkämen; daß ferner die Hausarbeiter nicht imstande seien, starke Berufsorganisationen zu bilden und so kräftig auszugestalten, um ähnlich den Gewerkschaften der gewerblichen Arbeiter Lohntarife zu erzwingen und ein Entgegenkommen der Arbeitgeber in bezug auf Lohnerhöhungen durchzusetzen. Aus diesen Gründen müsse der Staat ergänzend eintreten, indem er in den Elendsindustrien der Hausarbeit die Bildung von paritätisch zusammengesetzten Lohnkommissionen autoritativ herbeiführe und deren Beschlüsse über zu zahlende Mindestlöhne unter bestimmten Voraussetzungen dadurch wirksam mache, daß er sie rechtsverbindlich erkläre.

Der Charakter einer Notstands- und Hilfsaktion im öffentlichen Interesse werde dadurch gewahrt, daß das Eingreifen der staatlichen Behörden auf solche Gewerbszweige beschränkt werde, in denen Hausarbeiter in großer Anzahl zu einem im Vergleich zu anderen Arbeitern außergewöhnlich niedrigen Lohn beschäftigt sind; indem er weiterhin nur Mindestlöhne festsetzt, die stets im Verhältnis stehen sollen zu den ortsüblichen Löhnen des betreffenden Hausarbeitszweiges. Es würde somit nur eine bestimmte Unterstufe der Löhne rechtsverbindlich erklärt, die durchweg zusammenfiele mit den bis dahin von wohlgesinnten Arbeitgebern gezahlten, besseren Löhnen.

Dieser entscheidende Antrag wurde in der Kommission zunächst mit 1 Stimme Mehrheit angenommen, in zweiter Lesung mit 13 gegen 13 Stimmen durch das ungünstige Votum des Vorsitzenden als abgelehnt erklärt.

Im Plenum gelangte dagegen ein von der Regierung gebilligter Kompromißantrag zur Annahme (29. Nov. 1911), demzufolge Fachausschüsse eingesetzt werden. Dieselben sollen die Lohnhöhe ermitteln und verlautbaren (wodurch das Dämmerlicht, in dem die allerschlimmsten Hungerlöhne gedeihen, beseitigt würde) und den Abschluß von Lohntarifen durch Beratung der Heimarbeiter erleichtern.

Sie besitzen keinerlei Zwangsgewalt, wenig Praktisch-Wertvolles werden sie leisten können. Aber die so gesammelten Erfahrungen werden vielleicht neuen Anstoß zur Errichtung von Lohnämtern mit erweiterter Kompetenz geben. Ein erster, wichtiger Schritt ist auch in Deutschland getan.

In Österreich boten die bestehenden Zwangsgenossenschaften der Gewerbetreibenden, denen bereits ein ein Regierungsentwurf des Jahres 1905 das Recht, die Entlohnung der Hilfsarbeiter festzusetzen, zusprechen wollte, einen günstigen psychologischen Boden für gesetzliche Festlegung von Minimallöhnen für Heimarbeiter [1]).

Vor kurzem hat denn auch die österreichische Regierung einen Gesetzentwurf über Regelung der Arbeitsverhältnisse in der Heimarbeit der Kleider-, Schuh- und Wäscheerzeugung [2]) ausgearbeitet, welcher Festlegung von Minimallöhnen vorsieht. Der Entwurf, der eben jetzt den Handelskammern zur Begutachtung zuging, enthält zunächst auch, ähnlich wie der deutsche, die Bestimmung, daß die Löhne der Heimarbeiter in den Räumen, in denen Ausgabe der Arbeit stattfindet,

[1]) Siehe Michael Hainisch, Die Heimarbeit in Österreich, Schriften der österr. Gesellschaft für Arbeiterschutz, X. Heft.

[2]) Siehe den Text auf S. 131 des Anhangs.

anzuschlagen seien, ferner hygienische Schutzmaßregeln für die häuslichen Arbeitsräume. Bedeutungsvoll ist jedoch der § 11 des Gesetzes, welcher Heimarbeitskommissionen einsetzt, zusammengesetzt aus Delegierten, gewählt von den Unternehmern und von den Heimarbeitern, sowie jenen Stückmeistern, die in der österreichischen Heimindustrie vielfach die Verbindung zwischen beiden herstellen.

Der Vorsitzende der Heimarbeitskommission und sein Stellvertreter sollen von der politischen Landesbehörde ernannt werden. Der entscheidende § 22 des Entwurfs lautet:

„Die Heimarbeitskommission kann mit Rechtsverbindlichkeit für die ihr zugewiesenen Produktionszweige Mindestlöhne für die Werkstattgehilfen der Stückmeister und die Heimarbeiter, Mindestpreise für die von den Stückmeistern ihren Auftraggebern zu liefernden Waren und sonstige Arbeitsbedingungen festsetzen. Sie kann auch bestimmen, daß die von ihr beschlossenen Satzungen nur für einzelne Gebiete ihres Sprengels Anwendung zu finden haben.“

Die Kommission entscheidet jedoch nicht als Plenum, sondern in Sektionen der Unternehmer, Stückmeister, Heimarbeiter usw. Die unter obigem Paragraph erwähnten Satzungen bedürfen einer Zweidrittelmehrheit in sämtlichen Sektionen zur Annahme.

Die so festgelegten Mindestlöhne haben gesetzlich bindende Kraft, außerdem kann die Heimarbeitskommission als Einigungsamt freiwillige Vereinbarungen zwischen den einzelnen Interessentengruppen vermitteln.

Ins Auge springend ist, daß dem Entwurf gemäß das Zustandekommen von bindenden Entschlüssen, das in den vorbildlichen Gesetzen Australiens und Englands bloß an einfache Mehrheit gebunden ist, hier nicht nur durch das Erfordernis der Zweidrittelmehrheit erschwert ist, sondern auch dadurch, daß sich diese Zweidrittelmehrheit innerhalb jeder Interessentengruppe finden muß.

Es müssen also z. B. zwei Drittel der Unternehmer jederLohnerhöhungzustimmen, damit dieselbeGesetzeskraft erlange, während im australischen Gesetze solche Lohnerhöhung selbst gegen alle Unternehmer beschlossen werden kann, wenn der Präsident für dieselbe eintritt; stets aber mit den Stimmen der Arbeiter und einer Minderheit der Unternehmer. Nur überaus selten wird sich in Österreich über alle diese Fußangeln hinweg ein Beschluß der Kommission zustandebringen lassen.

Persönliche Nachrichten, die mir in allerjüngster Zeit über die Stellung der Handelskammern zum Entwurf zugegangen sind,[1]) lassen übrigens leider fürchten, daß dieselben sich auch gegenüber den relativ bescheidenen Forderungen des Entwurfes noch ablehnend verhalten würden. Es wird, ähnlich wie im Deutschen Reich, einer lebhaften Bewegung der sozialpolitisch interessierten Kreise bedürfen, um wenigstens diesen Entwurf Gesetz werden zu lassen.

Ähnlich war es auch in Frankreich die Regierung, welche am 10. Januar 1910 dem Arbeitsbeirat eine recht weitgehende Gesetzesvorlage unterbreitete, die von diesem allerdings zustimmend begutachtet wurde, jedoch unter Einschränkung der Bestimmungen auf weibliche Heimarbeiter.

---

[1]) Siehe auch einen Aufsatz von Dr. Ferdinand Marek, in der Novembernummer 1911 der „Dokumente des Fortschritts“.

Der Regierungsentwurf [1]) sagt in seinem ersten Artikel, daß die Arbeitskammern, die durch ein Gesetz des Jahres 1908 geschaffen worden, durch die Regierung als Lohnämter konstituiert und mit der Befugnis, Minimallöhne für Heimarbeiter sowie auch Werkstättenarbeiter jener Gewerbszweige, in denen Heimarbeit vorherrscht, festzulegen, ausgestattet werden können. In erster Linie sind die Gewerbe der Wäsche-, Hüte-, Schuh- und Kunstblumenerzeugung für Errichtung dieser Lohnkommissionen in Aussicht genommen. Diese haben die Bestimmung, sowohl Zeit- als auch Stücklöhne festzulegen, insoweit die bezüglichen Heimarbeiterlöhne tiefer stehen, als die Löhne der ungelernten Arbeiter im Bezirk.

Im wesentlichen gehen diese Bestimmungen auf einen Antrag des katholisch-sozialen Grafen de Mun zurück, der bereits seit längerem die Durchführung eines solchen Gesetzes forderte. Der Gegenentwurf des Arbeitsbeirates [2]) beschränkt, wie oben bemerkt, den Geltungsbereich des Gesetzes auf weibliche Heimarbeiter. Er setzt in klarer Weise den üblichen Tagelohn ungelernter Arbeiterinnen im Bezirke als Minimallohn für Heimarbeiterinnen fest und beauftragt die Gewerbegerichte, denselben zu ermitteln und zu verlautbaren; jede Arbeiterin, welche sich außerstande sieht, vermöge der vom Unternehmer bewilligten Stücklöhne den vom Gerichte festgesetzten Taglohn zu erarbeiten, ist berechtigt, Erstattung der Differenz zu fordern. Das Gewerbegericht ist kompetent, solche Klagen entgegenzunehmen und zu entscheiden.

Wir sehen also, daß dieser Entwurf des französischen Arbeitsbeirates eine ganz neue und, wie mich dünkt, min-

---

[1]) Siehe den Text auf S. 154 des Anhangs

[2]) Siehe den Text auf S. 161 des Anhangs.

der glückliche Bahn einschlägt, als der Regierungsentwurf; indem er die Entscheidung über die Löhne zivilrechtlicher Entscheidung anheimstellt, setzt er bei den beteiligten Arbeiterinnen mehr Initiative voraus, als sie in der Regel besitzen.

Die Regierung schloß sich in ihrer definitiven Vorlage, die am 7. November 1911 dem französischen Parlamente unterbreitet wurde, im wesentlichen den Vorschlägen des Arbeitsbeirates an, verbesserte dieselben jedoch durch die wertvolle Bestimmung, daß auch Gewerkvereine und Verbände zum Schutz der Heimarbeiterinnen zur Prozeßführung gegen Unternehmer, deren Stücklöhne dem Gesetze nicht Genüge leisten, ermächtigt werden. — Die Durchsetzung der Minimallöhne wird so überaus erleichtert werden.

Blicken wir endlich von all diesen tastenden Versuchen auf das jenseits der Meere tatsächlich Geleistete, Erprobte. — Zuerst haben mehrere Staaten der amerikanischen Union Schutzgesetze für Heimarbeiter erlassen, die angesichts des Elends und der Unwissenheit der eingewanderten Bevölkerung in den Staaten der Ostküste mit ihrem Vorwiegen von Heimarbeit ganz besonders vonnöten waren [1]).

Ein New-Yorker Gesetz des Jahres 1892 sieht hygienische Schutzmaßnahmen in bezug auf die Arbeitsräume vor. Die Gesetzgebung des Staates Massachusets setzt eigene Inspektoren zur Überwachung der Heimarbeit ein und schreibt vor, daß jeder Heimarbeiter eine Erlaubnis der Behörde für sein Gewerbe einzuholen habe; die Autorisationen für Benutzung eines Arbeitsraumes werden zu-

[1]) Siehe Dr. E. Schwiedland, Ziele und Wege einer Heimarbeitsgesetzgebung, S. 284—308.

nächst nur für 30 Tage, erst nach erneuter Inspektion für längere Zeit erteilt [1]). Aus den Berichten der Heimarbeitinspektion geht hervor, daß durch diese Bestimmung tatsächlich die schwersten sanitären Übelstände, speziell was die Arbeitsräume anlangt, beseitigt wurden.

Amerika hat also schon vor mehr als einem Jahrzehnt gewisse Bestimmungen verwirklicht, ähnlich denen, die eben jetzt im deutschen Gesetze durchgeführt werden sollen.

Unvergleichlich umfassender war die Gesetzgebung des australischen Staates Victoria, die wir im folgenden Abschnitt als Ausgangspunkt aller andern Lösungsversuche unseres Problems eingehend untersuchen wollen.

---

4. Kapitel.

Geschichte der Minimallohngesetzgebung in Victoria.

Die typischen Übel der Heimarbeit waren in Australien bis in die Mitte der neunziger Jahre in genau der gleichen Weise verbreitet, wie in Europa.

Eine Untersuchungskommission, die in Melbourne im Jahre 1892 zur Erforschung dieser Mißstände eingesetzt wurde, förderte den Umstand zutage, daß viele Arbeitgeber, um sich der weitgehenden und umsichtigen Fabrikinspektion, der überaus humanen Schutzgesetzgebung für Fabrikarbeiter zu entziehen, die dem Inspektorsauge offenen Werkstätten schlossen und ihre Aufträge in Heimarbeit ausführen ließen. So wurde festgestellt, daß in der Tischlerei die Zahl der Werkstätten von 64

---

[1]) Siehe Theodore Nicolle, Le Sweating System, S. 223.

des Jahres 1886 (mit 1022 Arbeitern) auf 40 Werkstätten des Jahres 1892 mit bloß 471 Arbeitern gefallen sei; dies in der Zeit besonders scharf einsetzender Arbeiterschutzgesetzgebung [1]).

Was nun die Lohnverhältnisse in der Heimarbeit selbst anlangt, so wurde unter anderm festgestellt, daß die in der Kleiderbranche beschäftigten Frauen in der Regel 12 bis 14 Stunden arbeiten mußten und damit bloß einen durchschnittlichen Tagesverdienst von zwei Mark erzielten, was ja in Europa als nicht zu ungünstig angesehen würde, im Hinblick aber auf den allgemeinen, hohen Stand der australischen Arbeitslöhne eine ganz unzweideutig ausbeuterische Übervorteilung der Heimarbeiterin bedeutete und große Erbitterung in der öffentlichen Meinung erregte [2]).

Die Untersuchungskommission stellte denn auch den Antrag, gesetzliche Minimallöhne einzuführen, resp. für gewisse Industrien, in denen besonders unleidliche Ausbeutung festgestellt wurde, Lohnämter zu schaffen. Dieselben sollten für Heim- und Fabrikarbeiter Minimallöhne für Zeit- und Akkordarbeit festlegen sowie für Fabrikarbeiter auch ein Maximum der Arbeitszeit bestimmen usw. — Allen diesen Forderungen wurde durch ein Staatsgesetz des Jahres 1896 entsprochen und bald funktionierten die ersten durch Regierungsverordnung eingesetzten Lohnämter. Dieselben waren zunächst zu-

---

[1]) Siehe die ausgezeichnete Schrift von Albert Métin „Le socialisme sans doctrines, la question agraire et la question ouvrière en Australie et en Nouvelle Zélande", Paris, Félix Alcan. S. 169.

[2]) Siehe den Bericht der Fabrikinspektorin, Miß Thear, über die Verhältnisse in der Frauenwäschebranche, unmittelbar vor Einsetzung des Lohnamts, Seite 206 des Anhangs.

sammengesetzt aus je fünf Arbeitgeber- und fünf Arbeiterdelegierten, beide von allen Arbeitgebern und Arbeitern ihrer Branche erwählt, und einem, außenstehenden Kreisen entnommenen, unparteiischen Präsidenten [1]).

Verschiedene Wählerlisten wurden für Fabrik- und Heimarbeiter eingeführt und diesen letzteren das Recht auf eine eigne Vertretung zugesprochen, sofern ihre Zahl mehr denn ein Fünftel der Gesamtzahl aller Arbeiter betrüge.

Die Wahlbeteiligung war indeß bei den Heimarbeitern keine starke und für das Gewerbe der Frauenwäscheerzeugung so gering, daß die Ernennung der Delegierten durch die Regierung sich als nötig erwies [2]). Im Jahre 1903 wurde diesem Gesichtspunkt in allgemeiner Weise Rechnung getragen und durch ein neues Gesetz verfügt, daß die Lohnkammern aus 4 bis 10 Vertretern der Arbeitgeber und Arbeiter zusammenzusetzen seien, die jedoch beiderseits von der Regierung auf drei Jahre hinaus ernannt würden.

Nur wenn ein Fünftel der Arbeiter oder Arbeitgeber des Gewerbes Einspruch gegen die von der Regierung ernannten Vertreter erhebt, wird diese Ernennung ungültig und findet eine Wahl im Sinne der Bestimmungen des 1895er Gesetzes statt [3]).

---

[1]) Diese ersten Lohnämter wurden für die Schneiderei, Wäscheerzeugung und Schuhmacherei, in denen Heimarbeit vorherrschen, sowie für Bäckerei und Möbelerzeugung, ob ihrer ungünstigen Entlohnung der Werkstattarbeiter, eingesetzt.

[2]) Siehe Bericht der Fabrikinspektion über dies Gewerbe, vom Jahre 1898, auf Anhangseite 211.

[3]) Siehe Inhaltsangabe des Gesetzes, auf Grund der Berichte der Fabrikinspektion, auf Anhangseite 179.

Die Beisitzer des Lohnamtes haben ein Recht auf Diäten im Betrage von vier Mark pro Halbtag resp. 8 Mark pro Tag und auf eine Reiseentschädigung, sofern sie weiter als 65 km von Melbourne entfernt wohnen.

Das Gesetz des Jahres 1896[1]) gibt den Lohnämtern das Recht:

1. Minimallöhne für Zeit- und Akkordarbeit festzulegen;

2. Die Zahl der Lehrlinge unter 18 Jahren derart zu beschränken, daß eine Umgehung des Gesetzes durch Anstellung von Lehrlingen an Stelle erwachsener Arbeiter verhindert wird.

Diese letztere Bestimmung wurde im Jahre 1903 wieder aufgehoben [2]).

Die Festsetzungen der Lohnämter werden obligatorisch, sowie sie im Regierungsanzeiger veröffentlicht wurden. Im übrigen werden sie auch in den Werkstätten angeschlagen und den Heimarbeitern im Texte übergeben. Arbeitgeber, welche den Bestimmungen des Gesetzes zuwiderhandeln, werden in Geldstrafe genommen, doch war die Zahl solcher Delikte klein: 34 im Jahre 1901, 33 im Jahre 1902, 41 im Jahre 1903, 39 im Jahre 1904, 27 im Jahre 1905 usw. [3]).

Seit dem Jahre 1903 ist der Appell von den Entscheidungen eines Lohnamtes an einen Gerichtshof zweiter Instanz gestattet, in dem ein Richter des obersten Gerichtshofes allein oder mit Beisitzern aus den Unternehmer- und den Arbeiterkreisen Recht spricht. Im

---

[1]) Siehe Inhaltsangabe des Gesetezs, auf Anhangseite 178.

[2]) Siehe Métin S. 174.

[3]) Siehe Métin S. 174.

übrigen wurden bis zum 1. Januar 1909 bloß 5 Berufungen eingelegt, denen in 4 Fällen stattgegeben wurde.[1])

Die günstigen Erfolge des Gesetzes, von denen wir im siebenten Kapitel sprechen werden, haben vom Jahre 1907 an Regierung und Parlament dazu geführt, stets mehr und mehr Industrien in seinen Geltungsbereich zu rücken; auch solche, in denen die Heimarbeit keine Rolle spielt und in denen keine Ausbeutung besonders schlimmer Art signalisiert wird.[2]) Die Methode der Lohnfestsetzung durch Lohnämter wurde damit zu einer allgemeinen Basis für die Regelung der Lohn- und Arbeitsbedingungen der Industrie und trat an die Stelle der anarchischen Methoden von Streik und Aussperrung.

Im Jahre 1907 unterstanden 50000 Arbeiter (aus einer Gesamtzahl von 70000), im Jahre 1908: 55000 (aus einer Gesamtzahl von 76000), im Jahre 1909, nachdem auch die Bergarbeiter in den Geltungsbereich des Gesetzes einbezogen und für sie eigene Distriktslohnämter, ob ihrer großen Zahl, eingesetzt worden waren, 75000 Arbeiter (aus einer Gesamtzahl von 79000): somit fast die ganze Arbeiterschaft des Staates, den 71 Lohnämtern Viktorias. Deren Kompetenzsphäre wurde ferner im Jahre 1907 wesentlich erweitert, indem ihnen das Recht, die Minimallöhne über den üblichen Löhnen „guter" Arbeitgeber festzusetzen, allgemein, ohne Beschränkung auf die Heimarbeiter, zugesprochen wurde.

Auch die Nachbarstaaten Süd-Australien und Neu-Süd-Wales haben durch die Gesetze der Jahre 1906

---

[1]) Siehe Métin, Einleitung zur 2. Aufl., S. 6.

[2]) Siehe die Berichte der Fabrikinspektion über das Lohnamt der Holzarbeiter, Anhangseite 201.

und 1908 Lohnämter nach dem Muster Viktorias eingeführt.

Besonders charakteristisch ist ihre Einsetzung in Neu-Süd-Wales. Dieser Staat hatte bereits seit einem Jahrzehnt obligatorische Schiedsgerichte für gewerbliche Konflikte besessen und es bestand eine gewisse Eifersucht zwischen seinem und dem viktorianischen System. Der endliche Übertritt Neu-Süd-Wales' zu dem letztern war ein volles Bekenntnis dafür, wie sehr die öffentliche Meinung ganz Australiens sich von den Ergebnissen des viktorianischen Gesetzes befriedigt zeigte.

---

5. Kapitel.

Wirkungsweise der Lohnämter.[1])

1. Das Lohnamt des Bekleidungsgewerbes (Schneider und Konfektionäre).

Das erste Lohnamt, das am 26. Januar 1897 zusammentrat, war das des Bekleidungsgewerbes, in dem

[1]) Die Ausführungen dieses Kapitels sind vor allem auf die Berichte einer Untersuchungskommission begründet, welche im Jahre 1903 die Fabrikgesetzgebung aller australischen Staaten und Neuseelands zu prüfen und Vorschläge zu einer event. Amendierung des Victorianischen Gesetzes zu erstatten hatte. Die Berichte dieser Untersuchungskommission können als umso beweiskräftigere Grundlage für alle weiteren Konklusionen dienen, als die Untersuchungskommission selbst durchaus nicht den Lohnämtern günstig gesinnt war, vielmehr für die Ersetzung derselben durch Einigungsämter und Schiedsgerichte nach Neuseeländer und Neu-Süd-Waleser Muster eintrat. Ihre Beschlüsse wurden vom Par-

die Ausbeutung hilfloser Heimarbeiterinnen mit die schlimmste gewesen war. Das Lohnamt regelte zunächst die Lohnverhältnisse der Fabrikarbeiter und setzte am 19. Oktober 1897 einen Maximalarbeitstag von 8 Stunden und einen täglichen Minimallohn von 7 Mk. 50 Pfg. für männliche und 3 Mk. 30 Pfg. für weibliche Arbeiter fest, ferner eine Skala anwachsender Bezüge für Lehrlinge, derart, daß diese mit 2 Mk. 50 Pfg. pro Woche beginnen und bis zum 7. Lehrjahre auf 35 Mk. pro Woche (15 Mk. bei Lehrmädchen) steigen[1]). Die Beschlüsse kamen teils im Einvernehmen der Arbeiter mit den Vertretern jener Arbeitgeber, die auch früher schon günstige Löhne gezahlt hatten, durch ein Bündnis beider Gruppen gegen jene Unternehmer zustande, die durch Lohndruck gegenüber den Heimarbeitern ihren Genossen Schmutzkonkurrenz zu machen bestrebt waren. Auch der Interessengegensatz zwischen den Kundenschneidern und den auf billige Heimarbeit sich stützenden Konfektionären ließ die Delegierten der ersteren wiederholt mit den Arbeitern

---

lament nicht ratifiziert und die Erfahrung der nächsten 5 Jahre war derart günstig für die Lohnämter, daß Neu-Südwales selbst solche einführte. Alle tatsächlichen Momente also, welche die Untersuchungskommission anführt und die im nachfolgenden Berichte wiedergegeben werden, sind jeder Parteilichkeit für die Lohnämter unverdächtig.

Der Text ist niedergelegt im „Report of the Royal Commission appointed to investigate and report on the operation of the Factories and Shops Laws of Victoria (1902—1903). Robt. S. Brain, Government printer, Melbourne“. — Wesentlich benutzt sind auch die Jahresberichte der Fabrikinspektion und deren mehrere im Anhang abgedruckt.

[1]) Siehe den Text der Entscheidung mit ihren vielfach abgestuften Akkordlohnsätzen auf S. 186 des Anhangs.

zusammen für erhöhte Heimarbeiterlöhne stimmen, sodaß alle Beschlüsse mit großer Mehrheit zustande kamen und der unparteiische Vorsitzende nicht einmal seine entscheidende Stimme abzugeben brauchte.

Nicht die Festlegung der obengenannten Minimallöhne für männliche Arbeiter, die dem europäischen Leser hoch erscheinen mögen, bildete indes wesentliche Aufgabe und wesentliches Verdienst des Lohnamtes: denn solche Löhne waren vorher schon landesüblich gewesen — Australien galt eben schon seit Jahrzehnten, nicht mit Unrecht, als Paradies der Fabrikarbeiter —. Wesentliches Verdienst des Lohnamtes war vielmehr die Festlegung des Minimallohnes von 3 Mk. 50 Pfg. pro Tag (21 Mk. pro Woche) für Mädchen und Frauen; dieser Lohn war vorher nur in den besten Fabriken üblich gewesen. Die Mädchen und Frauen errangen also eine wertvolle, vom Gerechtigkeits- und Hygienestandpunkte aus bedeutsame Besserung ihrer Lage. Die Rolle der Lohnämter, besonders ungünstig gestellten Arbeitergruppen zu helfen, trat somit gleich bei diesem ersten Beschluß scharf in Erscheinung.

Gleichzeitig mit der Festlegung der Zeitlöhne, die nur für Fabrikarbeiter und -arbeiterinnen in Frage kamen, wurden Akkordlöhne, die allein auch für die Heimarbeiter und -arbeiterinnen Bedeutung besitzen, festgelegt, einige derselben allerdings durch einen Beschluß vom 31. Juli 1900 wieder etwas tiefer angesetzt[1]). Die Verbesserung der Arbeitsbedingungen für die Heimarbeiterinnen war eine noch größere, als für

[1]) Siehe den Text der Entscheidung mit ihren vielfach abgestuften Akkordlohnsätzen auf S. 188 des Anhangs.

die Fabrikarbeiterinnen. Vorher waren die Lohn- und Arbeitsverhältnisse, wie eine Untersuchung des Jahres 1893 aufzeigte, überaus schlimm gewesen. Die großen Warenhäuser hatten die Verfertigung der Kleider Mittelspersonen übertragen, die ihrerseits die Hilflosesten der Hilflosen, meist Einwanderer, zu schlechtesten Löhnen beschäftigten. Heimarbeiterinnen arbeiteten 70 bis 84 Stunden pro Woche und erzielten 7—12 Mk. Wochenverdienst. Die Arbeiter, die von der Untersuchungskommission des Jahres 1903 einvernommen wurden, bestätigten einmütig, daß diese Ausbeutung aufgehört habe, daß die vom Lohnamte festgesetzten Akkordlöhne auch den Heimarbeiterinnen eine wenn auch nicht reichliche, so doch erträgliche Existenz gewähren.

Arbeitgeber, die einvernommen wurden, brachten als einen der wesentlichsten Einwände gegen das Gesetz vor, daß die hohen Akkordlöhne für Heimarbeiter die meisten Unternehmer veranlaßten, die Arbeit in ihre Werkstätten zu verlegen und Zeitlöhne zu bezahlen. Gerade das aber konnte der Untersuchungskommission nicht als ein Nachteil des Gesetzes erscheinen. Hatte sich doch die seinerzeitige starke Wandlung von Fabrikarbeit in Heimarbeit nur zusehr auch auf Kosten des technischen Fortschritts vollzogen.

Unter den einvernommenen Personen wurde vielfach die Ansicht kundgegeben, daß „gute“ Arbeitgeber nun gegen die Schmutzkonkurrenz der „schlechten“ Arbeitgeber, die durch Lohnunterbietung zur Preisunterbietung gelangten, besser gedeckt seien.

Viele einzelne Fälle wurden der Untersuchungskommission gemeldet, so der einer Arbeiterin, die früher mit Heimarbeit beschäftigt war und 12—16 Stunden pro

Tag gearbeitet hatte, für einen durchschnittlichen Wochenverdienst von 12 Mk. 50 Pfg., während sie jetzt in der Werkstätte bei einem Wochenlohn von 20 Mk. beschäftigt sei. Der Durchschnittslohn für weibliche Arbeiter im Gewerbe, der im Jahre 1896 vor Tätigkeitsbeginn des Lohnamtes 15 Mk. 40 Pfg. pro Woche betragen hatte, stieg bis zum Jahre 1901 nach vierjährigem Bestande des Lohnamtes auf 22 Mk. 20 Pfg.; der Durchschnittslohn der männlichen Arbeiter stieg von 35 Mk. auf 53 Mk. Die Arbeitgeber hatten eben ein wesentliches Interesse daran, guten Arbeitern m e h r als den vom Gesetze festgelegten Minimallohn zu bezahlen, um sie so gerade an i h r Geschäft zu binden. Die Durchschnittslöhne stellten sich daher nicht unwesentlich ü b e r die Minimallöhne. Diese sind n i c h t, wie die Gegner vielfach voraus gesagt hatten, zu M a x i m a l löhnen geworden.

Der Wert des Exportes an Herrenkleidern nach anderen Staaten Australiens ist trotz dieser Erhöhung der Löhne fortdauernd gestiegen, von 2 400 000 Mk. im Jahre 1896 auf 4 600 000 Mk. im Jahre 1902. Die Prosperität des Gewerbes hat unter den Lohnerhöhungen in keiner Weise gelitten.

2. Das Lohnamt der Herrenwäscheerzeugung.

Dieses trat im Februar 1897 zusammen. Die Beisitzer wählten einen Geistlichen zum Vorsitzenden; am 18. Januar 1898 ward ein positiver Beschluß erreicht; ein Minimallohn von 16 Mk. pro Woche und entsprechende Akkordlöhne für Fabrik- und Heimarbeit wurden festgelegt. Praktisch gesprochen, gelten diese Lohnsätze nur für Frauen und Mädchen, da ja fast keine männlichen Arbeiter in diesem Gewerbe tätig sind. Die Löhne sind gegenüber den vor Inkrafttreten der Lohnämter gezahlten nicht unwesentlich gestiegen. Wie im vorigen Falle, wurde durch die Hebung der Akkordlöhne eine teilweise Ersetzung der Heimarbeit durch Fabrikarbeit herbeigeführt.

3. Das Lohnamt der Frauenwäscheerzeugung.

Ein eigenes Lohnamt wurde für Erzeugung von Frauenwäsche bestellt und legte den gleichen Minimallohn von 16 Mk. pro Woche fest[1]). Während das Gesetz vorschreibt, daß die Akkordlöhne in Zugrundelegung der Zeitlöhne und der für Herstellung jedes Objektes nötigen Zeitspanne vom Lohnamt präzise bestimmt werden, was von den übrigen Lohnämtern strikte befolgt wurde, kam das Lohnamt der Frauenwäscheerzeugung zu dem Schluß, daß die Vielfältigkeit der im Gewerbe üblichen Arbeiten eine solche Feststellung ausschließe. Das Lohnamt beschloß, den einzelnen Arbeitgebern die Festlegung der Akkordlöhne zu überlassen[2]), gleichzeitig aber die Fabrikinspektion zu beauftragen, gegen Arbeitgeber, deren Akkordlöhne nicht dem gesetzlich festgelegten Minimal-Zeitlohn proportional wären, einzuschreiten.

Dank der energischen Aufsicht der Inspektion wurde dies Ziel auch in gewissem Grade erreicht, die Akkordlöhne, besonders der Heimarbeiter, hoben sich sehr wesentlich.[3])

---

[1]) Siehe den Text der Entscheidung auf S. 190 des Anhangs und die eingehende Würdigung der Einzelwirkungen derselben in den Berichten der Fabrikinspektion auf S. 210 des Anhangs.

[2]) Also der gleiche Grundsatz, der im neuen französischen Gesetze zur Geltung kommt.

[3]) Siehe Bericht der Fabrikinspektion auf S. 212 des Anhangs.

Die von vielen Unternehmern geäußerte Befürchtung, daß diese höhern Löhne den Weiterbetrieb der Industrie in Viktoria in Konkurrenz mit den andern Staaten Australiens unmöglich machen würden, haben sich nicht erfüllt; die Untersuchungskommission stellte fest, daß sich der Export von Frauenwäsche von Viktoria nach den andern Staaten auch nach Inkrafttreten des Gesetzes in gleicher Stetigkeit wie früher entwickelt und vermehrt habe [1]).

4. Das Lohnamt der Bäcker.

Am 11. Februar 1897 trat dieses Lohnamt zusammen und wählte zunächst einen Richter am obersten Gerichtshof zum Vorsitzenden; ihm folgten später ein Geschäftsmann, ein Privater und ein Polizeibeamter. Der erste Beschluß kam noch unter dem Präsidium des Richters am 15. März 1898 zustande. Ein Minimallohn von 1 Mk. pro Stunde wurde festgelegt. Dieser Minimallohn wurde im Jahre 1909 unter der Leitung des zweiten Präsidenten auf 1 Mk. 4 Pfg. pro Stunde, somit auf 50 Mk. für eine Arbeitswoche von 48 Stunden erhöht. Hatte der Präsident für diese Beschlüsse seine entscheidende Stimme abgeben müssen, so wurde eine Reihe von anderen Beschlüssen, so die Festlegung der Löhne jugendlicher Arbeiter, in einvernehmlicher Weise gefaßt.

Der Durchschnittslohn des Jahres 1896 vor Inkrafttreten des neuen Gesetzes betrug 32 Mk. pro Woche, der des Jahres 1903: 43 Mk.; eine Erhöhung um 11 Mk. Noch

---

[1]) Protokoll der Royal Commission, appointed to investigate and report on the operation of the Factories and shops law of Victoria, Melbourne, Robt. S. Brain. Government Printer, S. 43.

bedeutender war die Lohnerhöhung für gewisse Betriebe, die früher nur außerhalb der Gewerkschaft stehende oder jugendliche Arbeiter beschäftigt hatten. Lohnerhöhungen um 40% waren häufig; Lohnerhöhungen bis zu 100% werden wiederholt gemeldet.

Viele Bäckermeister wollten sich allerdings lange Zeit mit dem hohen Minimallohn, wie er durch die letzten Beschlüsse festgesetzt war, nicht abfinden; ja, häufig verstanden sich auch deren Gesellen dazu, zu einem niedrigeren Satze zu arbeiten und dieses Vorgehen dem Fabrikinspektor zu verhehlen, ein Beweis, daß eben allzu bedeutende Lohnerhöhungen in der Praxis mannigfachen Schwierigkeiten begegnen und vielfach unwirksam werden.

Eine Reihe von Angestellten solcher Meister wurden übrigens einvernommen; sie gaben zu, daß ihre Kameraden im Einverständnis mit ihren Brotherren zu niedrigeren, als den im Gesetze festgelegten Löhnen arbeiteten, was den anderen Bäckermeistern, die die gesetzlichen Löhne bezahlen, zu großem Schaden gereichen mußte. Sie schlugen vor, nächtliche Inspektionen der Arbeitstätten häufiger vorzunehmen und im Falle begründeten Verdachtes einer Gesetzesübertretung die Gesellen unter Eid über ihre Löhne zu verhören.

Eben diesen Forderungen wurde von der Fabrikinspektion entsprochen, deren Berichte über das praktische Durchdringen des Gesetzes [1]) von Jahr zu Jahr günstiger lauten.

---

[1]) Siehe den Text dieser Berichte der Fabrikinspektion über das Bäckereigewerbe auf S. 224 des Anhangs.

5. Das Lohnamt des Schuhmachergewerbes.

Dasselbe trat am 16. Februar 1897 zusammen. Ein Polizeibeamter führte als Vorsitzender die Verhandlung. Am 25. August kam ein erster Beschluß, der einen Minimallohn von 45 Mk. pro Woche festsetzte, zustande. Der Vorsitzende hatte ihn durch seine entscheidende Stimme herbeiführen müssen. Die Arbeitgeber setzten dem Beschluß eine Petition an die Regierung um Verweigerung ihrer Sanktion entgegen. Tatsächlich wurde der Beschluß aufgehoben.

Das Lohnamt nahm daraufhin Neuerhebungen vor, aus denen erhellte, daß die Lage der Schuhindustrie eine derart hohe Festsetzung kaum ermögliche, worauf der Minimallohn auf 36 Mk. pro Woche für männliche Arbeiter heruntergesetzt wurde, während man den gleich zu Beginn festgelegten Minimallohn von 20 Mk. für Arbeiterinnen unverändert ließ.

Auch gegen diesen Beschluß erhoben die Arbeitgeber Einwendungen; sie forderten eine Herabsetzung der Minimallöhne für Akkordarbeit, proportional zu der von ihnen durchgesetzten Herabsetzung der Minimallöhne für Zeitarbeit.

Die Regierung hob auch den zweiten Beschluß des Lohnamtes auf. Eine erneute Beratung führte jedoch zur Festhaltung der in zweiter Lesung gefaßten Beschlüsse und am 29. Dezember 1897 wurden dieselben rechtsgiltig. Im Jahre 1898 wurde eine Neuberatung gepflogen und der Minimallohn für Männer auf 42 Mk. festgesetzt; im Jahre 1910 stieg derselbe auf 45 Mk.

Dieses Lohnamt hatte mit größeren Schwierigkeiten als andere zu kämpfen. Während in den meisten anderen Fällen die Beschlüsse mit starker Mehrheit gefaßt wurden

— indem z. B. einige Arbeitgeberdelegierte, die starke Firmen vertraten, mit den Arbeitern stimmten, oder indem die Partei, welche bei der Führung der Verhandlung die Stimmung des Vorsitzenden gegen sich gerichtet sah, rechtzeitig nachgab — war der Vorsitzende des Schuhmacherlohnamtes bei fast allen Bestimmungen genötigt, seine entscheidende Stimme zugunsten der einen oder der andern Partei abzugeben.

Wie oben bemerkt, erreichten die Arbeiter im Jahre 1910 jenen Minimallohn, um den sie im Jahre 1897 vergeblich gerungen hatten, und damit war eine sehr wesentliche Besserung ihrer Lohnverhältnisse gegeben. Die Fabrikinspektion berichtet diesbezüglich, daß sich der Durchschnittslohn der männlichen Arbeiter vom Jahre 1896 bis zum Jahre 1900 um 8 Mk. pro Woche gehoben habe.

Die von der Untersuchungskommission einvernommenen Arbeitgeber bemerkten demgegenüber, daß der Erfolg der Schustereiarbeiter für dieselben kein so großer Vorteil und gar nicht der vielen Kämpfe wert gewesen sei, denn es würden jetzt w e n i g e r Arbeiter beschäftigt und diese zu i n t e n s i v e r e r Arbeit angehalten. —

Daß sich die Zahl der im Gewerbe beschäftigten Arbeiter nicht wesentlich vermindert habe, wird jedoch durch die Fabrikinspektion klar festgestellt. Die Zahl der hergestellten Schuhe wuchs sogar beträchtlich und können die scheinbar widerstreitenden Aussagen derart in Einklang gebracht werden, daß die Steigerung der Produktion nicht zur Beschäftigung einer größeren Arbeiteranzahl, sondern zur intensiveren Ausnützung eben der vorhandenen Arbeitskräfte bei gleichzeitiger Lohnerhöhung geführt habe.

Gerade dieses Resultat spricht ausnehmend zugunsten des Gesetzes. Intensivere Arbeitsleistung, höherer Lohn, der bessere Ernährung und damit intensivere Arbeitsleistung ermöglicht, Ausgleich der den Arbeitgebern durch höhere Löhne erwachsenden Kosten durch intensivere Arbeitsleistung: das sind Momente, die eine konstitutive Hebung der Arbeiterschaft, ihrer Befähigung und ihrer Lage bedeuten, ohne daß die Interessen der Industrie geschädigt würden.

Daß die Industrie aus den Lohnerhöhungen keinen Nachteil zog, geht aufs klarste aus der Exportstatistik hervor. Die Zahl der von Viktoria nach anderen Staaten Australiens ausgeführten Schuhe hob sich in der Tat von 171 182 im Jahre 1896 (vor Erlaß des neuen Gesetzes) auf 485 944 im Jahre 1902; der Wert dieses Exportes stieg von 740 000 Mk. im erstgenannten Jahre auf 2 720 000 Mk. im letztgenannten.

Auch der vielfach gegen das viktorianische Gesetz gemachte Einwand, daß es nur für Staaten ohne Export, deren Industrie bloß für einen durch hohe Zölle geschützten innern Markt arbeite, möglich sei, wird damit hinfällig; da es sich ja im gegebenen Falle um eine eminente Exportindustrie handelt.

6. Das Lohnamt der Holzarbeiter.

Dasselbe trat am 23. November 1900 zusammen und kam zu bindenden Entschlüssen am 27. März 1901. Minimallöhne wurden festgesetzt, die von 36 Mk. pro Woche für ungelernte Arbeiter bis zu 72 Mk. pro Woche für Vorarbeiter gegliedert wurden. Für Lehrlinge ward ein Anfangslohn pro Woche, der bis zum 5. Jahre auf 25 Mk. steigt, festgelegt; das zahlenmäßige Verhältnis der Lehrlinge zu den ausgelernten Arbeitern darf 1 : 4 nicht übersteigen.

Aus den Berichten der Fabrikinspektion erhellt, daß sich der Durchschnittslohn im Gewerbe von 33 Mk. im Jahre 1900 auf 43 Mk. im Jahre 1901 gehoben habe.[1])

Die von der Untersuchungskommission einvernommenen Arbeitgeber erhoben den Einwand, daß irgendwelche Ausbeutung im Gewerbe ja auch früher nicht bestanden habe, Frauenarbeit sei in demselben unbekannt, stets seien entsprechend gute Löhne an die Arbeiter, die starke Gewerkvereine besitzen, bezahlt worden. Die Einsetzung des Lohnamtes sei darum überflüssig gewesen und die hohe Festsetzung des Minimallohnes sei nicht nur für sie eine Quelle erhöhter Ausgaben, sondern auch, was die Arbeiter anlangt, bedeute sie nur für eine Kategorie, die tüchtigen Arbeiter, eine Besserung, da dieselbe in der Regel nicht allein den Minimallohn verdienen, sondern die besonders Tüchtigen von den Arbeitgebern, die sie in ihren Betrieb zu ziehen wünschen, noch höher entlohnt würden.

Was die alten Arbeiter anlangt, so könnten diese jetzt nicht mehr beschäftigt werden, da ihre Leistung nicht dem Minimallohne entspreche. Sie müßten nun Heimarbeit tun und verdienten dabei weniger als früher auf dem Werkplatz.

Die einvernommenen Arbeiter hingegen gaben an, daß die Mehrzahl der Firmen allerdings bereits vor Erlaß des Gesetzes auskömmliche Löhne bezahlt haben, daß aber einzelne schlimme Ausbeutung betrieben. Mehrere solcher Fälle wurden angeführt [2]).

---

[1]) Siehe Bericht auf Anhangseite 226.

[2]) Über die angebliche Schädigung alter Arbeiter siehe die durchaus entgegengesetzt lautenden Berichte der Fabrikinspektion im Anhang auf S. 230.

7. Das Lohnamt des Gerbergewerbes.

Die Verhandlungen dieses Lohnamtes haben viel Widerspruch in der öffentlichen Meinung hervorgerufen. Zu Beginn allerdings, vom 12. Februar zum 12. März 1901 ging alles gut und ein erster Beschluß wurde, vermöge der entscheidenden Stimme des Vorsitzenden, eines Polizeibeamten, gefaßt, die Maximalarbeitszeit auf 48 Stunden pro Woche festgesetzt. Die Arbeitgeberdelegierten demissionierten jedoch daraufhin und die Arbeitgeber des Gewerbes verweigerten die Wahl neuer Vertreter; auch die von der Regierung nun e r n a n n t e n Persönlichkeiten des Gewerbes weigerten sich, ihr Amt auszuüben. Nun machte der Minister von seinem gesetzlichen Recht Gebrauch, Personen außerhalb des Gewerbes, die eine gewisse Kenntnis von demselben besaßen, zu Vertretern der Unternehmerinteressen im Lohnamt zu ernennen.

Als dies geschehen war, erklärten sich die Unternehmerdelegierten, die seinerzeit demissioniert hatten, zur Wiederaufnahme ihrer Tätigkeit bereit, doch wurde dieses Angebot nicht mehr akzeptiert.

Das neue Lohnamt faßte am 10. Juli 1901 bindende Beschlüsse: Minimallöhne wurden in der Höhe von 36—42 Mk. pro Woche festgesetzt. Die Unternehmer weigerten sich, diesen Beschluß anzuerkennen und nachdem ein Apell an den obersten Gerichtshof fruchtlos geblieben war, schlossen viele derselben ihre Werke.

Nur für kurze Zeit freilich. Als sie über die Festigkeit der Regierung nicht mehr im Zweifel bleiben konnten, eröffneten die meisten und bedeutendsten Firmen wieder ihre Betriebe, während viele Arbeiter in neuerrichteten Produktivgenossenschaften Beschäftigung fanden.

Die von der Untersuchungskommission einvernommenen Arbeitgeber bekräftigten alle, daß die Verkürzung der Arbeitszeit und die Erhöhung der Löhne, wie sie vom Lohnamt verfügt wurden, ihre Ausgaben um große Summen (bis zu 37 %, ein Arbeitgeber sagte sogar: 45 %) vermehrt hätten. Die öffentliche Meinung verwarf jedoch mit Recht diese Beschwerde. Es wurde allgemein erklärt, daß die Arbeitgeber selbst durch ihr intransigentes Verhalten, durch ihre Weigerung, eigene Vertreter in die Lohnämter zu entsenden, die so besonders weitgehende Erhöhung der Löhne verschuldet hätten.

Kein anderes Lohnamt habe derart von der Intransigenz der Arbeitgeber zu leiden gehabt, kein anderes habe auch zu Ergebnissen, die tatsächlich für die Industrie bedenklich seien, geführt.

8. Das Lohnamt für Fruchteinsiederei.

Dasselbe trat am 18. Januar 1901 zusammen und kam am 30. April zu einem einvernehmlichen Beschluß, durch den der Minimallohn für erwachsene männliche Arbeiter auf 31 Mk. pro Woche festgesetzt wurde, für jugendliche Arbeiter auf 9—17 Mk. Der Minimallohn für Arbeiterinnen wurde auf 9 Mk. für Mädchen unter 19 Jahren, auf 11 Mk. für Mädchen von 16—18 Jahren und 14 Mk. für Arbeiterinnen über 18 Jahre festgelegt. Die Arbeitszeit darf nicht über 48 Stunden pro Woche betragen.

Der Bericht der Fabrikinspektion sagt, daß der Durchschnittslohn für weibliche Arbeiter im Jahre 1900 vor Inkrafttreten des Gesetzes 11 Mk. pro Woche betragen habe, im Jahre 1901, nach Inkrafttreten des Gesetzes 14 Mk., eine wesentliche Erhöhung, während der

Lohn der männlichen Arbeiter sich nur wenig verändert habe. Die spezifische Absicht des Gesetzgebers, die hilfsbedürftigsten Arbeitergruppen zu stützen, wurde also auch mit diesem Lohnamte erreicht.

Die von der Untersuchungskommission einvernommenen Arbeitgeber zeigten wenig Besorgnis über die Wirkung des Gesetzes auf ihre Betriebe; nur von der Obstkultur hieß es, daß sie sich nunmehr wenig rentabel gestalten werde. Das Hauptbedenken galt dabei der Tatsache, daß im Nachbarstaate Tasmanien mit seinem, der Obstkultur ohnehin günstigeren Klima eine gleiche Gesetzgebung nicht bestehe, was die Konkurrenz umsomehr erschwere.

Dies Bedenken würde aber mit der Ausdehnung der Gesetzgebung auf alle Staaten Australiens wegfallen.

9. Das Lohnamt für Drahtbettenerzeugung.

Dasselbe setzte einen wöchentlichen Minimallohn von 32 Mk. für weibliche Arbeiter fest, der als der höchste für Arbeiterinnen geltende in der öffentlichen Meinung Aufsehen erregte. In der Presse wurde gemeldet, daß mehrere Firmen ihre Arbeiterinnen ob des hohen Lohnsatzes entlassen hätten. Die Untersuchungskommission stellte demgegenüber fest, daß in allen angegebenen Fällen andere Gründe für die Entlassung maßgebend gewesen seien; anderseits wurden tatsächlich in mehreren Häusern arbeitsparende Maschinen eingeführt, während gleichzeitig die Zahl der Arbeiter im Verhältnis zur Produktionszunahme zurückging.

---

6. Kapitel.

Ergebnisse der Lohnämter.

Fassen wir alle die Detailergebnisse des vorhergegangenen Abschnittes zusammen, so sehen wir, daß die Lohnämter tatsächlich funktioniert haben. Von der einen Ausnahme des Gerbergewerbes abgesehen, ist es nirgends zu ernstlichen Störungen gekommen. Da Streiks in den vom Gesetz geregelten Gewerben (von äußerst seltenen Fällen abgesehen) nicht mehr vorgekommen sind [1]), — im Jahre 1908, z. B., ist laut Berichtes der Fabrikinspektion kein einziger, großer oder kleiner Streik im Gesamtgebiet des Staates erklärt worden [2]) — ist damit Ruhe und Ordnung an Stelle von Hader und Verlusten getreten.

Die Fabrikanten konnten so teilweise für die wesentlichen Lohnerhöhungen der männlichen Fabrikarbeiter, wie sie vom Gesetz bedingt wurden, entschädigt werden.

Durchgreifender noch war die Wirkung des Gesetzes in den von Heimarbeit durchsetzten Gewerben, besonders wieder, was die Heimarbeiterinnen anlangt. Die überaus bedeutsamen Lohnerhöhungen für diese früher so ausgebeutete Klasse konnten allerdings nicht hereingebracht werden, und wurde die Heimarbeit in der Tat häufig durch Fabrikarbeit ersetzt oder ganz aufgehoben [3]). Der im viktorianischen

---

[1]) Siehe Reports of the Chief Inspector of Factories, Workrooms and Shops, 1897—1911, Robt. S. Brain, Government Printer Melbourne.

[2]) Siehe gleiche Berichte, Jahr 1908.

[3]) Siehe Bericht der Fabrikinspektion über die Entwicklung in der Konfektionsschneiderei auf S. 219—220 des Anhangs.

Parlament immer wieder betonte Grundsatz, daß jeder Arbeiter im Staate ein Existenzminimum besitzen müsse — und demnach eine Industrie, welche ihren Beschäftigten ein solches Existenzminimum nicht gewährleisten könne, weil ihre technischen Grundlagen oder sonstigen Geschäftsbedingungen dies nicht gestatten, auf dem Boden des Staates nicht weiter bestehen dürfe, — wurde damit verwirklicht.

Wir haben ferner gesehen, daß die Schädigung einzelner Arbeiterkategorien, die so des gewohnten Erwerbs beraubt wurden, überwiegend nur vorübergehend gewesen ist, daß die Heimarbeiterinnen in Fabriken Beschäftigung fanden, daß die alten Arbeiter von der Fabrikinspektion mit Zertifikaten für Arbeit zu geringerem Lohne versehen wurden [1]).

Das Jahr 1902, aus dem die Berichte der Untersuchungskommission stammen, liegt, wie wir ferner beachten müssen, inmitten jenes Entwicklungsprozesses der Lohnämter, jener durch Erfahrung und praktisches Leben angeregten Verbesserungen, wie sie erst ein endgiltiges Gesetz geschaffen hat.

Wie in allen angelsächsischen Ländern, hatte man eben zuerst einen Versuch gemacht, dann aber das, was sich praktisch nicht bewährt, beseitigt und so die schließliche Anpassung an die Notwendigkeiten des tatsächlichen Lebens herbeigeführt. Die weniger freundliche Stimmung der Untersuchungskommission des Jahres 1902, der wir bei so vielen, im vorhergehenden Kapitel geschilderten Erhebungen begegnen, erklärt sich zum Teil aus dieser

[1]) Siehe mehrere Berichte der Fabrikinspektion, auf S. 227, 230, 280 des Anhangs.

noch nicht vollendeten Ausreifung des Gesetzes; die Berichte der Fabriksinspektion, die wir im Anhang bringen und die in den Jahren 1898—1901 auch vielfach noch so zaghaft lauten, werden später immer befriedigter und spiegeln dadurch die Verschmelzung des Gesetzes mit den tatsächlichen Möglichkeiten und Notwendigkeiten des gewerblichen Lebens.

Die Novelle vom Jahre 1904 [1]) brachte denn auch solch bedeutungsvolle Anpassungen: 1. Die Delegierten beider Interessengruppen werden seither nicht mehr gewählt, sondern von der Regierung ernannt und damit Störungen wie die im Gerbergewerbe oben geschilderten in Zukunft unmöglich gemacht; 2. Um allzu bedeutenden Lohnerhöhungen für erwachsene männliche Arbeiter vorzubeugen und die Konkurrenzbedingungen der Industrie nicht zu gefährden, wurde bestimmt [2]), daß die Löhne der Gewerbe, für welche Lohnämter nach Oktober 1903 eingesetzt wurden, nicht über jenen Löhnen, die von guten Firmen im Gewerbe bereits bezahlt wurden, festgesetzt werden sollen.

Dieser unscheinbare Paragraph beinhaltete zwei wichtige Direktiven: A) dadurch, daß er für Gewerbe, deren Lohnämter erst nach Oktober 1903 errichtet wurden, d. i., für die großen Industrien mit überwiegend männlichen Fabrikarbeitern, die Möglichkeit abschneidet, auf dem Wege der Lohnämter gewaltsame Eingriffe in die natürlichen Bedingungen der Industrie zu üben. Nur diejenigen Arbeitgeber, welche durch Bezahlung von

---

[1]) Siehe die gesperrt gedruckten Paragraphen im Gesetzestext im Anhang auf S. 175.

[2]) Siehe Anhang auf Seite 180.

niedrigeren als den Durchschnittslöhnen der Industrie ihre Position zu heben suchen, sollen hieran verhindert werden im Interesse nicht nur ihrer Arbeiter, sondern auch der guten Firmen ihrer Branche. Dieser Grundsatz war am Platze, weil es sich eben in diesen Gewerben um männliche Fabrikarbeiter handelt, die im übrigen für sich selbst einstehen können.

B) Die zweite Bedeutung des Paragraphen liegt darin, daß er die Lohnämter, die vor Oktober 1903 geschaffen wurden, von seiner Direktive ausdrücklich ausnimmt, d. h. jene Gewerbe, in denen Ausbeutung von weiblichen und Heimarbeiterinnen vorherrschen, für die daher Lohnämter bereits zu Anbeginn des neuen Gesetzes eingesetzt wurden; er sanktioniert damit die Funktion dieser Lohnämter, die nicht blos eine Ausgleichung der Löhne innerhalb des Gewerbes durchgeführt, sondern eine neue höhere Lohnnorm auf Grund eigener, humanitärer und hygienischer Gesichtspunkte festgestellt haben, unabhängig von der Erwägung, ob die Feststellung eines solchen Existenzminimums den Konkurrenzbedingungen der Industrie entspreche.

Dieser zweifache Gesichtspunkt des victorianischen Gesetzes, diese Beschützung der Schwachen einerseits, diese Organisierung der Industrie andererseits, wurde seit Erlaß der Novelle des Jahres 1904 auch in den andern Staaten Australiens allgemeiner und allgemeiner anerkannt und gewürdigt [1]).

---

[1]) Albert Métin gibt in der zweiten Auflage seiner ausgezeichneten Schrift: „Socialisme sans doctrines, la question agraire et la question auvrière en Australie et en Nouvelle-Zélande“ zu, daß sich seine, den Lohnämtern gegnerische Konklusion der 1. Auflage des Buches (vom Jahre 1899) und seine Voraussicht einer

Man erkannte, daß das Lohnamt mit seiner leidenschaftslosen Beratung von Fachgenossen, die kein vorhergehender Streik oder Streit in eine dem Ausgleich ungünstige seelische Disposition gebracht, die ihre Interessentengruppe, aber keine Gewerkschaft, keinen Kampfverein vertreten, viel bessere Chancen praktischer Wirksamkeit biete, als die Einigungsämter und Schiedsgerichtshöfe Neuseelands, die erst im Streitfall angerufen werden, mit bereits entflammter Erbitterung zu rechnen haben, einen Prozeß, nicht eine Geschäftsverhandlung führen, nach Zeugenaussagen über ihnen unbekannte Materien verhandeln, lange verhandeln, statt wie die Beisitzer der Lohnämter Viktorias Fragen des eigenen Gewerbes rasch zu erledigen.

Wie sehr sich die Lohnämter übrigens bald auch die Sympathien aller Arbeitgeber erwarben, zeigt eine Resolution der Handelskammer von Viktoria, die sich im Jahre 1898 für Ausdehnung des Gesetzes auf die Zigarrenfabrikation, das Schmiedehandwerk und die Glasfabrikation aussprach [1]).

Die Lohnämter Viktorias bedeuten die endgiltige Lösung des Heimarbeiterproblems, sie bedeuten aber darüber hinaus den Erfolg eines modernen beispielgebenden Versuches, Lohn- und Arbeitsbedingungen nicht bloß der Heimindustrie, sondern der Industrie überhaupt, durch das Gesetz zu regeln.

Ersetzung derselben durch Einigungsämter nach Neuseeländer Muster nicht bewährt habe, daß dem Lohnamt die Zukunft in ganz Australien gehöre, sowie es sich bereits im Jahre 1907 die aufstrebenden Staaten Neu-Südwales und Queensland erobert hat (Métin, S. 60: Préface de la nouvelle édition).

[1]) Siehe Bericht von Rev. John Hoatson, Melbourne, auf dem Londoner Heimarbeitkongreß des Jahres 1906, abgedruckt

Gerade die Novelle des Jahres 1904, welche die Ernennung der Lohnamtsbeisitzer und nicht mehr ihre Wahl vorsieht, bringt besonders deutlich zum Ausdruck, daß es sich nicht um ein Schiedsgerichtsverfahren zwischen streitenden Parteien (wie in Neuseeland), sondern wirklich um eine Manifestierung des Regierungswillens, d. h. des planvollen Staatswillens, handelt.

---

7. Kapitel.

Die Einführung von Lohnämtern in England.

Die Erfolge der Lohnämter Victorias mit ihrer Beseitigung der Übelstände in der Heimarbeit, mit ihren ungeahnten Perspektiven für gesetzliche Festlegung von Lohn- und Arbeitsbedingungen, für Überwindung von Streik und Aussperrung haben, wie im vorigen Kapitel erzählt, zunächst in Neu-Süd-Wales zum Erlaß einer analogen Gesetzgebung geführt (1907), und gleichzeitig setzte auch in England eine lebhafte Propaganda für Nachahmung des victorianischen Beispieles ein.

Sir Charles Dilke, der Führer des linken Flügels der Liberalen im englischen Unterhause, brachte einen An-

---

in „Report of Conference on a Minimum Wage, London, Cooperative Printing Society“.

Im gleichen Bericht zitiert Rev. Hoatson auch eine Reihe von Einzelfällen, die Erhöhungen des Wochenverdienstes von Heimarbeitern, z. B. von 5 Mark auf 20 Mark, zeigen und die segensvolle *sofortige* Wirkung der ersten Lohnamtsbeschlüsse dartun.

trag ein, für jene englischen Industrien, in denen Heimarbeit vorherrscht, Lohnämter nach victorianischem Muster einzusetzen. Er begründete seinen Vorschlag in mehreren Parlamentsreden wie auch im leitenden Aufsatz der ersten Nummer des „International“ [1]), und es gelang ihm, das parlamentarische Komitee, dem der Antrag überwiesen war, demselben günstig zu stimmen.

Zur selben Zeit veranstaltete die englische Zeitung „Daily-News“ — am 5. Mai 1906 — eine Heimarbeitsausstellung, welche die lebhafteste Aufmerksamkeit des Publikums auf die niedrigen Löhne, die den Verfertigern all der ausgestellten Objekte bezahlt wurden, zog. Aus der Stimmung der Besucher dieser Ausstellung heraus erwuchs die Begründung einer Anti-Sweating-League nach dem Muster der Anti-Sweating-League in Melbourne. Diese letztere hatte seinerzeit (im Jahre 1895) dank einer lebhaften Agitation die Begründung der ersten Lohnämter Victorias herbeigeführt [2]).

Erstes Werk der englischen Vereinigung war die Einberufung einer Reichskonferenz zum Studium des Minimallohnproblems in das Rathaus von London. Eine große Anzahl von Gesellschaften, darunter die wichtigsten Gewerkvereine Englands, entsandten Delegierte. Am 24. Oktober 1906 ward die Reichskonferenz

---

[1]) Englischer Ausgabe der Dokumente des Fortschritts, November 1907.

[2]) Dem Schreiber dieser Zeilen war es gegeben, an den Sitzungen der australischen Anti-Sweating-League teilzunehmen, seinen englischen Freunden von deren Agitationsmethoden zu berichten und später im Jahre 1911 an der Begründung der französischen Anti-Sweating-League, welche nunmehr den Fußstapfen der australischen und englischen folgt, mitzuwirken.

vom Lord Mayor von London eröffnet und begann unter dem Vorsitz Sir Charles Dilkes ihre Beratung[1]).

Der Vorsitzende erinnerte zunächst an seinen eigenen Antrag vom Jahre 1895, die Ausgabe der Heimarbeit nach dem Muster mehrerer amerikanischer Staaten an eine obrigkeitliche Konzession zu binden, erklärte jedoch, daß er heute diesen Antrag nicht mehr für hinreichend weitgehend halte.

Er erinnerte weiter an die Resolution des deutschen Reichstages vom 9. März 1906, in der der Reichskanzler zu einer Untersuchung der Heimarbeitsverhältnisse und zur Vorlage einer auf solche Untersuchung gegründeten Gesetzesvorlage aufgefordert wurde, und an die Initiative der deutschen Kaiserin in dieser Angelegenheit.

Er erinnerte endlich an die Untersuchungskommission des House of Lords, die so scharf gegen die Ausbeutung der Heimarbeiter Stellung genommen hatte und an die bereits seit längerer Zeit in England bestehende Bestimmung, öffentliche Lieferungen nur solchen Firmen anzuvertrauen, die über ihre Arbeitsbedingungen befriedigende Nachweise zu geben vermögen. Auch die Stimmung des Parlaments mit seiner großen liberalen Mehrheit sei jeder Maßregel, die sich auf humanitäre Forderungen und andererseits auf fortschrittliche Erfahrungen stütze, günstig.

Wie richtig Sir Charles Dilke die Situation beurteilte, zeigte sich an dem großen Interesse, das die weiteren Verhandlungen der Reichskonferenz in Parlament und Presse fanden, sowie an der Tatsache,

---

[1]) Report of Conference on a Minimum Wage. London, Verlag der Anti-Sweating-League.

daß bedeutende Persönlichkeiten des parlamentarischen Lebens an ihnen teilnahmen. Man erörterte sowohl die mögliche und notwendige Einwirkung einer gesetzlichen Einführung von Minimallöhnen auf die Konkurrenzbedingungen der Industrie, den Umfang der Arbeitslosigkeit, die vom Publikum für seine Einkäufe zu bezahlenden Preise, als auch die praktischen Erfahrungen Victorias mit seinen Lohnämtern, Neuseelands mit seinen obligatorischen Schiedsgerichten. Die Anti-Sweating-League, die aus den Beratungen der Konferenz hervorging, setzte das Werk außerhalb des Parlaments, Sir Charles Dilke innerhalb desselben tatkräftig fort, und wenige Jahre nachher, am 8. Februar 1908, nahm das englische Unterhaus eine Regierungsvorlage, welche im wesentlichen der Linie des Dilkeschen Entwurfes folgte[1]), an, ohne daß von irgendwelcher Seite Einspruch erhoben wurde. Eine eigentliche Abstimmung konnte so überhaupt vermieden werden.

Während das Oberhaus sonst allen fortschrittlichen Gesetzentwürfen große Schwierigkeiten zu bereiten pflegte, machte es zugunsten vorliegenden Gesetzes eine Ausnahme. Auch die Vertreter des Reichtums in seinen Reihen wollten sich nicht mit jenen Kaufleuten und Industriellen, die sich vom Mark der Armen mästen, solidarisch erklären. Keine Stimme erhob sich im Oberhause, keine hatte sich im Unterhause zur Verteidigung dieser illegitimen Interessen erhoben.

Am 1. Januar 1910 trat das Gesetz in Kraft. Unsere Leser finden seine wesentlichen Bestimmun-

---

[1]) Siehe: The Case for Wages Boards, London; The National Anti-Sweating-League, S. 45.

gen auf S. 164—171 des Anhanges, im englischen Originale und in deutscher Übertragung, abgedruckt und können durch Vergleich mit dem auf S. 172—182 abgedruckten australischen Gesetze des Jahres 1896 die wesentliche Identität beider feststellen. Ist das englische Gesetz doch ganz wahrhaft aus der erfolgreichen australischen Gesetzgebung herübergenommen.

Das englische Gesetz sah zunächst nur die Errichtung von Lohnämtern für jene Industrien vor, in denen Heimarbeit und Ausbeutung der Arbeiter vorherrschen, aber die Regierung wird ermächtigt, dieselben auch für andere Industrien einzuführen. Dem Lohnamte steht unbeschränkte Vollmacht für Feststellung von Minimallöhnen, für Zeit- und Akkordarbeit zu.

Das Prinzip der Minimallöhne war der englischen Industrie nicht ganz neu, da die großen Staatswerkstätten (Arsenale, Schiffswerfte, Uniformierungswerkstätten) solche bereits seit langem besitzen und auch gewisse Gewerkvereine, teils durch kollektive Arbeitsverträge, teils durch Schiedsgerichte, solche Minimallöhne erzwungen hatten (Berg-, Maschinen-, Textilarbeiter haben eine Grenze der Lohnbemessung nach unten erzielt). In diesen letzteren Fällen handelt es sich um Industrien mit machtvollen Gewerkvereinen, die zur Selbsthilfe wohl befähigt sind: Der Schutz der Schwachen durch das Gesetz war eine Neuerung auch für England.

Schon in den ersten Monaten der neuen Ordnung begannen einerseits rege Bemühungen der Anti-Sweating-League zur Schaffung von Heimarbeiterorganisationen, um die Durchführung des Gesetzes zu kontrollieren; andererseits wurden im Handelsministerium mit Eifer Leitfäden für die in den 4 zunächst vom Gesetze bezeichneten Gewerben:

1. Konfektionsbranche des Kleidergewerbes,
2. Papierschachtelerzeugung,
3. Spitzenerzeugung,
4. Kettchenerzeugung,

zu errichtenden Lohnämter ausgearbeitet [1]).

400 000 Arbeiter und Arbeiterinnen, der Mehrheit nach in der Werkstatt, einer beträchtlichen Minderheit nach zu Hause beschäftigt, sind in diesen Industrien tätig. Die beiden erstgenannten Industrien sind über das ganze Land verbreitet und weisen vielfache Differenzierung auf, die eingehendste Bestimmungen für die Durchführung des Gesetzes notwendig macht. Die beiden letzteren Industrien hingegen sind auf einzelne Distrikte beschränkt, die Durchführung des Gesetzes ist daher leicht. Der Vergleich mit den Schwierigkeiten und Anknüpfungspunkten, denen sich das australische Gesetz diesbezüglich gegenüber befand, liegt nahe; und in der Tat ist ja von den Gegnern der Lohnamtsgesetzgebung in Deutschland, Frankreich und anderswo immer wieder der scheinbar begründete, in Wahrheit aber auf so krasse Unwissenheit basierte Versuch unternommen worden, gegen eine Verpflanzung der australischen Gesetzgebung nach Europa, mit dem Hinweise auf die Verschiedenheit der Siedlungsverhältnisse, Front zu machen.

Das Gesetz Victorias ist bekanntlich in erster Linie für die Stadt Melbourne mit ihren 500 000 Einwohnern,

---

[1]) Siehe Fourth Annual Report of the National Anti-Sweating-League, 34 Mecklenburg Square, London W. C. Bericht über das Jahr 1909, angenommen auf der Generalversammlung am 27. Juli 1910.

in zweiter Linie für die Industrieorte eines verhältnismäßig dicht bevölkerten Landes gültig; nach dieser Richtung bot England genau die gleichen, würde Deutschland ebensolche Verhältnisse bieten.

Victoria wie England besitzen vorwiegend Exportindustrie; in beiden Ländern war es ein Haupteinwand der Gegner des Gesetzes, daß die Konkurrenzbefähigung der Industrien gegenüber denen anderer Staaten durch die Lasten der Minimallohngesetzgebung gefährdet werden könne. In Victoria wie in England lag der Fall besonders schwierig, da Victoria mit den anderen Staaten des australischen Festlandes sich in einem Zollverein befindet und England bekanntlich dem Freihandel huldigt, so daß die Überflutung des victorianischen resp. englischen Marktes mit Importwaren des Auslandes, das keine solche Arbeiterschutzgesetzgebung besitzt, theoretisch möglich gewesen wäre. Für Deutschland gilt dieser Einwand, seiner Schutzzollgesetzgebung wegen, nur in geringerem Grade; hier wäre die Einführung der Lohnämter leichter als in Victoria und England. Auch in Victoria hat man übrigens gesehen, daß jener technische Fortschritt, der durch Beseitigung der Möglichkeit, auf technisch unrationelle Weise, vermöge schrankenloser Ausbeutung der Heimarbeiter veraltete Produktionsmethoden aufrecht zu erhalten, angeregt worden ist, sowie die praktische Ausschaltung des Streiks aus jenen Industrien, die es mit organisierter Fabrikarbeit zu tun haben, dem Wirtschaftsleben in so hohem Grade nützlich waren, daß seine nationale Konkurrenzfähigkeit nicht geschwächt wurde, sondern, wie wir im fünften Kapitel beim Schuhexport gesehen haben, gerade im ersten

Jahre nach Einführung der Lohnämter rapid gestiegen ist.

Im folgenden sei die Durchführung des englischen Gesetzes beleuchtet, wobei einem die merkwürdige Beobachtung nicht entgehen wird, daß sie hier eigentlich noch glatter von statten ging, als in Victoria selbst, daß man der Komplexität der Verhältnisse in der Konfektionsbranche des Kleidergewerbes durch Geduld und Umsicht Herr zu werden beginnt, während die Lohnämter der drei anderen Industrien bereits vollkommen funktionieren: In Victoria hatte es länger gedauert, bis man zu einem befriedigenden Resultate gelangte.

Wir werden aus diesem Vergleich die wertvolle Gewißheit schöpfen, daß die Durchsetzung des Lohnamtsgedankens in Europa keineswegs technisch schwieriger ist, als in Australien. Wir werden auch sehen, daß die einzige ernste Schwierigkeit: die große Ausdehnung resp. größere Bevölkerung einzelner europäischer Staaten durch das in England durchgeführte Prinzip der Schaffung von Distriktslohnämtern, die ihrerseits wieder dem zentralen Lohnamt Bericht erstatten, sich mühelos überwinden lasse. Schon im Frühling dieses Jahres ging die allgemeine Meinung dahin, daß der Erfolg des Gesetzes für Werkstattarbeit mit ihrer leichten Überwachung und Kontrolle der Lohnamtsfestsetzung unzweifelhaft sei [1]).

Ebenso leicht durchführbar hat sich die Regelung der Heimarbeit in der Spitzen- und Kettchenerzeugung mit ihrer relativ geringen Zahl von Einzelverrichtungen

---

[1]) Siehe Mallon: The Trade Boards Act, in der Aprilnummer 1911 der Womens Industrial News, London.

erwiesen. Die Konfektion mit ihrer unendlichen Vielfältigkeit von Einzelarbeit und ihrer weiten Ausbreitung über das Land hat, gleich wie in Australien, administrative Probleme aufgerollt, deren Bewältigung Umsicht und vor allem eine gewisse Zeit erfordert.

---

8. Kapitel.

Die Tätigkeit der ersten 4 englischen Lohnämter.

Die erste Ausführungsverordnung für Einsetzung eines Lohnamtes wurde am 15. November 1909 durch das Handelsministerium erlassen; sie betraf die Kettchenerzeugung, wie sie in England, vor allem in der Stadt Creadley Heath und ihrer Umgegend, von etwa 2000 Arbeitern und Arbeiterinnen betrieben wird. Die Ausführungsverordnung sagt, daß dieses Lohnamt aus 15 Personen zu bestehen habe, und zwar aus drei von der Regierung ernannten Mitgliedern, 6 Arbeitgeber- und 6 Arbeiterdelegierten. Die 6 Arbeiterdelegierten sollen in Arbeiterversammlungen, die unter Aufsicht des Handelsministeriums stattfinden und zwar 4 Delegierte der männlichen und 2 Delegierte der weiblichen Arbeiter in zwei verschiedenen Versammlungen, gewählt werden. — Das Handelsministerium wird ermächtigt, noch je 1 Arbeitgeber und 1 Arbeiter zu ernennen, sofern die Notwendigkeit gleichmäßiger Vertretung der verschiedenen Gruppen von Arbeitgebern und Arbeitnehmern solche Ernennung zu erfordern scheint.

Die Versammlungen sollen durch öffentliche Ankündigung mindestens 7 Tage vorher angezeigt werden.

Die Amtsdauer eines Lohnamtes soll 3 Jahre betragen. Arbeitgeber, die in ein abhängiges Verhältnis zurücktreten, oder Arbeiter, die selbst zu Unternehmern werden, haben auf ihren Sitz zu verzichten, können jedoch wiedergewählt werden.

Die Abstimmung des Lohnamtes selbst erfolgt derart, daß die Gesamtheit der Arbeitgeber- und die Gesamtheit der Arbeiterdelegierten eine gleiche Anzahl von Stimmen repräsentieren, auch wenn aus Zufallsgründen ein Delegierter am Besuche der Sitzung verhindert ist. Dem Präsidium des Lohnamtes wird die praktische Durchführung dieser Regulative überlassen.

Schon die Wahlversammlungen brachten gewisse Initiativen selbst in solchen Arbeiterkategorien, denen dergleichen bisnun fremd gewesen war (Heimarbeiterinnen)[1].

Auf der Wahlversammlung der Arbeiterinnen wurde von einer der Heimarbeiterinnen von der Tribüne aus die Frage gestellt, wieviele ihrer Kolleginnen im Durchschnitt mehr als sieben Mark pro Woche verdienten. Nicht eine einzige Arbeiterin konnte sich hierzu bekennen; nur wenige erklärten, 6 Mk. zu verdienen; die Mehrzahl verdiente weniger als 5 Mk.

Da die Kettchenerzeugung Englands ausländische Konkurrenz nicht zu fürchten hat, war für die Arbeitervertreter nach dieser Richtung die Bahn frei: Sie konnten dem Lohnamt weitgehende Forderungen unterbreiten. Andererseits mußten sie von ihrem Interessenstandpunkt darauf achten, daß nicht etwa eine allzu bedeutende Erhöhung der Löhne die Arbeitgeber zur Einführung neuer

[1]) Siehe oben genannten Artikel von Mallon S. 574.

Maschinen und Entlassung eines großen Teils der Arbeiter und vor allem der Heimarbeiterinnen zwänge. Nach längerer Debatte beschloß das Lohnamt, einen Minimallohn von 20 Pfennigen pro Stunde für die Arbeit in Werkstätten und auf Grund dieses Zeitlohnes die entsprechenden Akkordlöhne (die allein für Heimarbeiter Bedeutung besitzen) festzulegen.

Die tatsächliche Erfahrung hat übrigens gezeigt, daß diese Akkordlöhne einem Arbeiter von durchschnittlicher Geschicklichkeit gestatten, ein klein wenig mehr als den oben genannten Zeitlohn von 20 Pfg. pro Stunde zu verdienen, in 10 Stunden Arbeitszeit etwa 2 Mk. pro Tag, somit für Heimarbeiterinnen eine Lohnverbesserung von etwa 100% gegenüber dem früheren Durchschnittsverdienst von etwa einer Mark.

Gewisse Mißlichkeiten entsprangen dem Umstand, daß das Gesetz eine dreimonatige Frist zwischen dem Spruche des Lohnamtes und seiner Rechtsgültigkeit vorsieht; ferner eine weitere sechsmonatige Frist, während deren der Spruch nur dann obligatorisch ist, wenn ihm keine schriftliche Vereinbarung zwischen Arbeitgeber und Arbeitern entgegensteht. Einige Arbeitgeber von Creadley Heath ließen nun in der ersten dreimonatlichen Periode so viele Ketten in Vorrat herstellen, daß den Arbeiterinnen für die weitere Zeit Arbeitslosigkeit gedroht hätte. Ferner versuchten die Arbeitgeber, Unterschriften von Frauen und Mädchen zu Kontrakten zu gewinnen, die sie für weitere sechs Monate binden sollten.

In diesem Augenblicke griffen die Womens Trades-Unions-League und die National Anti-Sweating-League von London ein, und auf ihren Rat verweigerten die Arbeiterinnen die Zeichnung der Kontrakte. Eine daraufhin von den Arbeitgebern verfügte Aussperrung blieb ohne Erfolg, da die öffentliche Meinung entschieden auf Seite der Arbeiterinnen trat und sie aus dem Publikum solche Unterstützungen erhielten, daß ihre Widerstandsfähigkeit gesichert war. Die Unternehmer sahen sich zur Aufhebung der Aussperrung gezwungen und mußten den Arbeiterinnen die vom Lohnamte festgesetzten Löhne bereits drei Monate vor der letzten Frist zugestehen. Inzwischen ist diese abgelaufen; das Handelsministerium hat den Spruch des Lohnamtes bestätigt, und dieser ist damit obligatorisch geworden, so daß irgendwelche Störungen von seiten der Arbeitgeber nicht mehr möglich sind.

Der Kampf hatte auch die Folge, daß die meisten Arbeiterinnen des Bezirkes Mitglieder des weiblichen Gewerkvereins wurden, für den sie früher keinerlei Interesse zeigten und sich nun in allen Fällen, wo sie eine Umgehung des Gesetzes durch den Arbeitgeber vermuten, an den Gewerkverein wenden. Tatsächlich ist damit eine überaus strikte Durchführung des Gesetzes gewährleistet.

Auch für die Arbeit der Männer im Gewerbe der Kettchenerzeugung wurden Minimallöhne festgesetzt, und zwar für die einfachste Arbeit 40 Pfg. pro Stunde, für qualifiziertere Arbeiter 45—56 Pfg. pro Stunde, somit pro Woche von 54 Stunden 22,50 Mk. bis 31,50 Mk.

Auch ihnen gegenüber versuchten die Arbeitgeber, die vom Gesetze vorgesehenen 3 + 6 = 9 Monate Übergangsfrist auszunützen, wurden aber durch den Widerstand der Arbeiter zur sofortigen Bewilligung der vom Lohnamte festgesetzten Tarife gezwungen.

Des ferneren erließ das Lohnamt Bestimmungen über die Löhne der Lehrlinge, wie in Australien, um die Umgehung des Gesetzes durch Anstellung Minderbezahlter zu verhindern. Auch solche Lehrlinge oder jugendliche Arbeiter müssen gleich von Beginn 4 Mk. pro Woche erhalten, und dieser Lohn wird alle 6 Monate erhöht bis zur Erreichung des vollen Lohnes ausgelernter Arbeiter.

b) Lohnamt der Spitzenerzeugung.

Das zweite Lohnamt, das bereits in den ersten Wochen nach Rechtskraft des Gesetzes zusammentrat, war das der Spitzenerzeugung. Seine Aufgabe war um so schwieriger, als die Spitzenerzeugung mit dem Wettbewerbe Deutschlands, Frankreichs und der Schweiz zu rechnen hat und Lohnerhöhungen somit nicht gänzlich auf das Publikum überwälzt werden können. Lebhafter Widerstand der Arbeitgeber war zu erwarten.

Zehntausend Heimarbeiter sind durch Warenhäuser im Gewerbe beschäftigt und erhalten überaus niedrige — durch Vermittlung von Zwischenmeisterinnen noch tiefer gedrückte — Löhne. Die Armut und Unwissenheit speziell der Heimarbeiterinnen war so groß, daß das Handelsministerium in seiner Ausführungsverordnung statt der Wahl der Arbeitervertreter deren Ernennung vorsah. Allerdings sollten zunächst die Vorschläge der Arbeiter entgegengenommen, im übrigen spezielles Gewicht auf eine Vertretung der Heimarbeiter gelegt werden. Auch die Wahl von Arbeitgeberdelegierten wird für das Lohnamt dieses Gewerbes durch die Ernennung vom Handelsministerium aus auf Grund von

Vorschlägen durch verschiedene Gruppen der Arbeitgeberschaft ersetzt [1]).

Das so zusammengesetzte Lohnamt arbeitet in glatter Weise, und für Werkstattarbeiter ward ein Minimallohn von 22 Pfg. pro Stunde festgesetzt, der bis zum 30. Dezember 1912 gelten soll und dann automatisch auf 24 Pfg. pro Stunde steigt. Die Feststellung der Akkordlöhne auf Grund dieser Zeitlöhne bereitete in Northampton, dem Hauptorte der Industrie, keine Schwierigkeit. Man stellte fest, daß die Preise, welche die Zwischenmeisterinnen von den Warenhäusern erhalten hatten, einer mittelmäßigen Arbeiterin ungefähr einen Stundenverdienst von 22 Pfg. sichern würden. Diese Preise wurden somit im ganzen und großen als Minimallöhne festgesetzt und es den Zwischenmeisterinnen überlassen, nun ihrerseits einen entsprechenden Aufschlag in ihren Forderungen an die Warenhäuser zu erreichen. Sie werden für Bezahlung der Minimallöhne in diesem Gewerbe verantwortlich gemacht.

Insoweit jene Zwischenmeisterinnen nicht die Vermittlung übernehmen, werden die Akkordlöhne für die Heimarbeiterin, die ihre Arbeit selbst suchen muß, entsprechend erhöht. Ferner ist Vorsorge getroffen, daß nach dem 30. Dezember 1912 die Akkordlöhne pro Stunde um 2 Pfg. erhöht werden.

Der Spruch des Lohnamtes trat am 6. März 1911

---

[1]) Regulations, dated May 4, 1910, made by the Board of Trade, establishing a Trade Board under s. 11 of the Trade Boards Act, 1909 (9 Edw. 7, c. 22), for that branch of the Lace Trade which is engaged in Machine-Made Lace and Net finishing, other than the finishing of the product of Plain Net machines.

in Kraft, und liegt uns der vollständige Text mit allen einzelnen Akkordlöhnen vor[1]).

Das Lohnamt fixiert zunächst jene Grundsätze für Zeitlohn, die wir oben an Hand des Artikels von J. J. Mallon detailliert angegeben haben und verfügt dann eingehende Bedingungen für sukzessive Erhöhung der Minimallöhne für Lehrlinge und jugendliche Arbeiter. So müssen z. B. Personen im Alter von 17 bis 18 Jahren, wenn sie seit weniger als 6 Monaten in Arbeit stehen, mindestens 5 Mk. pro Woche erhalten; wenn sie zwischen 6 und 12 Monaten in Arbeit stehen, 8,50 Mk.; wenn sie im zweiten Arbeitsjahre stehen, 10 Mk., und wenn sie seit mehr als 2 Jahren arbeiten, den vollständigen Zeitlohn. Bei den jugendlichen Arbeiterinnen sind 3, 4 und 5 Jahre, während deren sie zu niedrigeren als den vollen Minimallöhnen arbeiten dürfen, je nach dem Lebensalter, als äußerste Grenze festgesetzt. Das Lohnamt definiert dann eingehend den Begriff Learners (Lehrlinge und jugendliche Arbeiter), für welche obige Festsetzungen gelten sollen: Learners können nur Personen unter 19 Jahren sein, die seit höchstens 5 Jahren im Gewerbe beschäftigt sind.

Im Spruch des Lohnamtes werden ferner für die einzelnen Verrichtungen eingehende Akkordlöhne festgesetzt.

Im Sinne des Gesetzes ward der Spruch 3 Monate nach Erlaß der Verordnung, also am 6. Juni 1911, rechtsgültig. Weitere 6 Monate hindurch hätten ihm noch schriftliche Vereinbarungen entgegengesetzt werden kön-

---

[1]) Wörtlicher Abdruck oder wörtliche Übersetzung sind aus autorrechtlichen Gründen nicht gestattet.

nen, während er am 6. Dezember d. J. absolute Rechtskraft erlangen würde. Im Sinne freiwilliger Vereinbarung zwischen Arbeitgebern und Arbeitern des Gewerbes ward jedoch die allgemeine Basierung der Arbeit auf die neuen Löhne ab Juni 1911 bestimmt, und werden dieselben seither eingehalten.

c) Lohnamt der Schachtelerzeugung.

Das dritte Lohnamt, für das am 27. April 1910 eine Ausführungsordnung des Handelsministeriums erlassen wurde, war das der Schachtel- (insbesondere Zündholzschachtel-) Erzeugung. Das Problem lag in diesem Falle schwieriger, als in den beiden oben besprochenen Gewerben, weil die Schachtelerzeugung ungleich diesen über ganz England verbreitet ist.

Das Handelsministerium verfügte für dieses Lohnamt eine Beisitzeranzahl von 35 bis 41, wovon jedoch bloß drei von der Regierung ernannt werden. 16 Beisitzer werden von den Arbeitgebern der Industrie gewählt, und zwar 1 Delegierter von den Arbeitgebern der Stadt Manchester, 1 von den Arbeitgebern der Vororte von Manchester, 1 von den Arbeitgebern der Grafschaft Northumberland usw. usw.; 4 Delegierte von den Arbeitgebern von London und Umgebung; 3 Delegierte von den Arbeitgebern von Schottland.

Während also die Arbeitgeberdelegierten durch freie Wahl bestimmt werden, sollen 16 Vertreter der Arbeiter vom Handelsministerium auf Grund von Vorschlägen der Arbeiter ernannt und hierbei besondere Rücksicht auf die Vertretung der Heimarbeiter genommen werden. Das Handelsministerium behält sich das Recht vor, 3 Unternehmer- und weitere 3 Arbeiterdelegierte zu ernennen, sofern die einzelnen Interessengruppen innerhalb beider Schichten nicht hinreichend vertreten zu sein scheinen. Die Funktionsdauer des Lohnamtes wird auf 3 Jahre festgesetzt.

Die Stimmabgabe in diesem Lohnamte soll nicht gruppenweise, sondern individuell erfolgen. Jeder Delegierte hat eine Stimme. (Da die Arbeitgeberdelegierten Arbeitgebergruppen verschiedener Grafschaften mit vielfach einander widerstrebenden Interessen vertreten, mußte die Betätigung dieser Sonderinteressen durch individuelle Stimmabgabe gewährleistet werden.)

Wenn jedoch in einer Sitzung des Lohnamtes mehr Arbeitgebervertreter anwesend sind als Arbeitervertreter oder umgekehrt, so ist jene Interessengruppe, deren Vertreter die Mehrheit haben, verpflichtet, Stimmenthaltung bei so vielen ihrer Mitglieder zu veranlassen, daß das Stimmenverhältnis im Gleichgewicht bleibt. Kommt eine solche Einigung nicht zustande, so ist der Präsident verpflichtet, die Beschlußfassung auf eine nächste Sitzung des Lohnamtes zu vertagen.

Als das Lohnamt zusammentrat, beantragten die Arbeitervertreter, zunächst eine allgemeine Erörterung des Minimallohnes für Zeitarbeit zu pflegen und dann Bezirkskomitees zu ernennen, welche auf Grund der Lokalverhältnisse weitere Vorschläge machen sollten. Dieser Antrag wurde angenommen und ein zweiter wichtiger Beschluß gefaßt, demzufolge die endgültig festgelegten Minimallöhne für das ganze Land zu gelten haben. Die Arbeitgeberdelegierten aus jenen Bezirken, welche bereits vor Erlaß des Gesetzes günstige Löhne bezahlten, schlossen sich bei dieser Abstimmung den Arbeitervertretern an, wodurch eine große Stimmenmehrheit gegenüber den Arbeitgebervertretern jener Bezirke zustande kam, in denen besonders niedrige Löhne üblich waren. Während diese Debatten vorangingen, stellte das Arbeitsministerium eine genaue Ausführungsverordnung für Zusammensetzung der Bezirkskomitees (in diesem und in dem später zu besprechenden Bekleidungsgewerbe) auf. Am 22. Juli 1910 ward dieselbe erlassen. Sie bestimmte [1]), daß die Distriktskomitees einerseits aus Mitgliedern des Zentralkomitees, andererseits aus Delegierten der Arbeitgeber und Arbeiter des Bezirkes zusammenzusetzen seien. Das Zentralkomitee selbst hat diesbezüglich detaillierte Vorschläge zu erlassen und dem Handelsministerium zu unterbreiten. Das Handelsministerium ist aber berechtigt, um eine Vertretung aller Interessengruppen zu gewährleisten, selbst weitere Vertreter für solche Bezirkskomitees zu ernennen.

Jedes Mitglied des Bezirkskomitees hat eine Stimme, und gelten für den Fall, daß Arbeitgeber- und Arbeitnehmerdelegierte in ungleicher Anzahl in der Sitzung vertreten sind, die oben bei Erörterung der Geschäftsordnung des Lohnamtes selbst angegebenen Detailbestimmungen.

Was unser Lohnamt der Schachtelerzeugung anlangt, wurden die Bezirkskomitees überwiegend aus Vertretern der Arbeitgeber und Arbeitnehmer der Bezirke zusammengesetzt, trotzdem jedoch die Verbindung der Bezirkskomitees mit dem Zentralkomitees durch Entsendung mehrerer Beisitzer des letztern in die Bezirkskomitees gewährleistet. Die Bezirkskomitees tagten einen Monat lang, führten aber zu keiner Annäherung der entgegengesetzten Standpunkte der Arbeitgeber und Arbeiter. Am 22. Februar 1911 endlich trat das Lohnamt selbst

---

[1]) Siehe nähere Details auf S. 170 des Anhangs.

wieder zusammen, nahm die Berichte der Distriktskomitees entgegen und faßte tatsächlich endgültige Beschlüsse. Dieselben wurden mit Mehrheit aller Interessentenvertreter gefaßt, ohne daß die drei vom Handelsministerium ernannten unparteiischen Beisitzer hätten eingreifen müssen.

Die Beschlüsse wurden am 8. April 1911 durch den Vorsitzenden W. B. Yates kundgemacht und legten die Zeitlöhne auf 22 Pfg. pro Stunde fest. Dieselben sollen am 1. Februar 1912 automatisch auf 24 Pfg. steigen, im Februar 1913 auf 26 Pfg. Die Festsetzung gilt gleicherweise für männliche und weibliche Arbeiter.

Für Learners (Lehrlinge und jugendliche Arbeiter) wird ein Anfangslohn von 4,50 Mk. pro Woche festgesetzt, für das zweite Halbjahr der Beschäftigung soll er auf 5,50 Mk., für das dritte Halbjahr auf 7 Mk., für das vierte Halbjahr auf 8,50 Mk., für das fünfte auf 10 Mk., für das sechste auf 11,50 Mk. steigen. Diese Festsetzungen gelten für eine Arbeitswoche von 52 Stunden und sollen proportionell erhöht oder erniedrigt werden, wenn die Arbeitszeit mehr oder weniger als 52 Stunden beträgt.

Der Durchschnittslohn im Gewerbe war bisher 10 bis 12 Mk. pro Woche; der neu festgesetzte Minimallohn beträgt bei acht- bis neunstündiger Arbeitszeit (ab 31. Januar 1912) etwa 14 Mk.: somit eine Erhöhung von 2 bis 4 Mk. pro Woche. Ferner ist zu beachten, daß es sich eben um Minimallöhne handelt, daß der neue Satz auch für die Mindestbefähigten zu gelten hat und die mehr als Mindestbefähigten (somit auch die Durchschnittsbefähigten) auf einen höheren als den

Minimallohn rechnen dürfen, da ja die Arbeitgeber ein Interesse daran haben, gerade in ihren Betrieb andere als mindestbefähigte Arbeiter zu ziehen.

Ferner gelten alle Löhne derart, daß die Rohmaterialien ausschließlich vom Arbeitgeber beizustellen sind. Bisher hatten dieselben für viele Arbeiterinnen eine Last von 1,50 Mk. pro Woche betragen, die nun wegfällt.

Die Festlegung von Akkordlöhnen auf Grund dieser Zeitlöhne steht noch aus; dieselben werden eben jetzt im Lohnamte beraten.

d) Das Lohnamt im Konfektionsgewerbe.

Die Aufgabe dieses Lohnamtes war noch schwieriger, aber auch bedeutungsvoller, als die aller vorbezeichneten, selbst des unmittelbar vorangehenden Lohnamtes. Das Gewerbe ist über das ganze Land verbreitet, und auch die einzelnen Betriebe gleicher Städte sind voneinander unendlich verschieden. Fabriken mit modernen Maschinen, kleine Werkstätten, Heimarbeit unter Mittelspersonen: alle solche Differenzierung erfordert unendliche Details in der Lohnfestsetzung.

Das Handelsministerium erließ denn auch am 25. Juli eine Ausführungsverordnung, die zunächst bloß die Errichtung eines Lohnamtes für die Konfektion von Männer- und Knabenkleidern vorsah. Dasselbe soll aus 29—37 Personen bestehen; hiervon sind 3 bis 5 unparteiische Mitglieder, im übrigen Delegierte der Arbeitgeber und Arbeiter. Das Handelsministerium ernennt diese Delegierten auf Grund von Vorschlägen der Interessenten, und zwar 2 Delegierte auf Grund von Vorschlägen der Arbeitgeber in Schottland, 2 auf Grund von Vorschlägen der Arbeitgeber in Northumberland, Durham und Yorkshire usw. usw; ferner 3 Vertreter der Subunternehmer und 13 Vertreter der Arbeiter (gleichfalls nach Anhörung von Vorschlägen der Interessenten).

Die Abstimmung erfolgt, wie im Falle des Lohnamtes für Schachtelerzeugung, in individueller Weise: jedes Mitglied hat eine Stimme. Jedoch kann die Mehrheit der Arbeiter- bzw. Unternehmerdelegierten fordern, daß in gewissen Fällen die Abstimmung kollektiv erfolge, derart, daß zuerst die Unternehmerdelegierten eine separate Abstimmung veranstalten und dann ihr Gesamtvotum in der Weise abgeben, wie die Mehrheit ihrer Gruppe sich entschieden hat (ebenso für die Arbeiterdelegierten). Das Handelsministerium reserviert sich das Recht, auf Grund der Vorschläge des Lohnamtes seine Wirkungssphäre auch auf alle anderen Schichten des Bekleidungsgewerbes auszudehnen.

Die bisherige Tätigkeit des Lohnamtes war ähnlich wie die des Lohnamtes im Schachtelgewerbe. Zunächst wurden Bezirkskomitees aufgestellt und in ihnen eine eingehende Erörterung gepflogen. Dann erst soll das zentrale Lohnamt selbst zusammentreten, und erwartet man definitive Beschlüsse im Jahre 1912. In kompetenten Kreisen glaubt man, daß ein Minimallohn von annähernd 32 Pfg. pro Stunde und entsprechende Akkordlöhne werden festgesetzt werden.

Fassen wir all das Gesagte zusammen, so sehen wir, daß England rüstig am Werk ist, seinen schlimmst gestellten Arbeitergruppen, vor allem seinen ausgebeuteten Heimarbeiterinnen, ein erträgliches Los mit dem gleichen Mittel, wie es sich in Australien so gut bewährte, zu schaffen.

In den drei erstbezeichneten Gewerben sind bereits befriedigende Beschlüsse gefaßt; was das vierte anlangt, so haben unsere Leser, wenn diese Zeilen vor ihnen liegen, vielleicht schon aus der Tagespresse erfahren können, daß auch das Lohnamt im Konfektionsgewerbe seine Festsetzungen beendet habe.

Die technische Möglichkeit einer Verpflanzung der australischen Methode auf Europa ist somit bewiesen. Die gesetzliche Festlegung der Lohn- und Arbeitsbedingungen durch die Methode der Lohnämter hat sich auch auf europäischem Boden bewährt und auf die Frage, wie sie im Titel dieser Studie gestellt ist: „Inwieweit ist eine gesetzliche Festlegung der Lohn- und Arbeitsbedingungen möglich?" kann eine erste Antwort gegeben werden: Sie ist möglich, notwendig für die Heimarbeit und über sie hinaus für die Werkstättenarbeit jener Gewerbezweige, die gleich ungünstige Arbeitsbedingungen besitzen und bezüglich deren eine Selbsthilfe der beteiligten Arbeiter im Lichte der bisherigen Erfahrungen wenig Erfolg zu versprechen scheint; vor allem also für das Gesamtgebiet weiblicher Fabrikarbeit.

Das englische Gesetz ist am 1. Januar 1910 in Kraft getreten, das französische Gesetz wird im Laufe des Jahres 1912 zur entscheidenden Beratung im Parlament kommen, das österreichische Gesetz, bezüglich dessen ja eine völlig ausgearbeitete Regierungsvorlage besteht, wird wohl kaum mehr lange zurückbleiben.

Diese zeitliche Parallelität zeigt klar, daß es sich um eine aus gleichen Ursachen entspringende, gleichen Zielen zustrebende Bewegung handelt und daß die Mehrheit der großen Industrieländer Europas im Begriffe ist, die gesetzliche Festlegung der Lohn- und Arbeitsbedingungen für die Heimarbeit und gewisse Gebiete weiblicher Fabrikarbeit durchzuführen. Auch in Deutschland berechtigen die Kommissionsverhandlungen des Reichstags, in denen sich ja die Hälfte aller Mitglieder für die Errichtung von Lohnämtern ausgesprochen, zu guten Hoffnungen.

Eben, da diese Zeilen dem Drucke übergeben werden, gehen mir private, zunächst noch nicht präzis verifizierbare Nachrichten zu, daß auch die Regierung bereit sei, den gleichen Standpunkt, sei es auch in abgeschwächter Form, zu akzeptieren.

Daß so in Zusammenarbeit von Regierung und Volksvertretung eine Etappe auf dem Wege zur Lösung der Heimarbeiterfrage zurückgelegt werde, muß allen Freunden sozialer Reform als eine der wichtigsten Gegenwartsaufgaben vor Augen schweben.

---

9. Kapitel.

Lohn- und Arbeitsverhältnisse in Industrien, deren fortgesetzter Betrieb im öffentlichen Interesse liegt.

Deutschland ist in der glücklichen Lage, dies Problem für die Gegenwart ignorieren zu können, weil seine Bahnen und seine Post in so gut wie ausschließlichem Staatsbetrieb stehen und eine festgefügte Disziplin jede Gefahr eines Streiks, für die nächste Zukunft zumindest, auszuschließen scheint.

Nur soweit Bergwerke und elektrische Kraftwerke wie auch Bäckereien in Frage kommen, kann sich auch in Deutschland die Gefahr ergeben, daß Streiks in diesen Betrieben über die Schädigung der beteiligten Arbeitgeber und Arbeiter hinaus einen Stillstand unbeteiligter Industriezweige oder, wie im Falle des Bäckereigewerbes, eine öffentliche Kalamität für die Konsumenten bedeuten.

Schon für unsere österreichischen Leser aber ist das Problem ein umfassendes, da ja Bahnstreiks, vor allem „passive Resistenz" der Bahnbediensteten (wörtliche Ausführung des Reglements, die den Betrieb schleppend gestaltet und in ihren Wirkungen einem Streik nahekommt, ohne daß die Angestellten Verantwortung und Gefahr eines Streiks zu tragen hätten), in Österreich keineswegs unerhört sind. Und für diejenigen unserer Leser, die über den eigenen Staat hinaus auf Gesamteuropa blicken, die Post- und Bahnstreiks in Frankreich und England, Italien, Holland und Rußland aufmerksam verfolgt haben, muß es klar sein, daß hier ein schwerwiegendes Problem vorliegt.

Wie sollen die Lohn- und Arbeitsbedingungen, etwa der Privatbahnen, geregelt werden? Soll man dieselben den anderen privaten Industrien gleichstellen, dem Kampf zwischen Bahngesellschaften und Gewerkvereinen im Widerspiel von Aussperrung und Streik die Ausbalancierung von Lohn- und Arbeitsbedingungen überlassen?

Oder soll man solche gewerbliche Organisationen unterbinden, solche Streiks unter Strafe stellen? Und damit gleichmäßige Verteilung von Sonne und Wind für beide kämpfenden Interessengruppen aufheben, die Angestellten dieser Betriebe gefährden, um schlechtern Lohn schwerer arbeiten zu müssen, als ihre Brüder in der freien Industrie?

Beide Wege müssen auf die Dauer ungangbar erscheinen. Der erste deshalb, weil zu offenbar sinnlose Störungen des Gesamtwirtschaftslebens durch ihn herangerückt werden, der zweite, weil er dem Gerechtigkeitsempfinden des einzelnen und der öffentlichen Meinung widerstrebt und weil sich die beteiligten Angestellten naturgemäß jedem solchen Versuch bis aufs äußerste widersetzen müßten.

Hier liegt ein Fall vor, für den die bisherige Methode der Lohnfestsetzung versagt, für den das Eingreifen des Gesetzes, die Errichtung von Institutionen, welche Lohn- und Arbeitsbedingungen in neuartiger Weise regeln, zwingend notwendig wird.

Die letzten klaren Illustrationsfakten wurden durch den Post- und den Bahnstreik in Frankreich, sowie den Generalstreik der Bahnen in England geliefert.

Der erste französische Poststreik vor 2 Jahren brachte bekanntlich eine Desorganisierung des ganzen französischen Wirtschaftslebens mit sich und endete mit einem für die Autorität der Staatsgewalt überaus beschämenden Erfolg der Streikenden. Der zweite Poststreik, der bald nachher ausbrach, wurde niedergeschlagen und ließ tiefgreifende Erbitterung bei den Angestellten zurück.

Der Generalstreik bei der französischen Nordbahn und Westbahn hat gleichfalls das französische Wirtschaftsleben im Jahre 1910 arg mitgenommen, und nur die militärische Mobilisierung der Eisenbahner, eine juristisch durchaus nicht einwandfreie Maßregel der Regierung, brachte hier Rettung. — Die Regierungsvorlage, die das Ministerium Briand im Gefolge des Streiks einbrachte, sah jedoch bereits ein schiedsgerichtliches Verfahren nach kanadischem Muster vor, weil eben nur dieses allein eine definitive Lösung des Problems zu verbürgen schien.

Auch der englische Generalstreik des Jahres 1911 hat schwere Verluste mit sich gebracht, jedoch mit Neubefestigung der Ansätze zu schiedsgerichtlichem Verfahren (über die wir im 12. Kapitel eingehend sprechen werden) geendet. Es ist klar zu erkennen, daß die Entwicklungstendenz auch der europäischen Großstaaten in der Richtung zum fakultativen oder obligatorischen Schiedsgericht für Industrien öffentlichen Interesses führt.

Wollen wir jedoch beweiskräftige Erfahrungen untersuchen, uns die Lösungsmöglichkeiten des Problems anschaulich machen, so müssen wir eben wie im obigen Fall der Heimarbeiterfrage über die Meere gehen, und zwar nach Kanada mit seinem fakultativen, nach Neuseeland mit seinem obligatorischen Schiedsgericht.

---

10. Kapitel.

Die fakultativen Schiedsgerichte Kanadas.

Die Volkswirtschaft Kanadas ist mit den Betrieben der großen Bahnen, welche die Getreideebenen des Westens mit den Industrieorten des Ostens und der atlantischen Küste, von wo aus das Getreide nach England verfrachtet wird, verbinden, aufs innigste verknüpft. Jede Betriebseinstellung auf diesen Bahnen, jeder Arbeitskonflikt, der die Gefahr eines Streiks eröffnete, mußte darum für alle die Farmer, deren Ernten immobilisiert zu werden drohten, ein Schreckgespenst erscheinen.

Auch haben verheerende Streiks der Bahnangestellten wiederholt dem Nationaleinkommen Kanadas tiefe Löcher gerissen und der Wunsch, Abhilfe zu schaffen, ist seit langem in der Regierung und im Parlament Kanadas lebendig gewesen.

Schon im Jahre 1900 wurde ein Gesetz geschaffen, das dem Staatssekretär des Arbeitsministeriums ausgedehnte Vollmachten zur Vermittlung in Fällen des Konflikts zwischen Arbeitgebern und Arbeitern verlieh.

Tatsächlich hat dieses Gesetz, wenngleich keinerlei Zwangsgewalt verbürgend, zur gütlichen Schlichtung mehrerer drohender Konflikte geführt. Aber die Betätigungsmöglichkeit eines einzelnen Mannes mußte sich denn doch als beschränkt erweisen; auch war der gute Wille der Parteien, seine Dienste anzunehmen, naturgemäß nicht immer vorhanden. So sahen sich die leitenden Kreise Kanadas vor die Notwendigkeit gestellt, neue, wirksamere Methoden zum Ausgleich von Arbeitskonflikten zu suchen.

Ein Übergang zum extremen neuseeländischen Verfahren, der Einführung obligatorischer Schiedsgerichte und der Bestrafung sich widersetzender Streiker, schien jedoch der jedem Radikalismus abholden kanadischen Regierung nicht angezeigt. Ein mittlerer Weg, nicht auf physische Gewalt, sondern auf die öffentliche Meinung als Quelle moralischen Zwanges zielend, wurde vorgezogen [1]).

Der Staatssekretär des Arbeitsministeriums vertritt in seinem Berichte [2]) die Theorie, daß es vom Standpunkte des gewöhnlihen Bürgers aus zweierlei Arbeitskonflikte gebe: Wenn es sich um Streiks in einer Weberei oder einer Schuhfabrik handelt, so wird der Unbeteiligte, z. B. ein

[1]) Report of the Department of Labour. For the fiscal year 1908. Ottawa. S. 50.

[2]) Gleicher Bericht S. 51.

Mitglied der liberalen Berufe oder ein Landwirt oder ein Buchdrucker, nur insoweit in Mitleidenschaft gezogen, als die allgemeine kommerzielle Situation darunter leidet; also in sehr indirekter, wenig empfindlicher Weise.

Handelt es sich jedoch um einen Streik der Straßenbahnangestellten, so trifft dies die ganze Bewohnerschaft der Stadt: auch Personen, die in keiner Interessenbeziehung zu den Bediensteten oder Aktionären der Gesellschaft stehen, werden empfindlich geschädigt. Ein Streik von Bergleuten, Eisenbahnangestellten oder Telegraphenbediensteten kann Verwirrung und Unglück in das ganze Wirtschaftsleben eines Staates tragen. Als solche Industrien öffentlichen Interesses werden im Berichte des Staatssekretärs genannt: Straßenbahnen, Telegraph und Telephon, elektrische und Gasbeleuchtung, Bahnen und Dampfschiffe, Kohlen- und Eisenbergwerke.

Was die Bahnen anlangt, so wurde bereits im Jahre 1903 ein Gesetz erlassen, welches obligatorische Einsetzung von Untersuchungskommissionen in allen Konfliktsfällen vorsieht. Weiteren Anstoß zur Reform gab dann das Jahr 1906/7, das reich an Bedrängnis für das kanadische Wirtschaftsleben war. Ein Bergarbeiterstreik in den Kohlengruben von Lethbridge führte zu beträchtlicher Kohlenteuerung und wurde damit zu einer wahren Kalamität für die getreidebauende Landwirtschaft des Westens. Der Winter nahte, ohne daß der Streik beendigt war. Kälte brach ein und keine Kohle war zu erschwinglichem Preise im weiten Lande zu haben. Daraufhin griff der Landtag von Saskatschewan ein, das Arbeitsministerium intervenierte, und der Staatssekretär begab sich selbst nach Lethbridge, um eine Vermittlung zu versuchen, die ihm gelang.

Der Zwischenfall überzeugte die öffentliche Meinung davon, wie unvollkommen die bisherige Maschinerie für Abhilfe in solchen Streitfällen sei, da eben weder die Bergwerksgesellschaft noch die Angestellten irgendwie davon geschädigt waren, daß ihre Arbeitseinstellung für Dritte eine Kalamität bedeutete. Diese Dritten zu organisieren, gegen Verletzung ihrer Rechte durch die Streitenden zu schützen, schien der Staat allein berufen zu sein, und diesen Zweck des Schutzes öffentlicher Interessen gegen den Ausbruch von Streiks in den oben genannten Industrien erfüllte das Ministerium, indem es ein Gesetz für Einführung obligatorischer Untersuchungskommissionen beantragte. Ein diesbezüglicher Entwurf ward von beiden Häusern des Parlaments angenommen und erhielt am 22. April 1907 die Sanktion des Königs [1]).

Der Grundgedanke des Gesetzes geht dahin, daß in allen Arbeitskonflikten, Industrien öffentlichen Interesses betreffend, eine Untersuchungskommission einzusetzen sei, und daß kein Streik erklärt werden dürfe, solange die Untersuchungskommission nicht ihr Verdikt gefällt habe. Nach Fällung des Verdikts ist die Erklärung des Streiks erlaubt. Wir haben also kein obligatorisches Schiedsgericht vor uns. Man wollte und konnte nur erreichen, daß die öffentliche Meinung, durch das Verdikt der Kommission und ihre sachkundige Meinung unterrichtet, in die Lage komme, gegen einen Friedensbruch von der Seite, deren Standpunkt die Kommission nicht rechtfertigte, kräftig protestieren zu können.

Die Kommissionen bestehen aus je 3 Mitgliedern, deren eines von jeder der beiden streitenden Parteien,

---

[1]) Siehe den Text des Gesetzes auf S. 241 des Anhangs.

deren drittes von den beiden anderen Beisitzern, im Nichteinigungsfalle von der Regierung, bestimmt wird. Das Gesetz wurde bereits im ersten Jahre 35mal angerufen, sowohl durch Arbeitgeber als auch Arbeiter von Bergwerken, Straßenbahnen usw. In vielen Fällen genügte die bloße Ankündigung, daß eine Kommission ernannt werde, um die Parteien zur gütlichen Einigung zu veranlassen. In der Mehrzahl der Fälle wurde allerdings eine Untersuchungskommission ernannt, darunter auf einem sehr umstrittenen Gebiet, in den Kohlenbergwerken der Ostküste. Ebenso wurden in den folgenden vier Jahren bis zum heutigen Tage 112 Streitfälle vor Untersuchungskommissionen gebracht und zwar im Sinne des Gesetzes ausschließlich schwere Fälle, in denen von einer der streitenden Parteien bei Nichteingreifen der Kommission mit Streik oder Aussperrung unmittelbar gedroht wurde. In 102en dieser Fälle konnte durch Entscheidung der Kommission ein Streik vermieden werden[1]. In nur 10 Fällen wurde nach Erlaß der Entscheidung im Sinne von deren bloß fakultativem Charakter ein Streik oder eine Aussperrung erklärt.

Besonders günstig war das Resultat in den beiden ersten Jahren nach Erlaß des Gesetzes. 55 Fälle wurden vor die Kommission gebracht; in 6 Fällen kam sofort eine Einigung zustande; in 49 Fällen wurden Untersuchungskommissionen ernannt, deren Entscheidungen in 47 Fällen von beiden Parteien angenommen wurden; während nur in 2 Fällen nach Erlaß der Entscheidung gestreikt wurde.

Eine besonders markante Möglichkeit, die Wirkungen des Gesetzes zu studieren, ergab sich zu Beginn 1908 dadurch, daß in der amerikanischen Großstadt Philadelphia

[1] Siehe den Bericht über die typische Tätigkeit einer solchen Untersuchungskommission auf Seite 251 des Anhangs.

ein Straßenbahnerstreik ausbrach, der das ganze Leben der Stadt für zehn Tage lahm legte, zu Straßenkämpfen zwischen den Angestellten und der Polizei führte. Gleichzeitig wurde in der kanadischen Provinzialhauptstadt Winnipeg ein Konflikt zwischen der Straßenbahngesellschaft und deren Angestellten durch eine Untersuchungskommission ausgetragen. Ihr Vorsitzender war ein protestantischer Geistlicher, den die Regierung ernannte; Beisitzer waren ein Großkaufmann der Stadt, sowie ein von den Angestellten ernannter Gewerkschaftssekretär mit langjähriger Erfahrung. 14 Tage lang dauerte die Verhandlung, Zeugen wurden verhört, alle Verhältnisse klargestellt und schließlich eine Entscheidung einvernehmlich gefällt, die von beiden Parteien angenommen wurde. Die Störung des städtischen Lebens durch einen Straßenbahnerstreik war somit vermieden worden.

Wie oben bemerkt, kam es in 2 von 55 Fällen trotzdem zum Streik, und zwar erstens im Falle der Cumberlandbergwerke. Der bezügliche Streitfall folgte jedoch auf eine Reihe von anderen, die alle durch Streik entschieden worden waren; die psychologische Disposition der Angestellten war somit dem Schiedsgerichtsgedanken nicht günstig. Trotzdem trat die Untersuchungskommission auf Anrufen der Arbeiter zusammen, und diese gehorchten dem Gesetz, welches die Erklärung eines Streiks vor Erlaß der Entscheidung verbietet. Diese Entscheidung fiel in einem Punkte zugunsten der Arbeiter aus, in einem andern zugunsten der Arbeitgeber. Nun traten die Arbeiter in einen Streik, der drei Monate dauerte und damit endete, daß sie die von der Untersuchungskommission seinerzeit vorgeschlagenen Bedingungen anzunehmen sich gedrängt sahen.

Der zweite Fall betraf die Lokomotivführer der Kanada-Pacific-Bahn. Auch in diesem Falle wurde die Erklärung des Streiks im Sinne des Gesetzes bis zum Erlasse einer Entscheidung durch die Untersuchungskommission hinausgeschoben. Der Beschluß wurde mit den Stimmen des Vorsitzenden und des Vertreters der Gesellschaft gefaßt, während der Vertreter der Angestellten einen Minderheitsbericht einbrachte. Die Angestellten machten daraufhin von ihrem gesetzlichen Rechte, den Streik zu erklären, Gebrauch. Nach zwei Monaten mußte er abgebrochen werden und die Arbeiter traten unter genau den gleichen Bedingungen, die die Untersuchungskommission vorgeschlagen hatte, die Arbeit wieder an. Gerade der Umstand jedoch, daß in beiden Fällen die Streikenden einsehen mußten, daß die Arbeitgeber, unterstützt von der öffentlichen Meinung, unbezwinglich seien, übte einen günstigen Einfluß auf die Annahme der Kommissionsentscheidungen in folgenden Streitfällen. Zwei unglücklichen Interventionen stehen, wie oben bemerkt, 53 glückliche der ersten beiden Jahre nach Erlaß des Gesetzes gegenüber, und zwar 25mal bei Konflikten, die in Bergwerken auszubrechen drohten, 14mal bei Bahnen, 3mal bei Straßenbahnen usw.

Auch außerhalb Kanadas fand das Gesetz sehr viel Interesse, speziell in den Vereinigten Staaten Amerikas, und Professor Victor S. Clark veröffentlichte hierüber im Bulletin of the bureau of labour einen eingehenden Aufsatz vom Standpunkte eines Außenstehenden, der die Übertragbarkeit des Gesetzes auf andere Staaten zu beurteilen sucht [1]). Er führt aus, daß die Arbeitgeberwelt

[1]) Bulletin of the bureau of labour, Januar 1910; Washington, government printing office.

Kanadas fast einmütig dem Gesetze günstig gestimmt sei; zumal die Arbeitgeber solcher Industrien, auf die das Gesetz nicht direkte Anwendung findet, befürworten es durchaus einstimmig, weil ihre Unternehmungen eben damit gegen die Gefahren einer Arbeitseinstellung im Bergwerks- wie im Bahnbetriebe geschützt werden [1]).

Aber auch eine Rundfrage bei den Direktoren der Bergwerke ergab eine große Mehrheit für die günstige Beurteilung des Gesetzes.

Was die Arbeiter anlangt, ist die Stimmung weniger einheitlich. Der erste Jahreskongreß der kanadischen Gewerkschaften nach Erlaß des Gesetzes hat sich mit großer Mehrheit für das Gesetz erklärt, während auf dem nächstjährigen Kongreß einige Amendements beantragt wurden. In Gewerkschaftskreisen nimmt man besonderen Anstoß an der Bestimmung, daß Streiks während der Beratung der Untersuchungskommission verboten bzw. unter Strafe gestellt sind. Gerade diese Zeit ermögliche es den Arbeitgebern, Kampfvorbereitungen zu treffen durch Herzuziehung von Streikbrechern, Ausführung der dringendsten Arbeiten, die unter Konventionalstrafe gestellt sind, usw.

Trotzdem ersehen wir aus der bloßen Tatsache, daß die Mehrheit des Gewerkschaftskongresses sich für das Gesetz erklären konnte, daß im Prinzip auch die Arbeiter ihren Vorteil darin erkennen; denn was sie vordem durch Entbehrungen, durch das Risiko eines Streikes hätten erkämpfen müssen, wird ihnen nun in der Entscheidung der Untersuchungskommission opferlos zugewandt. Was die unbeteiligten Volkskreise anlangt, so treten sie in ihrer erdrückenden Mehrheit für das Gesetz ein. Das zeitunglesende Publi-

---

[1]) Siehe Aufsatz von Professor Clark S. 10.

kum im allgemeinen, so führt Clark aus, betrachtet das Gesetz als einen Schutz gegen willkürliche Streiks. Nüchterne Geschäftsleute begrüßen es als eine Garantie dafür, daß die Bahnen keine Betriebsstörungen erleiden und Kohlen für die Fabriken stets zur Stelle seien. Weitblickende, mit sozialem Geist begabte Männer freuen sich, daß die zwecklose Schädigung von Kapital und Arbeit durch Vermeidung der Streiks in den großen öffentlichen Betrieben nun aufhöre und erhoffen von den günstigen Erfolgen des Gesetzes die Ausdehnung desselben auf die übrigen gewerblichen Betriebe. Nach Clarks Eindruck hat sich die öffentliche Stimmung vom Frühling 1908 bis Sommer 1909 wesentlich zugunsten des Gesetzes geändert, weil sich das Gesetz eben eingelebt und seine wertvollen Möglichkeiten erwiesen hat.

Die günstigen Erfolge des Gesetzes haben in Kanada selbst die Absicht mehr und mehr reifen lassen, dasselbe auf die Gesamtheit aller Industrien auszudehnen, wie schon der Gewerkschaftskongreß des Jahres 1907 mit großer Mehrheit forderte. Noch charakteristischer ist das steigende Interesse, das man in den Vereinigten Staaten Amerikas an dem Gesetze nimmt; in mehreren Staatsparlamenten der Union wurden Anträge auf Erlaß von Gesetzen nach dem Muster der kanadischen Gesetzgebung eingebracht. Im Winter 1910 beschäftigte ein solcher Antrag das Parlament von Massachusetts; in Kalifornien, Wisconsin und Ohio stehen gleiche Anträge zur Beratung.

Selbst jenseits der Meere, in Transvaal, trat man dem gleichen Gedanken näher, und nach zweijähriger Unterhandlung mit dem kanadischen Arbeitsministerium wurde auf Grund von dessen Vorschlägen ein analoges Gesetz geschaffen.

Daß der Gesetzentwurf des Ministeriums Briand nach dem letzten französischen Eisenbahnerstreik sich in vielen Punkten dem kanadischen Vorbilde nähert, ward bereits im vorigen Kapitel erwähnt.

Das kanadische Gesetz stellt eben einen Versuch dar, das Streikproblem dort, wo es am gefahrvollsten ist, am unmittelbarsten nach Lösung ruft: in den Betrieben öffentlichen Interesses, auf eine solche Art zu lösen, welche am Prinzipe wirtschaftlicher Freiheit, wie es unsere Gesellschaftsordnung beherrscht, möglichst wenig rührt. Wie alle Kompromisse, konnte es sein Ziel nicht zur Gänze erreichen, und doch hat es wertvolle Milderung vorhandener Übelstände gebracht.

---

11. Kapitel.

Das obligatorische gewerbliche Schiedsgericht in Neuseeland.

Bekannter als all die Gesetze, über die wir in den vorangegangenen Kapiteln gesprochen haben, ist auf dem europäischen Festlande die Schiedsgerichtsgesetzgebung Neuseelands geworden, vor allem aus dem Grunde, weil sie sämtlichen anderen Gesetzen der Zeit nach voranging; sie trat bereits im Jahre 1894 in Kraft, während die ersten Lohnämter Victorias im Jahre 1895 errichtet wurden und die bedeutsame Ausdehnung derselben auf die freie Industrie erst in den ersten Jahren des neuen Jahrhunderts sukzessive erfolgte, vom kanadischen Gesetz, das erst im Jahre 1907 erlassen wurde, ganz zu geschweigen.

Diese Notorietät des Neuseeländer Gesetzes, die unter anderem schon vor einer Reihe von Jahren zur Einbringung eines nach seinem Muster ausgearbeiteten Gesetz-entwurfes durch den französischen Handelsminister Millerand führte, hat auch einen inneren Grund. Ungleich der Gesetzgebung Victorias, die arme Heimarbeiter beschützen wollte und erst an ihren eigenen Erfolgen sich zur bedeutsamen Warte allgemeiner Industriegesetzgebung hinaufbaute, hatte dem neuseeländischen Gesetzgeber von Anfang an das präzise Ziel vorgeschwebt, *Streik und Aussperrung als Mittel zur Festsetzung von Lohn- und Arbeitsbedingungen durch das Werk von Einigungsämtern und in zweiter Instanz durch den Spruch eines Schiedsgerichtshofes zu ersetzen.*

Dieses Ziel ist in Neuseeland selbst, wie wir im folgenden sehen werden, zur Gänze erreicht worden. Von überaus seltenen Ausnahmen abgesehen, hat es in den 17 Jahren seit Erlaß des Gesetzes keinen Streik mehr im Lande gegeben. In manchen jener Staaten freilich, die das neuseeländische Beispiel nachahmten, vor allem in Neusüdwales, war das Ergebnis kein so günstiges. Bedeutende Streikbewegungen, wie die in den Silberminen von Brokenhill, zeigten die Unzulänglichkeit der vom Gesetze gegebenen Maschinerie in jenen Fällen, wo dieselbe bewußtem Übelwollen der Arbeiter gegenüberstand. Tatsächlich hat, wie schon berichtet, Neusüdwales im Jahre 1908 sein Schiedsgerichtsverfahren aufgegeben und durch Lohnämter nach Victorias Muster ersetzt.

Für das letztgenannte Land hatte die im 5. Kapitel mehrfach erwähnte Untersuchungskommission des Jahres 1902/1903 die Einführung von Schiedsgerichten nach neuseeländischem Muster beantragt und dies an Hand scharfsinniger Kritik der Lohnamtsentwicklung des eigenen Landes begründet. Ihre Anregungen wurden vom Parlament nicht befolgt, was sich später als sehr richtig herausstellte.

Zusammenfassend kann wohl gesagt werden, daß sich das Gesetz in Neuseeland selbst eingewurzelt hat und behauptet, daß jedoch seine Verpflanzung nach anderen Ländern bis nun nicht gelungen ist.

Im weiteren wollen wir versuchen, an Hand detaillierter Betrachtungen der neuseeländischen Entwicklung die Resultate und Möglichkeiten des Gesetzes zu erfassen. — Im Jahre 1892 ward dasselbe vom damaligen Ministerpräsidenten P. Reeves eingebracht, in zwei Legislaturperioden vom Oberhaus verworfen, schließlich im August 1894 angenommen, am 1. Januar 1895 in Kraft gesetzt. Aber bald trat Reeves von der politischen Bühne ab und ein großes Freundespaar, wie es gleich begabt und sich ergänzend selten an der Spitze eines Landes gestanden hat, führte die neuseeländische Gesetzgebung zu ihren geschichtlichen Erfolgen.

Seddon, der langjährige Ministerpräsident von Neuseeland, mit ungewöhnlichem Scharfblick für die Realitäten des gewerblichen Lebens begabt und Tregear, Staatssekretär im Arbeitsamte [1]), ein tief schürfender

---

[1]) Dem Verfasser dieser Studie war es verstattet, Seddon kurz vor dessen Tode kennen zu lernen und Tregear über die Motive, die ihn beim Aufbau der neuseeländischen Gesetzgebung geleitet, zu befragen. Tregear bekannte, daß er „bewußt an der Heraufführung des Ideals einer sozialistischen Gesellschaftsordnung habe arbeiten wollen und die von ihm konzipierte, von Seddon mit solchem Erfolge durchgeführte Gesetzgebung als einen Schritt auf dem Wege zum Sozialismus betrachte". Trotzdem soll dem vielfach, besonders von Métin in seinem Buche „Le socialisme sans doctrines" ausgesprochenen Glauben, die australische und neuseeländische

sozialer Forscher, haben, gemeinsam wirkend, der eine auf theoretischem, der andere auf praktischem Felde, an Hand tatsächlicher Erfahrungen vorschreitend, das Gesetz von Jahr zu Jahr verbessernd, die allen Notwendigkeiten des Wirtschaftslebens angepaßte Gesetzgebung von heute heraufgeführt.

Das ursprüngliche Gesetz des Jahres 1895 legt fest, daß alle Konflikte zwischen Gewerkvereinen und Arbeitgeberverbänden oder individuellen Arbeitgebern zunächst an eines der sieben Einigungsämter, die in den Provinzialhauptorten tagen, zu leiten sind. Dieselben bestehen aus fünf Beisitzern, von denen je zwei von den Arbeiter- und Arbeitgeberverbänden erkoren werden, die ihrerseits wieder einen fünften unparteiischen Beisitzer erwählen. Einigen sie sich nicht, so wird er von der Regierung ernannt. Dieses Einigungsamt sucht durch Aufdeckung aller Umstände des Streitfalls in gütlicher Vermittlung zwischen den feindlichen Parteien eine Verständi-

---

Gesetzgebung seien rein experimentell und sich ihrer Richtung zum Sozialismus nicht bewußt gewesen, ein gewisser Grad von Berechtigung nicht abgesprochen werden. Im Charakter Seddons allerdings lag es, sich bei allen Maßnahmen nur von der Rücksicht auf deren unmittelbaren praktischen Nutzen leiten zu lassen. Hingegen ist der Neuseeländer Tregear, sind die derzeitigen Mitglieder des sozialistischen Bundesministeriums in Australien zweifelsohne, wie der Verfasser oft und oft im persönlichen Gespräch mit ihnen feststellen konnte, von bewußter Erfassung sozialistischer Grundsätze ausgegangen, wenn sie es auch vorgezogen haben, den breiten Massen ihrer Anhänger immer nur von der Nützlichkeit des unmittelbar zu unternehmenden Schrittes zu sprechen. Sie beurteilten richtig, daß der angelsächsische Arbeiter ein fruchtbares Verständnis für naheliegende utilitäre Gesichtspunkte, weniger vielleicht für fernliegende Zukunftsideale besitze.

gung herbeizuführen [1]). Kommt eine solche Einigung zustande, so wird ein Protokoll aufgenommen, das für beide Parteien unbedingt bindend ist. Im Gegenfalle wird die Angelegenheit dem Schiedsgerichtshofe, dessen Rechtsprechung sich auf ganz Neuseeland erstreckt, überwiesen, resp. der Streitfall kann im Sinne eines Amendements des Jahres 1901 von den Parteien auch direkt mit Umgehung des Einigungsamtes (um Zeitverlust zu vermeiden) an den Schiedsgerichtshof geleitet werden. Dieser Schiedsgerichtshof ist aus zwei, von allen Arbeiter- resp. allen Arbeitgeberverbänden des Landes erwählten Beisitzern, sowie einem von der Regierung ernannten unparteiischen Vorsitzenden, in der Regel einem Richter am obersten Gerichtshof, zusammenzusetzen. Er besitzt ausgedehnteste Vollmachten für Einsichtnahme von Büchern usw. So wurde z. B. bei einem Konflikte zwischen Schuhfabrikanten und deren Angestellten in Auckland von seiten der ersteren behauptet, sie könnten nur niedrigere Löhne zahlen, weil ihre Produktionskosten besonders hohe seien. Der Gerichtshof erlegte ihnen Beweisführung durch Vorlage der Bücher auf und überwies sie auf Grund derselben unwahrer Angaben; die Arbeiter erzielten hierauf einen günstigen Bescheid. — Die Urteile des Schiedsgerichtshofes gelten für eine bestimmte Zeitperiode, höchstens zwei Jahre, und können dann erneuert werden.

Ein weiterer Appell von den Entscheidungen des Schiedsgerichtshofes ist nicht mehr zulässig; jede Zu-

---

[1]) Siehe den wiederholt angezogenen Report of the Royal Commission, S. VIII, sowie das ebenfalls wiederholt genannte Buch von Albert Métin „Le socialisme sans doctrines", S. 197.

widerhandlung wird mit Strafe belegt, und zwar kann dieselbe für Gewerkvereine oder Arbeitgeberverbände bis zu 10 000 Mk. betragen. Im Falle der Uneinbringlichkeit sind deren Mitglieder bis zum Betrage von 200 Mk. pro Person haftbar.

Auch jeder Friedensbruch während der Verhandlungen des Schiedsgerichtshofes wird mit Strafen bis zu 1000 Mk. belegt.

Im Sinne eines Amendements des Jahres 1900 sind auch die Staatsbahnverwaltung und ihre Angestellten dem Gesetze unterworfen.

Ein Amendement des Jahres 1901 gibt den Parteien das Recht, die Ernennung eines Subkomitees von Experten durch den Schiedsgerichtshof zu fordern, um so der Unvertrautheit der Richter mit den technischen Fragen des Einzelgewerbes, die, wie bereits im fünften Kapitel erwähnt, einen wesentlichen Nachteil des Schiedsgerichtshofes gegenüber den Lohnämtern Victorias bildet, abzuhelfen. Der Schiedsgerichtshof ist berechtigt, Entscheidungen, die er in einem Einzelstreitfalle zwischen einer Gewerkschaft und einem Arbeitgeberverbande erlassen, als allgemeine Regel für den Bezirk festzulegen, auch für solche Gewerkvereine und Arbeitsverhältnisse, bezüglich deren er nicht Gelegenheit hatte, speziell zu statuieren.

Die Bestimmungen gegen Arbeiter, die sich den schiedsgerichtlichen Entscheidungen widersetzen, wurden verschärft. Von einem Arbeiter, der während der Beratung oder unmittelbar nach Entscheidung des Schiedsgerichtshofes die Arbeit niederlegt, wird Beweis gefordert, daß dies aus anderen Gründen als einer bewußten Auflehnung gegen den Schiedsgerichtshof geschehen sei.

Weitere wichtige Amendements wurden im Jahre 1908 angenommen; speziell die Einigungsämter wurden mit erweiterten Vollmachten versehen und die Parteien wieder verpflichtet, sich in erster Linie an sie zu wenden, bevor der Schiedsgerichtshof angerufen werden dürfe. Der weite Weg bis zu dieser allerhöchsten Instanz, der mit schleppenden Verhandlungen verbunden ist und zu einem Hauptangriffspunkt gegen das Gesetz geworden war, soll so in allen Streitfällen, die auch ohne die weitestgehenden Vollmachten entschieden werden können, vermieden werden[1]).

Fassen wir nun das tatsächliche Funktionieren des Gesetzes ins Auge, so wird von allen Beobachtern, vor allem auch von der oberwähnten Untersuchungskommission Victorias (trotz ihrer allgemein günstigen Stellung zum Neuseeländer Gesetze) zugegeben, daß die Einigungsämter in der Form, wie das Gesetz des Jahres 1895 sie geschaffen, resp. wie sie durch eine Reihe von Amendements bis zum Jahre 1902 sich entwickelt haben, nur in seltenen Fällen imstande waren, Streikfälle definitiv zu schlichten. Überwiegend mußten dieselben an den Schiedsgerichtshof weiter geleitet werden und das Amendement des Jahres 1901, das den Parteien erlaubte, die Einigungsämter überhaupt zu umgehen, war bereits ein Eingeständnis von deren minderem Erfolg. Die oben zitierte Untersuchungskommision sagt mit Recht, die Schuld liege am Gesetze selbst, das den Einigungsämtern eine zu geringe Kompetenz verlieh. Hin-

[1]) Siehe den Text des Gesetzes, wie er zu Beginn des Jahres 1908 einheitlich zusammengefaßt und nur in den oben bezeichneten Punkten noch durch das Amendement am Ende des Jahres geändert wurde, auf S. 267 des Anhangs.

zugefügt kann werden, daß wohl die bloße Vollmacht, eine Einigung zu empfehlen, in den schwierigen psychologischen Momenten eines Konfliktes, der allein in Neuseeland zur Anrufung eines Einigungsamtes führt, nicht hinreicht.

Der radikale Vorschlag, die Einigungsämter ganz abzuschaffen und damit alle Konflikte vor den Schiedsgerichtshof zu leiten, ist trotzdem von der Regierung Neuseelands abgelehnt worden, und auch die victorianische Regierungskommission weist diesen Gedanken in ihren Vorschlägen für Erlaß des victorianischen Gesetzes von sich. Die Auffassung ist allerseits, daß lokale Körperschaften durch die Bedachtsamkeit und Ruhe, mit der sie verhandeln können, trotz alledem günstigere Möglichkeiten gegenüber den, notwendigerweise flüchtigen, Beratungen eines Gerichtshofes in der Hauptstadt bieten müssen.

Als das Amendement des Jahres 1901 in der Realität der Dinge die überwiegende Mehrzahl der Streitfälle tatsächlich direkt vor den Schiedsgerichtshof gelangen ließ, verlangte die öffentliche Meinung immer lebhafter nach einer Reform des Gesetzes. Im Bericht des Staatssekretärs im Arbeitsministerium heißt es, daß man mit dem schleppenden Gang der Verhandlungen vor dem Schiedsgerichtshofe unzufrieden sei und daß der starre Charakter der Strafen, wie sie vom Schiedsgericht gegen widerspenstige Arbeiter erlassen wurden, viel vermeidbare Erbitterung im Proletariat hervorgerufen habe. Um diese Zeit war es, daß — nach einem Zwischenraum

---

[1]) Eighteenth annual Report of the Department of Labour. Wellington 1909.

von dreizehn Jahren (1894—1907), die (von verschwindenden Ausnahmen abgesehen) ohne Streik gewesen — zum ersten Male wieder einige Streiks in offener Auflehnung gegen den Schiedsgerichtshof erklärt wurden und Nachrichten nach Europa drangen, das neuseeländische Gesetz habe Schiffbruch gelitten.

Ein vorschnelles Urteil; denn mit dem obengenannten Amendement vom 10. Oktober 1908 wurden die wesentlichen Schwächen beseitigt und schon der im Jahre 1911 erscheinende Bericht des Staatssekretärs für das Jahr 1910 [1]) konnte die Wiederkehr völligen Gehorsams aller Beteiligten gegenüber den Schiedsgerichtssprüchen begrüßen. Im ganzen Jahr 1910 sind zwei Streiks vorgekommen. Einer mit 27 und einer mit 50 Beteiligten, und beide waren nach wenigen Tagen beigelegt [2]). Dies in einem Lande mit 80 000 Fabrikarbeitern, in dem vor Erlaß der Schiedsgerichtsgesetzgebung alljährlich Zehntausende von Arbeitern im Streik gestanden waren. Praktisch genommen liegt also eine unbedingte Unterdrückung des Streiks, die völlige Erreichung dieses wesentlichen Zieles der neuen sozialen Gesetzgebung vor.

Auch die Zahl der Strafen, die gegen Arbeitgeber wegen Nichteinhaltung der von den Schiedsgerichtshöfen festgelegten Minimallöhne erlassen wurden, ist verhältnismäßig gering. Im Jahre 1910 wurden 119 solche Strafen verhängt, ferner 59 Arbeiter, die einen niedrigeren als den Minimallohn im Einverständnis mit den Arbeitgebern, unter Umgehung der gerichtlichen Entscheidung, akzeptiert hatten, in Strafe genommen. Hinzuzurechnen sind

[1]) Twentieth Annual Report of the Department of Labour. Wellington 1911.

[2]) Siehe obengenannten Bericht, S. 9.

38 Strafen wegen Nichtbezahlung der Löhne für Überzeit, 17 Strafen wegen Annahme geringerer Bezahlung; 56 Strafen wegen Nichtführung des Buches, in das alle Löhne und alle Überstunden einzutragen sind usw.; alles in allem 474 Strafen gegen Arbeitgeber und 202 Strafen gegen Arbeiter.

Der Friede, der den Industrieverhältnissen Neuseelands gebracht wurde, die daraus entstehende Sicherung gegen Verluste durch gezwungene Arbeitseinstellung seitens der Arbeitgeber; der ökonomische Vorteil, den sie daraus ziehen und der andererseits den Schiedsgerichten es ermöglichte, die Löhne und Arbeitsbedingungen sukzessive zu verbessern, waren segensvolle Folgen der Neuseeländer Gesetzgebung[1]).

Das wesentliche Moment dieser Verbesserung liegt allerdings nicht in der Feststellung höherer Minimallöhne. In Neuseeland handelt es sich ja nicht um ausgebeutete Heimarbeiter, wie in Melbourne oder London; Großstädte fehlen; der soziale Organismus des Volkes ist ein durch und durch gesunder; überall standen und stehen sich klassenbewußte Arbeiter und Arbeitgeber gegenüber, und schon vor Erlaß der neuen Gesetzgebung waren die Löhne relativ günstige und tatsächlich beziehen die meisten Arbeiter des Landes weitaus höhere als die von den Schiedsgerichtshöfen festgelegten Minimallöhne; diese bilden nur die unterste Grenze, und genau so wie in Victoria, sind tüchtige Arbeiter stets sicher, höhere Löhne als die Minimallöhne zu erhalten. So stellte der Bericht des Staatssekretärs im Arbeitsamte für das Jahr 1908[2]) fest, daß zum Beispiel im

[1]) Siehe den Text einer typischen Entscheidung auf Seite 279 des Anhangs.

[2]) Report of the Department of Labour. Wellington 1909.

Schuhmachergewerbe in Auckland 66%, in Wellington 85%, in Christchurch 66 % der Arbeiter höhere als die Minimallöhne bezogen, resp. bei den Tischlern 91 % der Arbeiter in Auckland, 57 % in Wellington und 50 % in Christchurch höher als per Minimallohn entlohnt wurden.

Nach dieser Richtung hat sich somit auch in Neuseeland gezeigt, daß die gesetzliche Festlegung von Minimallöhnen durchaus nicht dem Interesse der tüchtigen Arbeiter entgegensteht, durchaus nicht den Anreiz, besonders qualifizierte Arbeit zu leisten, aufhebt.

Wesentliche Wirkung der Schiedsgerichtsgesetzgebung ging jedoch dahin, das Wesen des Arbeitsvertrages selbst durch eine Reihe von präjudizierlichen Entscheidungen des Schiedsgerichtshofes zu verändern; sein Verhältnis der Unterordnung zu einem Verhältnis der Beiordnung umzugestalten; ferner den Achtstundentag, die entsprechendzeitige Schließung der Geschäfte und eine Reihe von anderen Maßregeln, die im Interesse physischer Wohlfahrt und Kulturbetätigungsmöglichkeit der Arbeiter liegen, im Lande allgemein und ausnahmslos zu machen.

Zusammenfassend können wir also sagen, daß das obligatorische Schiedsgericht Neuseelands sein Ziel, den Streik auszuschalten, erreicht hat; daß es den Arbeitern Verbesserung der Arbeitsbedingungen brachte, die Unternehmer für die hiedurch erwachsenden Lasten durch Sicherung des Betriebes entschädigte. Für industriell fortgeschrittene Länder mit einer gebildeten, kraftvollen Arbeiterschaft und starken gewerkvereinlichen Organisationen muß darum das Neuseeländer Beispiel nach wie vor durchaus interessant erscheinen. Der teilweise Mißerfolg, welcher seiner Nachahmung in Neu-Südwales zuteil ward, kann deshalb nicht als vollkräftiges Argument dagegen angesehen werden, weil man in Neu-Südwales eines wahren Willens zur Durchsetzung des schiedsgerichtlichen Prinzips in stets innigerer Anpassung an die sozialen Notwendigkeiten, über alle Schwierigkeiten hinweg, ermangelte.

Da aber immerhin großer sozialer Weitblick und fortschrittliche Gesinnung der Arbeiterschaft für den Erfolg des neuseeländischen Versuches unentbehrlich sind, ist für minder fortgeschrittene Länder das kanadische Gesetz, das auf halbem Wege stehen bleibt, als Übergangsmaßregel zu begrüßen.

Auch kann, einschränkend für das neuseeländische Schiedsgerichtsprinzip, noch bemerkt werden, daß es die Bildung von Gewerkvereinen zur unumgänglichen Voraussetzung hat, also für Heimarbeit und weite Gebiete weiblicher Fabrikarbeit, wo Gewerkvereine sich mangels entsprechender Schulung der Arbeiter nicht bilden lassen, unanwendbar ist. Für jene Länder, die — minder glücklich wie Neuseeland — minder entwickelte Arbeiterschichten besitzen, sind Lohnämter nach victorianischem Muster geboten.

Ob freilich ein solches Nebeneinander von Lohnämtern (die die Gewerkvereine völlig zu ersetzen vermögen) für unentwickelte Arbeiterschichten und Schiedsgerichtshöfen, gestützt auf starke Gewerkvereine, für den Rest der Arbeiterschaft — beste Lösung des Problems bedeutet, oder aber eine Ausdehnung des Lohnamtsprinzips auf die gesamte Industrie: dies ist eine schwierige Entscheidung, die an philosophische Fragen rührt. Die Lohnämter verwirklichen zweifellos in höherem Maße das Prinzip der g e s e t z l i c h e n Festlegung von Lohn- und Arbeitsbedingungen. Sie schließen den Kampf und die

Psychologie des Kampfes aus, sie nähern sich in höherem Grade dem Milieu eines sozialistischen Staates. Die Schiedsgerichtshöfe, die sich mit Konflikten zwischen kämpfenden Interessentengruppen befassen, stehen mehr auf dem Boden der Gegenwartsordnung, in der das Kampfprinzip und die Psychologie des Kampfes eine so hervorragende Rolle spielen. Sie geben in ihrer Mittelposition zwischen dem Kampfe aller gegen alle, wie er der gewerblichen Welt der europäischen Staaten von heute eigen ist, und den Lohnämtern Victorias auch den heroischen Idealen (Solidarität, Aufopferung usw.), wie sie für die europäische Arbeiterschaft so charakteristisch sind, immerhin noch einen gewissen Raum. Im friedlich gewordenen sozialen Milieu Australiens verglimmen diese Ideale, so rastlos auch ein umsichtiges Kulturbauen vonstatten geht.

Man mag vielleicht geneigt sein, ein derartiges Verlöschen einer gewissen, dem unmittelbaren Kampfe ums Dasein eigentümlichen Kategorie der menschlichen Energie — vom Standpunkt der verklärenden Poesie, die darin wesentliche Motive gefunden — zu bedauern. Und doch bedeutet der Weg vom Krieg zum Frieden auch auf diesem unblutigen Felde den denkbar größten Fortschritt der Gattung.

So können wir in letzter Schlußbetrachtung sagen, daß das Schiedsgerichtssystem Neuseelands eine höhere Entwicklungsstufe gegenüber der Anarchie im gewerblichen Leben Europas darstellt, daß aber weiter die Ersetzung der Schiedsgerichtshöfe in Neusüdwales durch die Lohnämter Victorias im Jahre 1908 in gewissem Sinne dafür symptomatisch sei, daß denn doch die letzte Zukunft der besprochenen Reformentwicklung der unscheinbareren, aber um noch so vieles harmonischeren Methode der Lohnämter gehöre.

12. Kapitel.

Ansätze zu gewerblichen Schiedsgerichten in England, Dänemark und Frankreich.

Die Schlichtung gewerblicher Konflikte auf rationellem Wege, in Vermeidung zweckloser Schädigung beider Parteien durch Arbeitseinstellung, scheint dem praktischen utilitären Instinkt der angelsächsischen Rasse in spezifischer Weise zu entsprechen. Haben doch Kanada, Neuseeland, Victoria und Neusüdwales gleiche Wege beschritten.

Auch in Alt-England selbst kommt in den letzten Jahren die gleiche Tendenz zum Durchbruch, einerseits, wie im siebenten Kapitel geschildert, durch Errichtung von Lohnämtern nach dem Muster Victorias, andererseits, wie oben erörtert, durch Einsetzung eines Schiedsgerichtes für Konflikte zwischen Bahngesellschaften und deren Angestellten, im wesentlichen nach dem Muster Kanadas. Schon im Jahre 1907 haben die Gesellschaften, als ein Generalstreik der Eisenbahnangestellten drohte, unter dem Drucke der Regierung einer Vereinbarung zugestimmt, derzufolge während sieben Jahren alle Konflikte eigenen, an den wichtigsten Bahnkreuzungspunkten errichteten Einigungsämtern unterbreitet werden sollten.

Tatsächlich kam seither eine große Anzahl von Streitfällen vor diese Einigungsämter, die keinerlei Zwangsgewalt besitzen, aber durch Aufklärung Mißverständnisse beseitigen können. Viele Zwischenfälle wurden so ohne Streik geregelt. Die Bahngesellschaften befreundeten sich auch allmählich mit der Einrichtung, die sie zuerst nur widerstrebend angenommen hatten. Sie er-heben bloß die Klage, daß sich die Arbeiter an Anträge der Einigungsämter allzu häufig nicht kehren und trotzdem den Streik erklären und fordern die Umwandlung der fakultativen Einigungsämter in Schiedsgerichte mit zwingender Gewalt, mit anderen Worten, einen Übergang vom kanadischen Gedanken gütlichen Vergleichs zur Neuseeländer Maxime obligatorischer Schiedsgerichte: eine überaus merkwürdige Erscheinung, da ja gerade die Arbeitgeber anderwärts sich dem letzteren Gedanken weniger freundlich zeigten[1]).

Die Arbeiter wieder rügten die Langsamkeit der Verhandlungen. Mit Recht erwiderte man hierauf von seiten der Einigungsämter, daß gerade ein gewisser Zeitgewinn psychologisch von Vorteil sei, weil die Leidenschaft sich inzwischen kühlen könne. Ferner waren die Arbeiter damit unzufrieden, daß in den Einigungsämtern nur Angestellte der Bahn Vertretern der sie bediensteten Gesellschaft gegenübergestellt würden, also abhängige Untergebene deren Vorgesetzten, einfache Beamte oder Arbeiter geschulten Juristen. Sie beantragten direkte Verhandlung zwischen Arbeitergewerkschaften und Bahnen, derart, daß im Namen der Arbeiter auch Nichtangestellte der betreffenden Gesellschaften, unabhängige, erfahrene Gewerkschaftssekretäre, auftreten könnten.

Die Ablehnung dieser Forderung, welche das Verlangen nach Anerkennung der Gewerkvereine durch die Bahnen in sich schloß, hat bekanntlich zur Erklärung des Generalstreiks der englischen Eisenbahn-

---

[1]) Siehe Liverpooler Bericht des „Temps" vom 17. August 1911, aus den Tagen des englischen Generalstreiks der Eisenbahner.

angestellten geführt. Schon sprach man voreilig vom Schiffbruch des schiedsgerichtlichen Prinzips in England. Aber zwei Tage nach Ausbruch des Generalstreiks gelang es der Regierung, die streitenden Teile zu einer Verständigung zu bringen. Auf Grundlage des Fortbestandes der Einigungsämter beschloß man, die zweckmäßigste Methode zu ihrer wirksamen Ausgestaltung finden zu wollen. Eine Untersuchungskommission wurde sofort eingesetzt, die zurzeit in London berät.

Die nächsten Monate werden zeigen, inwieweit auch England sich den Gedanken des gewerblichen Schiedsgerichts — zunächst auf dem klassischen Felde des Bahnwesens, das ja auch in Kanada zuerst, im Jahre 1903, eine schiedsgerichtliche Institution erhielt — zu eigen machen wird. [1])

Dänemark trat am 5. September 1899, an welchem Tage der Versuch der Arbeitgeber, die Gewerkvereine durch eine Aussperrung der dänischen Arbeiterschaft zu brechen, scheiterte, in gleiche Bahn ein. Am genannten Tage wurde ein Vergleich zwischen den Arbeitgeberverbänden und den Gewerkschaften herbeigeführt und zur Schlichtung aller etwaigen Streitigkeiten, die aus der Auslegung dieses Vergleichs erwachsen könnten, ein Schiedsgericht eingesetzt [2]).

---

[1]) Die englische Regierung hat im November 1911 einen weiteren Schritt auf diesem Wege getan, indem sie ein Einigungsamt für die Gesamtindustrie ins Leben rief. Hervorragende Arbeitgeber und Gewerkschaftsführer des Landes haben ihre Ernennung zu Beisitzern dieses Einigungsamtes angenommen.

[2]) Siehe Artikel von Dr. P. Münch, ehem. Minister des Innern, Kopenhagen: Die dänische Gesetzgebung über die Schlichtung sozialer Streitigkeiten. Dokumente des Fortschritts, Novembernummer 1911.

Dasselbe bestand aus einer gleichen Anzahl von Vertretern der beiden gegnerischen Organisationen, unter dem Vorsitz eines neutralen, beiden Parteien genehmen, richterlichen Beamten. Es trug im Anfang vollständig privaten Charakter, aber der Staat erteilte ihm später die offizielle Sanktion und machte in allen Fällen die Anrufung des Schiedsgerichts obligatorisch. In den folgenden Jahren hatte es viele Streitfälle juristischer Art abzuurteilen, wobei sich die Fachverbände immer seinen Entscheidungen unterwarfen. Dies verhinderte jedoch nicht, daß die Zwiste über Lohn- und Arbeitsbedingungen sehr zahlreich waren, ja, im Jahre 1908 einen derartigen Umfang annahmen, daß der Minister des Innern S. Berg, Mitglied eines gemäßigten Ministeriums, sich gezwungen sah, einzugreifen. Es glückte ihm, die streitenden Parteien zu versöhnen und gleichzeitig eine Kommission einzusetzen, zu gleichen Teilen aus Arbeitern und Arbeitgebern bestehend, um über die Frage der Schaffung eines ständigen obligatorischen Schiedsgerichts zu beraten, durch welches man hoffte, die Zahl der Konflikte zu verringern. Im August 1908 begann die Kommission ihre Sitzungen. Sie war zuerst nur aus je 10 Vertretern der Arbeitgeber und der Arbeiter zusammengesetzt. Unter dem Vorsitz des Präsidenten, Herrn Ussing, erweiterte sie sich jedoch bald, das Interesse am Schiedsgericht belebte sich außerordentlich.

Die Verhandlungen dauerten ziemlich lange, doch konnte man im Januar 1910 dem Ministerium des Inneren zwei durchgearbeitete Gesetzentwürfe vorlegen. Die Kommission war sich insgesamt über die Behandlung der Konflikte juristischer Natur einig. Man schlug vor, aus dem bestehenden fakultativen Gericht eine Staatseinrichtung zu machen. Auch über Zuständigkeit und Vorgangsart der neuen Behörde bestand keine Meinungsverschiedenheit.

Über die Lohnstreitigkeiten war die Einigkeit nicht so vollständig. Der Präsident und die Arbeitervertreter plädierten hinsichtlich dieser Konflikte für ein Schiedsgericht, dessen Vorsitz ein vom Minister des Innern auf Wunsch des Schiedsgerichts einzusetzender Schiedsmann zu führen hätte. Dieser Schiedsmann sollte berechtigt sein, bei allen Streitigkeiten vermittelnd aufzutreten, und wenn solche Vermittlung fehlschlug, mit seinen Vorschlägen an die öffentliche Meinung zu appellieren.

Der dänische Versuch hat also genau die gleichen psychologischen Momente im Auge, wie der Kanadas. Die Vermittlung als solche soll obligatorisch sein. Den streitenden Parteien steht es jedoch frei, die Vorschläge des Schiedsgerichts anzunehmen oder zu verwerfen. Man erhofft von der öffentlichen Meinung eine derartige Unterstützung der Vorschläge des Schiedsgerichts, daß die streitenden Parteien nur in Ausnahmefällen es wagen würden, sich gegen dieselben aufzulehnen.

Die Mehrheit der dänischen Kammern war im Jahre 1910 in Händen einer Koalition von Konservativen und Gemäßigten, die einem radikalen Ministerium, das sich nur auf eine Minderheit stützen konnte, gegenüberstand. Überaus charakteristisch ist es, daß die genannte rechtsstehende Mehrheit die Vorschläge der obengenannten Kommission mit einigen Modifikationen akzeptierte, während sich das radikale Ministerium skeptisch verhielt: ein Beweis, daß die Arbeitgeber, welche in der konservativen Partei entscheidenden Einfluß besitzen, sich mit der Schiedsgerichtsidee durchaus befreundet haben.

Kurze Zeit nach Veröffentlichung beider Gesetze erfolgten Neuwahlen zum Parlamente und entschieden gegen die radikale Regierung; ein gemäßigtes Ministerium kam ans Ruder, das sofort mit Eifer und Entschiedenheit an die Durchführung des Gesetzes herantrat und ein Schiedsgericht unter dem Vorsitze des Direktors des Statistischen Amtes, Koefoed, einsetzte.

Die neue Einrichtung hatte im Frühjahre 1911 die Feuerprobe zu bestehen. Viele Lohnverträge waren zu diesem Zeitpunkt abgelaufen und sowohl Arbeiter als auch Fabrikanten bereiteten sich zu erbittertem Kampf für die kommenden Verträge vor. Die Arbeitgeber hatten zwar lange darauf verzichtet, die Macht der Gewerkschaften zu brechen, aber sie legten Wert darauf, diesmal Verträge auf fünf Jahre abzuschließen, um wenigstens für diesen Zeitraum den „Arbeitsfrieden" zu sichern. Die Arbeiter dagegen wollten sich auch innerhalb dieser fünfjährigen Periode der Möglichkeit zur Erhöhung der Löhne nicht berauben lassen. Die geschäftliche Krisis, in der sich Dänemark seit geraumer Zeit befindet, gab den Arbeitgebern eine außerordentlich starke Stellung; aber auch die Arbeiter verließen sich auf die erprobte Organisation ihrer Gewerkschaften. Die Vorbesprechungen dauerten sehr lange, und der Schiedsmann war bald gezwungen, einzugreifen. Eine Zeitlang schienen alle seine Anstrengungen vergeblich, und die Wertschätzung der neuen Einrichtung schwankte je nach dem Verlauf der Verhandlungen von Tag zu Tag. Zwei Gewerkschaften erwiesen sich als besonders störrig, und ihre Hartnäckigkeit hätte die Beschlußfassung noch um vieles verzögern können.

Da aber trat die öffentliche Meinung in ihr Amt; die allgemeine Ungeduld, die bereits zur Erbitterung wurde, wie auch die Vorstellungen der Generalkommission, veranlaßten die beiden widerstrebenden Arbeitergruppen, sich gütlich zu fügen, worauf unter Festsetzung des von den Arbeitgebern gewünschten fünfjährigen Termines der gesamten Arbeiterschaft eine freiwillige Lohnsteigerung zugestanden wurde. Damit hat sich in einem für die dänische Volkswirtschaft bedeutungsvollen Moment der Wert der neuen Einrichtung bewährt, und der Erfolg wurde durch eben jene leidenschaftslose Beharrlichkeit der Kommission, sowie durch eben jenen glücklichen Einfluß der öffentlichen Meinung herbeigeführt, die auch in Kanada gleiche Ergebnisse mit so wenig zwangsweisen Mitteln erzielten. Der Gedanke des fakultativen Schiedsgerichts hat sich damit zum erstenmale auf europäischem Boden umfassend bewährt und durchgesetzt.

Auch in Schweden verhandeln Regierung und Industrie in diesem Augenblicke über die Errichtung einer gleichen Institution, deren Notwendigkeit sich durch die schweren Schäden, welche der schwedische Generalstreik vor zwei Jahren der Volkswirtschaft des Landes bereitete, zweifellos erwiesen hat. Es scheint daher, daß auch die nordgermanischen Länder wachsendes Verständnis für den Königsgedanken ihrer angelsächsischen Vettern erlangen.

Daß derselbe aber nicht unbedingt an die spezifische Begabung der Rasse gebunden ist, zeigt das Beispiel Frankreichs, wo das Ministerium Briand nach Niederzwingung des letzten Generalstreiks der Eisenbahner gleichfalls einen Gesetzentwurf eingebracht hat, der einerseits den Bahnangestellten das Streikrecht nimmt, andererseits die Entscheidung aller Konflikte zwischen ihnen und den Gesellschaften einem Schiedsgerichte über-weist, das, sogar mit größeren Kompetenzen als die englischen Einigungsämter für das Bahnwesen ausgestattet, obligatorische, für beide Teile bindende Entscheidungen erlassen kann.

Allerdings leidet der französische Entwurf an dem eigenartigen Mangel, daß ein Appell von den Entscheidungen des Schiedsgerichtes an das Parlament, das als letzte Instanz gilt, zulässig sein soll. Man wollte damit speziell für die Staatsbahnen der Staatsgewalt das letzte Wort sichern. Ein Versuch, der in der Praxis zweifelsohne Mißtrauen der Angestellten und Erbitterung derselben gegen die Volksvertretung herbeiführen müßte, ohne doch wirklichen praktischen Nutzen zu beinhalten; denn die Entscheidung eines Schiedsgerichts mit einem von der Regierung ernannten unparteiischen Vorsitzenden würde zweifelsohne derart begründet sein, daß kein Parlament dagegen aufzutreten wagen würde.

Eine parlamentarische Kommission wurde zur Beratung des Entwurfes eingesetzt, und ihr Berichterstatter Millerand, der Mitglied des Ministeriums Briand gewesen war, sich aber ob der vorliegenden Frage von ihm getrennt hatte, veröffentlichte im November 1911 seine Anträge; sie tragen den obangeführten kritischen Gesichtspunkten Rechnung und schließen sich eng an das vorbildliche Gesetz Kanadas an.

So haben die jüngsten Entwicklungen in Frankreich und England, die sich an den Generalstreik der Eisenbahner knüpften — von den vielfältigen Versuchen staatlicher Einführung rein fakultativer Schiedsgerichte, die von streitenden Parteien nach Belieben angerufen werden können (was nur wenig Erfolg gehabt hat) ganz zu geschweigen — auch in Europa eine Bresche für die Durchsetzung des

Schiedsgerichtsgedankens geöffnet und auf den ersten Schritt, der die Bahnen betrifft, wird zweifelsohne, wie in Kanada, die Einbeziehung aller übrigen Industrien öffentlichen Interesses (Straßenbahnen, Bergwerke usw.) folgen.

Gewiß hat es, wie bereits im 2. Kapitel ausgeführt, tiefe innere Gründe, wenn Deutschland in dieser Bewegung zunächst noch zurücksteht, weil eben hier das Problem vermöge der Bahnverstaatlichung und der straffen Disziplin der Staatsbahnangestellten nicht ein so dringliches ist. Trotzdem wird es auch für Deutschland, was Bergwerke und Straßenbahnen anlangt, zweifellos früher oder später aktuell werden, und ein Blick auf die bezüglichen Erfahrungen der überseeischen Länder, wie auf die jüngste Parallelentwicklung in Frankreich und England, mochte darum auch für deutsche Leser genügenden Interesses nicht entbehren.

---

13. Kapitel.

Ausblicke.

Wenn wir nunmehr auf die Frage zurückkommen wollen, die am Beginn dieser Studie gestellt wurde: „Inwieweit ist eine gesetzliche Festlegung der Lohn- und Arbeitsbedingungen möglich?", so können wir an Hand der Erfahrungen Australiens und Neuseelands, Kanadas und Englands erwidern:

Die gesetzliche Festlegung von Lohn- und Arbeitsbedingungen ist heute bereits möglich, und sie ist äußerst notwendig für Heimarbeiter und weibliche Fabrikarbeiter. Unausweichlich aber wird sie mehr und mehr für Industrien öffentlichen Interesses.

Soweit scheinen mir die Erfahrungen, die wir im Laufe der vorhergehenden Artikel erörtert haben, unbedingt beweiskräftig. Eine weitergehende Frage drängt sich nunmehr auf: Lassen sich diese Erfahrungen verallgemeinern? Wird auch das Gebiet der freien Industrie, soweit weder Heimarbeit, noch Frauenarbeit, noch Betriebe öffentlichen Interesses in Frage kommen, in gleiche Entwicklung hineingezogen werden, wird die Sphäre, in der die anarchischen Methoden des Streiks und der Aussperrung ohne allzu harte Schädigung höherer Interessen weiter wirken können, allmählich auf ein Minimum reduziert werden und das Gesetz, sei es in Form des Lohnamtes, sei es in Form des Schiedsgerichts, sei es in Form einer höheren Synthese, alleingebietend im ganzen Felde der Regelung von Lohn- und Arbeitsbedingungen werden?

Das Beispiel Victorias scheint eine bejahende Antwort zuzulassen; denn, wie im 4. Kapitel zu ersehen, wurden ja dort die Lohnämter — zunächst auf Industrien mit vorwiegender Heimarbeit beschränkt — auf Grund der günstigen Erfolge im kleinen Felde auf die gesamte Industrie ausgedehnt. England steht heute dort, wo Victoria in den Jahren 1895—1897 gestanden hat; die Gleichheit von Rasse und Volkspsychologie lassen ein analoges Wirkungswachstum des Prinzipes voraussehen, wie in Australien, und damit wird die Wahrscheinlichkeit, daß auch die Länder des europäischen Festlandes, die mit ihren tastenden Vorschlägen für Errichtung von Lohnämtern[1]) erst am Vorabend der Entwicklung stehen, über kurz oder lang folgen werden, eine große.

Daß andererseits der Gedanke von Schiedsgerichten in

[1]) Der November 1911 hat mit der Annahme des Abänderungsantrags zum deutschen Hausarbeitsgesetz, der die Errichtung von „Fachausschüssen" vorsieht, und mit der neuen französischen Regierungsvorlage zwei Momente gebracht, die für die angedeutete Entwicklungstendenz überaus charakteristisch sind. — Siehe Näheres im 3. Kapitel der vorliegenden Studie. —

Betrieben öffentlichen Interesses auch für das Festland von Europa reif geworden, wurde im vorhergehenden Kapitel erörtert.

Eine sehr wichtige Entwicklungstendenz gleicher Richtung stellen auch die Tarifverträge dar, die in Deutschland und Frankreich in den letzten Jahren so großen Umfang gewonnen haben [1]).

Der Gedanke, daß die Arbeiter nur durch kollektive Verträge, die die Gewerkschaften in ihrem Namen schließen, den Unternehmern ebenbürtig werden können, mußte sich mit dem Erstarken der Gewerkschaftsbewegung überall aufdrängen und vom bloßen kollektiven Arbeitsvertrag einer Gewerkschaft mit einigen Arbeitgebern, dem Werkstatt- oder Firmenvertrag, ging man bald auf die Tarifverträge über, die ein ganzes Staatsgebiet umfassen und in der Regel für eine Reihe von Jahren bindend abgeschlossen werden; in Deutschland und Österreich zuerst im Buchdruckergewerbe.

Schon im Jahre 1873 kam im deutschen Buchdruckergewerbe ein Tarifvertrag zustande, der jedoch keine Dauer besaß. Im Jahre 1896 wurde wieder ein kollektiver Vertrag mit Mindestlöhnen abgeschlossen, der sich seither behauptet hat [2]).

Zuerst noch nicht von allen Betrieben anerkannt, hat derselbe mehr und mehr Sympathie auch von seiten der Arbeitgeber gewonnen, und heute wird er fast im gesamten Buchdruckergewerbe beobachtet. Auch im deutschen Baugewerbe haben sich die Tarifverträge bekanntlich stark eingelebt.

---

[1]) Siehe den Artikel von Dr. Julius Deutsch über Tarifverträge in Österreich in der Mainummer 1909 der Dokumente des Fortschritts.

[2]) Siehe v. Zwiedineck-Südenhorst, Lohnpolitik und Lohntheorie S. 303. Leipzig, Duncker u. Humblot.

Wie rasch diese Entwicklung vor sich geht, wenn einmal der erste Schritt getan, läßt sich am Beispiel Österreichs zeigen. In den Jahren 1890—1904 waren in Österreich

37 Tarifverträge mit 24 656 beteiligten Arbeitern

abgeschlossen worden;

im Jahr	1904	75	„	„	75 441	„	„
„ „	1905	242	„	„	87 608	„	„
„ „	1906	417	„	„	217 394	„	„
„ „	1907	727	„	„	183 664	„	„
Summa:		1498	Tarifverträge	mit	588 763	beteiligten	Arbeitern

Auch in Frankreich hat sich der kollektive Arbeitsvertrag besonders im Baugewerbe eingebürgert, und dem französischen Parlament liegt eben jetzt ein Gesetzentwurf vor, welcher die kollektiven Arbeitsverträge anerkennt und regelt [1]. Auch die lokalen Behörden nehmen gleiches Interesse an der Frage. So wurde von der Stadtverwaltung von Nantes im Einvernehmen der Arbeitgeber und Arbeiter der Stadt und des Departements ein förmliches Schiedsgericht eingesetzt, das alle Streitigkeiten, die aus dem für das Departement geltenden kollektiven Arbeitsvertrag im Baugewerbe entspringen mögen, schlichten soll. Gerade dieser Fall zeigt besonders scharf die weitere Entwicklungsmöglichkeit der Tarifverträge, die von selbst aus der privaten Vertragssphäre heraustreten, zunächst allerdings nur Schutz ihrer Bestimmungen in analoger Weise, wie derselbe allen anderen Verträgen zuteil wird, ver-

[1]) Siehe Aufsatz von Réne Simon, Kabinettschef im franz. Arbeitsministerium, in der Septembernummer 1910 der Dokumente des Fortschritts.

langen, dann aber sich mehr und mehr zu öffentlichen Institutionen entwickeln.

In Schweden, wo der große Generalstreik bekanntlich um die Frage entbrannte, in welcher Weise die kollektiven Arbeitsverträge zu erneuern seien, hat man auch die Notwendigkeit einer staatlichen Regelung erkannt; die Regierung brachte eine Vorlage ein, welche den Abschluß der Verträge aus einer rein privaten zu einer halb öffentlichen Angelegenheit umgestaltet. Ist der Entwurf auch noch nicht angenommen, so bieten doch die letzten Wahlen des schwedischen Reichstags, welche die Liberalen und die Arbeiterpartei stärkten, neue Chancen für schließliche Entwicklung im genannten Sinne.

Gewiß, die endgültige Form für die Brücke, auf der man vom kollektiven Arbeitsvertrag zur wahrhaft gesetzlichen Festlegung von Lohn- und Arbeitsbedingungen gelangen kann, ist noch nicht gefunden. Aber sehr viele Zeichen sprechen dafür, daß die Entwicklung, die sich in Neuseeland durch bloßes Eingreifen der gesetzgebenden Gewalt vollzog, in den Staaten des europäischen Festlandes mit in wesentlicher Weise in Anknüpfung und Weiterausbildung der kollektiven Arbeitsverträge, vor sich gehen werde.

Bei alledem bleibt ein dunkles Problem bestehen: Warum haben sich die europäischen Großmächte mit ihren alten Industrien, ihrer hoch ausgebildeten Jurisprudenz, ihren einflußreichen Schichten der Angehörigen freier Berufe, die den streitenden Interessentengruppen unparteiisch gegenüberstehen — lauter Momenten, die die Durchsetzung des Schiedsgerichtsprinzips begünstigen sollten — die jungen Industrieländer jenseits der Meere hierin zuvorkommen lassen? Gewiß nicht deshalb, weil etwa die Sache den letzteren technisch leichter gefallen wäre. Wir haben schon im siebenten Kapitel gezeigt, daß ganz im Gegenteil die Durchsetzung der Lohnämter sich in England glatter und rascher vollzogen hat, als in Victoria. Auch nicht deshalb, weil das Bedürfnis in Europa weniger drängen würde; denn so schlimm auch die Übelstände in der Heimarbeit Victorias gewesen seien, die Lage der Heimarbeiter in London, Paris und Berlin ist unvergleichlich schlimmer. So sehr der kanadische Bahnstreik die Farmer geschädigt hat, ein Bahnstreik in England oder Frankreich hat vermöge des differenzierteren Charakters der englischen und französischen Volkswirtschaft eine noch unvergleichlich verderblichere Wirkung; die Kreise seines Schadens sind viel weitere, und auch die gewöhnlichen Streiks in den europäischen Industriestaaten schmälern das Nationaleinkommen um viele Millionen von Lohnausfall während der Arbeitseinstellung und schädigen in noch höherem Grade die Industrie. Vom Standpunkte der Vernunft also würde sich die Einführung von Lohnämtern und Schiedsgerichten in Europa noch wärmer als in Australien und Neuseeland vertreten lassen.

Der Unterschied liegt nur darin, daß jene sozialen Schichten, welche die spezifische Vernunft, das spezifische Interesse, die für die Lösung dieser Frage notwendig sind, vertreten, in Europa minderen Einfluß besitzen.

In Australien und Neuseeland hatte zunächst die Arbeiterpartei, die naturgemäß an einer Sanierung der Arbeitsverhältnisse primäres Interesse besitzt, maßgebenden politischen Einfluß. Sie hat zur Annahme der bezüglichen Gesetzentwürfe bedeutend beigetragen, wenngleich eingeräumt werden muß, daß es liberale und konservative Ministerien gewesen sind, welche die Lohnämter Victorias schufen und daß ein liberales Ministerium (das sich allerdings auch auf die Arbeiterpartei stützte) das Schiedsgerichtssystem Neuseelands ins Leben rief — erst seit zwei Jahren hat die sozialistische Arbeiterpartei die Mehrheit in beiden Häusern des australischen Bundesstaates errungen, und ein sozialistisches Ministerium führt die Geschäfte Australiens. Die Hauptmomente der von uns geschilderten Entwicklung liegen weiter zurück; der Einfluß der Arbeiterbewegung für die gesetzliche Festlegung von Lohn- und Arbeitsbedingungen muß somit gebührend eingeschätzt, darf aber nicht überschätzt werden.

Ebenso wichtig ist wohl der Einfluß der Frauen gewesen, die sich aus allgemeiner psychologischer Veranlagung heraus in Neuseeland für friedliche Beilegung von Arbeitskonflikten, aus Mitleid für die Lage der Heimarbeiter in Victoria für die Errichtung von Lohnämtern entschieden eingesetzt haben und eben jetzt in England wieder einsetzen; trotzdem muß bemerkt werden, daß speziell in Victoria die entscheidenden Gesetze über Einführung von Lohnämtern in den Jahren 1895—1905 beschlossen wurden, während die Frauen erst im Jahre 1908 das Wahlrecht zum Parlamente erhielten. In Neuseeland besitzen sie es allerdings bereits seit fast zwei Jahrzehnten; ihr Einfluß auf die neue Gesetzgebung wird dadurch greifbarer.

In dritter Hinsicht war gewiß der blühende Nationalreichtum Australiens und Neuseelands der Ausbildung humanitärer Instinkte, die auch dem Paria ein auskömmliches Leben gönnen wollen, besonders günstig und besonders entfaltet in den Kreisen der freien Berufe. Da dieselben an Stelle einer Aristokratie die Führung der

Staatsgeschäfte in Händen haben, konnten sie diese ihre Gesinnung in Praxis umsetzen.

Ferner ermangelte man jenes alten Vorurteils zugunsten des „freien Spiels der wirtschaftlichen Kräfte", das Europa aus den Kämpfen früherer Zeit gegen den Feudalismus haften geblieben ist. Man erfaßte nüchtern die realen Notwendigkeiten des modernen Lebens und ergriff entsprechende Maßregeln, ohne sich von Gespenstern schrecken zu lassen.

Ins Reich solcher Gespenster gehört die Idee einflußreicher Kreise Europas von dem rein „sozialistischen" Charakter dieser Maßregeln.

Australien und Neuseeland zeigen, daß sich privater Industrietrieb, Leitung des Produktionsprozesses durch eine besitzende, nach rein privatwirtschaftlichen Gesichtspunkten disponierende Unternehmerklasse durchaus mit gesetzlicher Regelung der Lohn- und Arbeitsbedingungen vereinbaren lasse.

Die Gespensterfurcht von sozialistischer Seite wieder, daß günstige Augenblicksbedingungen die Arbeiter einlullen, ihrer fernerliegenden Mission entfremden würden, wird durch den im Jahre 1910 erfolgten Aufstieg der sozialistischen Arbeiterpartei zur politischen Leitung Australiens — nach 15 Jahren „einschläfernder" Lohnämter und gewerblicher Schiedsgerichte — als unbegründet erwiesen.

In Wahrheit werden durch gesetzliche Regelung der Lohn- und Arbeitsbedingungen schwere Mißstände der geltenden Wirtschaftsordnung beseitigt, dieselbe wird vervollkommnet, und all ihre Freunde sollten dies begrüßen; aber auch keine sozialistische Wirtschaftsordnung würde ihrer entraten können, weil ja gesellschaftliche Leitung des Produktionsprozesses, staatliche Industriehoheit — auch staatliche Hoheit über die Arbeitsverhältnisse voraussetzt; „Streiks" von Genossenschaftern der großen Produktivgenossenschaft „Staat" (oder „Gesellschaft", dem Unterschied der Worte, auf den viele so viel Gewicht legen, entspricht ja kein Unterschied der Begriffe) sind offenbar innerer Widersinn.

Ebenso wird die Befürchtung der mächtigen englischen Gewerkschaften, der hochqualifizierten englischen Arbeiter, daß die Einführung von Minimallöhnen die Löhne der Elite auf das Niveau der Masse senken würde, durch tausendfältige Erfahrung Australiens und Neuseelands, die wir im 6. und 11. Kapitel stets wieder zitiert haben, in unzweideutigster Weise widerlegt. Die Löhne der Elite bleiben in gleichem Abstand von denen der Masse; da aber die Löhne der Masse steigen, steigen auch die Löhne der Elite.

Nur der Kampf um die Lohnerhöhung wird beseitigt; die Lohnerhöhung geht vor sich.

Nur wer — mit den Syndikalisten Frankreichs — in möglichster Verschärfung und Verbitterung des Klassenkampfes (und des Klassenhasses, der sich ihm gesellt) — unabhängig von seinen Gegenwartsergebnissen, unabhängig von seinen Zukunftszielen, die auch durch harmonische Entwicklung zu erreichen sind — einen Selbst- und Endzweck erblickt, muß freilich jedem Schiedsgericht, das Vernunft an die Stelle der Leidenschaft rückt, widerstreiten.

Doch derer, die sich zu so extremen Ansichten bekennen, sind nicht viele; die Gewerkschaften als solche werden durch gewerbliche Schiedsgerichte nicht geschwächt, sondern, wie aus Neuseelands Beispiel hervorgeht, wesentlich gestärkt.

Wir haben im Vorgehenden gesehen, daß all die Verschiedenheit zwischen Europa und den Ländern unserer Antipoden, welche den früheren Erfolg der Idee bei ihnen ermöglichte, keineswegs das innere Wesen der Frage trifft, daß die gesetzliche Festlegung von Lohn- und Arbeitsbedingungen auch bei uns in Europa ebenso notwendig ist und daß ihr keinerlei innere Schwierigkeiten entgegenstehen, die Australien nicht gekannt hätte. Die Vorurteile aber und jene gewisse geistige Trägheit, wie sie Nationen eigen ist, die auf eine lange Vergangenheit zurückblicken, sie müssen sich überwinden lassen. Ein Kampf gegen sie ist nicht ein Kampf der Interessen — denn allen, wie immer sonst einander widerstreitenden Interessen wäre mit der Festlegung von Lohn- und Arbeitsbedingungen gedient — sondern der Kampf des Geistes gegen Vorurteil und Unkenntnis.

Heute ist die Bestimmung der Lohn- und Arbeitsbedingungen planlosen anarchischen Kräften anheimgegeben, ihre gesetzliche Regelung wird planvolle Würdigung soziologischer und sozialhygienischer Gesichtspunkte ermöglichen.

Geist und Wille, bewußte Tat des Menschen werden gebieten auf einem so wahrhaft menschlichen Felde, das bisher blindem Walten wertezerstörenden Kampfes überlassen war; die Menschheit wird auf einer keineswegs unwesentlichen Linie Herrin ihrer eigenen Geschicke werden.

Eine schöne Aufgabe bietet sich all denen, die zwecklose Not aus den Hütten streikender Arbeiter bannen und der Aufwärtsentwicklung menschlicher Kultur dienen wollen.

Anhang.

Im Folgenden sind Regierungsvorlagen und Gesetze verschiedener Länder wiedergegeben, welche gesetzliche Festlegung von Lohn und Arbeitbedingungen in irgend welcher Form vorsehen oder eine Etappe zu solcher Festlegung darstellen; ferner Entscheidungen von Lohnämtern und Schiedsgerichtshöfen, die auf Grund solcher Gesetze erflossen, und Berichte der Fabriksinspektion über deren Durchführung. Die deutsche Regierungsvorlage ist zu Vergleichszwecken aufgenommen, wenngleich sie hinter den nachstehenden Gesetzen des Auslandes derart zurücksteht, daß höchstens von Ansätzen zur gesetzlichen Festlegung der Arbeitsbedingungen gesprochen werden kann.

1. Abschnitt des Anhangs.

Deutsche Regierungsvorlage für Erlaß eines Hausarbeitsgesetzes, vom deutschen Reichstage am 16. Februar 1910 in erste Verhandlung gezogen.[1])

Wir Wilhelm, von Gottes Gnaden Deutscher Kaiser, König von Preußen usw.

verordnen im Namen des Reichs, nach erfolgter Zustimmung des Bundesrats und des Reichstags, was folgt:

§ 1.

Für Werkstätten, in denen

1. der Arbeitgeber ausschließlich zu seiner Familie gehörige Personen gewerblich beschäftigt,

[1]) Die Beratung der Vorlage im Reichstag (letzte Novembertage 1911) hat zu wesentlicher Verbesserung derselben durch Einführung von „Fachausschüssen", welche unter gewissen Umständen Lohntarife für Heimarbeiter anbahnen sollen, geführt. — (Siehe Näheres im 3. Kapitel.)

2. eine oder mehrere Personen gewerbliche Arbeit verrichten, ohne von einem den Werkstattbetrieb leitenden Arbeitgeber beschäftigt zu sein,

gelten neben den bestehenden reichsrechtlichen Vorschriften die Vorschriften dieses Gesetzes.

Die in Abs. 1 bezeichneten Personen einschließlich der Arbeitgeber (Nr. 1) gelten als Hausarbeiter im Sinne der folgenden Vorschriften.

§ 2.

Im Sinne dieses Gesetzes gelten als

1. Werkstätten neben den Werkstätten im Sinne des § 105 b Abs. 1 der Gewerbeordnung Räume, die zum Schlafen, Wohnen oder Kochen dienen, wenn darin gewerbliche Arbeit verrichtet wird, sowie im Freien gelegene gewerbliche Arbeitstellen,
2. gewerbliche Beschäftigung oder Arbeit jede Tätigkeit, die als gewerblich im Sinne der Gewerbeordnung anzusehen ist,
3. Gewerbe die Gewerbe im Sinne der Gewerbeordnung,
4. Gewerbeaufsichtsbeamte die Gewerbeaufsichtsbeamten im Sinne des § 139 b der Gewerbeordnung.

§ 3.

Für einzelne Gewerbezweige kann der Bundesrat bestimmen, daß in denjenigen Räumen, in welchen Arbeit für Hausarbeiter ausgegeben oder Arbeit solcher Personen abgenommen wird, die für die einzelnen Arbeiten jeweilig gezahlten Löhne den Hausarbeitern allgemein bekantgegeben werden. Zu diesem Zwecke kann insbesondere angeordnet werden, daß an einer allen Beteiligten zugänglichen, in die Augen fallenden Stelle Tafeln ausgehängt werden, die in deutlicher Schrift diese Löhne enthalten.

Soweit nicht der Bundesrat Bestimmungen erläßt, kann die Landeszentralbehörde oder nach Anhören beteiligter Gewerbetreibender und Hausarbeiter die zuständige Polizeibehörde durch Polizeiverordnung sie erlassen.

Bundesrat und Landeszentralbehörde können ihre Bestimmungen auch für einzelne Bezirke erlassen.

Die Bestimmungen des Bundesrats werden durch das Reichs-Gesetzblatt veröffentlicht und dem Reichstag zur Kenntnisnahme vorgelegt.

§ 4.

Die zuständige Polizeibehörde kann auf Antrag des Gewerbeaufsichtsbeamten durch Verfügung für einzelne Gewerbebetriebe hinsichtlich der Errichtung der Betriebsstätte und der Regelung des Betriebs in den im § 3 Abs. 1 bezeichneten Räumen anordnen, was zur Vermeidung einer durch die Natur des Betriebes nicht gerechtfertigten Zeitversäumnis der Hausarbeiter bei der Empfangnahme oder Ablieferung von Arbeit erforderlich und nach der Natur der Anlage ausführbar erscheint. Für die Ausführung ist eine angemessene Frist zu setzen.

Für Betriebe, die bei Erlaß dieses Gesetzes bereits bestehen, sind, solange sie nicht erweitert oder wesentlich verändert werden, nur solche Anforderungen zulässig, welche ohne unverhältnismäßige Aufwendungen ausführbar sind.

Gegen die Verfügung ist binnen zwei Wochen die Beschwerde an die höhere Verwaltungsbehörde zulässig; diese entscheidet endgültig.

§ 5.

Soweit sich in einzelnen Gewerbezweigen aus der Art der Beschäftigung Gefahren für Leben oder Gesundheit ergeben, kann auf Antrag des Gewerbeaufsichtsbeamten die zuständige Polizeibehörde durch Verfügung für einzelne Werkstätten diejenigen Maßnahmen anordnen, welche zur Durchführung der folgenden Grundsätze erforderlich sind:

1. Die Werkstätten einschliesslich der Betriebsvorrichtungen, Maschinen und Gerätschaften, sind so einzurichten und zu unterhalten, daß die Hausarbeiter gegen Gefahren für Leben und Gesundheit so weit geschützt sind, wie es die Natur des Betriebs gestattet.

   Insbesondere ist für genügendes Licht, ausreichenden Luftraum und Luftwechsel, Beseitigung des bei dem Betrieb entstehenden Staubes, der dabei entwickelten Dünste und Gase sowie der dabei entstehendenAbfälle zu sorgen.

   Zum Schutze gegen gefährliche Berührungen mit Maschinen oder Maschinenteilen sowie gegen andere in der Natur der Betriebsstätte oder des Betriebs liegende Gefahren sind die erforderlichen Vorrichtungen herzustellen.

2. Auf Gesundheit und Sittlichkeit der männlichen Hausarbeiter unter achtzehn Jahren und der

Hausarbeiterinnen sind diejenigen besonderen Rücksichten zu nehmen, welche durch Alter und Geschlecht dieser Arbeiter geboten sind.

3. Arbeiten, bei denen dies zur Verhütung von Gefahren für Leben oder Gesundheit erforderlich ist, dürfen nur in solchen Räumen verrichtet werden, welche ausschließlich hierfür benutzt werden.

Zur Durchführung der Nr. 2 kann über die Vorschriften in § 5 Abs. 1, § 13 Abs. 1, 2 des Gesetzes, betreffend Kinderarbeit in gewerblichen Betrieben, vom 30. März 1903 (Reichs-Gesetzbl. S. 113) hinaus die Beschäftigung von eigenen oder fremden Kindern im Sinne jenes Gesetzes von der Vollendung eines höheren Lebensalters abhängig gemacht oder ganz verboten werden. Für andere Hausarbeiter unter 16 Jahren kann Beginn und Ende der zulässigen täglichen Arbeitszeit sowie Dauer und Lage der Pausen vorgeschrieben, auch kann die Beschäftigung an Sonn- und Festtagen sowie während der von dem ordentlichen Seelsorger für den Katechumenen-, Konfirmanden-, Beicht- und Kommunionunterricht bestimmten Stunden verboten werden.

§ 6.

Soweit sich in einzelnen Gewerbezweigen, insbesondere solchen, welche der Herstellung, Verarbeitung oder Verpackung von Nahrungs- oder Genußmitteln dienen, Gefahren für die öffentliche Gesundheit ergeben, kann die zuständige Polizeibehörde durch Verfügung für einzelne Werkstätten anordnen, wie diese und die Lagerräume einschließlich der Betriebsvorrichtungen, Maschinen und Gerätschaften einzurichten und zu unterhalten sind, und wie der Betrieb zu regeln ist, um die Gefahren auszuschließen.

Außerdem kann die Polizeibehörde anordnen, daß Räume, in denen Nahrungs- oder Genußmittel hergestellt oder verarbeitet werden, zu bestimmten anderen Zwecken nicht benutzt werden dürfen.

§ 7.

Soweit nicht die Anordnungen gemäß §§ 5, 6 die Beseitigung einer dringenden Gefahr bezwecken, ist für die Ausführung eine angemessene Frist zu lassen.

Für Betriebe, die bei Erlaß dieses Gesetzes bereits bestehen, sind, solange sie nicht erweitert oder wesentlich verändert werden, nur solche Anforderungen zulässig, welche zur Beseitigung erheblicher, Leben oder Gesundheit der Hausarbeiter oder die öffentliche Gesundheit gefährdender Mißstände erforderlich oder ohne unverhältnismäßige Aufwendungen ausführbar sind.

§ 8.

Die Verfügungen auf Grund der §§ 5, 6 sind im Falle des § 1 Abs. 1 Nr. 1 an den Arbeitgeber, im Falle des § 1 Abs. 1 Nr. 2 an denjenigen zu richten, welcher das Verfügungsrecht über den als Werkstätte benutzten Raum hat.

Verfügungen zur Regelung des Betriebs auf Grund des § 6 Abs. 1 sind im Falle des § 1 Abs. 1 Nr. 2 an die Hausarbeiter zu richten.

Gegen die Verfügung ist binnen zwei Wochen die Beschwerde auf die höhere Verwaltungsbehörde zulässig; diese entscheidet endgültig.

§ 9.

Der Bundesrat kann bestimmen, welchen Anforderungen in einzelnen Arten der in §§ 5, 6 bezeichneten

Werkstätten zur Durchführung der dort aufgestellten Grundsätze zu genügen ist.

Er kann die Verrichtung solcher Arbeiten in der Hausarbeit verbieten, welche mit erheblichen Gefahren für Leben, Gesundheit oder Sittlichkeit der Hausarbeiter oder für die öffentliche Gesundheit verbunden sind.

Hinsichtlich dieser Bestimmungen gilt § 3 Abs. 2 bis 4.

§ 10.

Für die Beobachtung der auf Grund der §§ 5, 6, 9 getroffenen Anordnungen ist im Falle des § 1 Abs. 1 Nr. 1 der Arbeitgeber, im Falle des § 1 Abs. 1 Nr. 2 derjenige nicht verantwortlich, welcher das Verfügungsrecht über den als Werkstätte benutzten Raum hat. Für die Beobachtung der Anordnungen zur Regelung des Betriebs auf Grund des § 6 Abs. 1, § 8 Abs. 2, § 9 sind in den Fällen des § 1 Abs. 1 Nr. 2 nur die Hausarbeiter selbst verantwortlich.

§ 11.

Sollen Verrichtungen in der Hausarbeit vorgenommen werden, hinsichtlich deren auf Grund des § 9 Abs. 1, 3 Bestimmungen erlassen sind, so hat dies der nach § 10 Satz 1 Verantwortliche vor dem Beginne der Beschäftigung unter Angabe der Lage der Werkstätte schriftlich der Ortspolizeibehörde anzuzeigen.

§ 12.

Gewerbetreibende, die außerhalb ihrer Arbeitsstätte in Werkstätten gewerbliche Arbeit verrichten lassen, sind verpflichtet,

1. ein Verzeichnis derjenigen Personen, welchen sie Hausarbeit übertragen oder durch welche außer-

halb der Arbeitsstätte des Gewerbetreibenden die Übertragung erfolgt, unter Angabe der Betriebsstätte dieser Personen zu führen; das Verzeichnis ist auf Erfordern der Ortspolizeibehörde sowie den Gewerbeaufsichtsbeamten jederzeit zur Einsicht vorzulegen oder einzureichen,

2. sofern die Beschaffung eines Ausweises darüber vorgeschrieben ist, daß die Räume, in denen die Arbeit verrichtet wird, den an sie gestellten Anforderungen genügen, Hausarbeit nur für solche Werkstätten auszugeben, für welche ihnen dieser Ausweis vorgelegt wird.

Die gleiche Verpflichtung liegt solchen Personen ob, welche, ohne daß sie eine Arbeitsstätte besitzen, für Gewerbetreibende außerhalb deren Arbeitsstätte Arbeit an Hausarbeiter übertragen.

§ 13.

Durch Polizeiverordnung der zuständigen Polizeibehörde kann nach Anhören beteiligter Gewerbetreibender und Hausarbeiter bestimmt werden, wie die Verzeichnisse einzurichten und ob und in welchem Zwischenräumen sie in Urschrift oder in Abschrift den im § 12 Abs. 1 Nr. 1 bezeichneten Stellen einzureichen sind.

§ 14.

Für Gewerbezweige, die der Herstellung, Verarbeitung oder Verpackung von Nahrungs- oder Genußmitteln dienen, können durch Bestimmung auf Grund des § 9 Abs. 1, 3 Gewerbetreibende, die außerhalb ihrer Arbeitsstätte in Werkstätten gewerbliche Arbeit verrichten lassen, sowie die im § 12 Abs. 2 bezeichneten Personen verpflichtet werden, sich in angemessenen Zwischenräumen, mindestens halbjährlich, persönlich oder durch Beauftragte davon zu unterrichten, daß Einrichtung und Betrieb der Werkstätten den Anforderungen entsprechen.

§ 15.

Sofern zur Durchführung der §§ 6, 14 Bestimmungen auf Grund des § 9 erlassen sind, können sie durch Polizeiverordnung der zuständigen Polizeibehörde auf solche Betriebe ausgedehnt werden, in welchen Personen beschäftigt sind, die als gewerbliche Arbeiter im Sinne der Gewerbeordnung gelten.

§ 16.

Soweit nicht Bundesrat oder Landesregierung die Aufsicht anderweit regelt, gilt § 139 b der Gewerbeordnung entsprechend.

Während der Nachtzeit darf eine Revision nur stattfinden, wenn Tatsachen den Verdacht begründen, daß gegen die auf Grund der §§ 5, 6, 9 erlassenen Bestimmungen verstoßen wird.

§ 17.

Welche Behörden unter der Bezeichnung:
höhere Verwaltungsbehörde, Polizeibehörde, Ortspolizeibehörde
zu verstehen sind, wird von der Zentralbehörde jedes Bundesstaates für dessen Gebiet bekannt gemacht.

§ 18.

Wer den zur Durchführung des § 5 Abs. 2 Satz 1 endgültig erlassenen Verfügungen oder gemäß § 9 Abs. 1, 3 getroffenen Bestimmungen zuwiderhandelt, wird bestraft,

1. wenn es sich um fremde Kinder handelt, mit Geldstrafe bis zu zweitausend Mark,

2. wenn es sich um eigene Kinder handelt, mit Geldstrafe bis zu einhundertfünfzig Mark.

Bei gewohnheitsmäßiger Zuwiderhandlung kann im Falle der Nr. 1 auf Gefängnisstrafe bis zu sechs Monaten, im Falle der Nr. 2 auf Haft erkannt werden.

Im Falle der Nr. 1 gilt § 75 des Gerichtsverfassungsgesetzes.

§ 19.

Mit Geldstrafe bis zu einhundertfünfzig Mark und im Unvermögensfalle mit Haft bis zu vier Wochen werden bestraft,

1. vorbehaltlich der Vorschrift im § 21, die im § 10 Satz 1 bezeichneten Personen, wenn sie den auf Grund des § 5 Abs. 1, Abs. 2 Satz 2, § 6 endgültig erlassenen Verfügungen oder den auf Grund des § 9 erlassenen Bestimmungen zuwiderhandeln,
2. wer außerhalb seiner Arbeitsstätte gewerbliche Arbeit in solchen Werkstätten der im § 1 bezeichneten Art verrichten läßt, von welchen er weiß, oder nach den Umständen annehmen muß, daß ihre Einrichtung oder ihr Betrieb den auf Grund des § 9 erlassenen Bestimmungen nicht entspricht.

War in den Fällen der Nr. 2 der Täter zur Zeit der Begehung der Straftat bereits zweimal wegen der gleichen Übertretung rechtskräftig verurteilt, so tritt Geldstrafe von dreißig bis zu dreihundert Mark oder Haft bis zu vier Wochen ein. Die Anwendung dieser Vorschrift bleibt ausgeschlossen, wenn seit der Rechtskraft der letzten Verurteilung bis zur Begehung der neuen Straftat drei Jahre verflossen sind.

§ 20.

Mit Geldstrafe bis zu dreißig Mark und im Unvermögensfalle mit Haft bis zu acht Tagen wird bestraft,

1. wer es unterläßt, den durch §§ 11, 12 für ihn begründeten Verpflichtungen nachzukommen,
2. wer den auf Grund des § 4 Abs. 1 endgültig erlassenen Verfügungen oder wer den auf Grund des § 3 Abs. 1, 2, § 13 getroffenen Bestimmungen zuwiderhandelt.

§ 21.

Mit Geldstrafe bis zu dreißig Mark werden Arbeitgeber (§ 1 Abs. 1 Nr. 1) und die im § 1 Abs. 1 Nr. 2 bezeichneten Hausarbeiter bestraft, die den auf Grund des § 6 Abs. 1, § 8 Abs. 2, § 9 zur Regelung des Betriebs erlassenen Bestimmungen zuwiderhandeln.

Die gleiche Strafe trifft Arbeitgeber (§ 1 Abs. 1 Nr. 1), die dulden, daß die von ihnen beschäftigten Familienangehörigen den zur Regelung des Betriebs erlassenen Bestimmungen zuwiderhandeln.

§ 22.

Sind bei der Ausübung des Gewerbes polizeiliche Vorschriften von Personen übertreten worden, die der Gewerbetreibende zur Leitung des Betriebs oder eines Teiles davon oder zur Beaufsichtigung bestellt hatte, so trifft sie die Strafe.

Der Gewerbetreibende ist neben ihnen strafbar, wenn die Übertretung mit seinem Vorwissen begangen ist. Das Gleiche gilt, wenn er bei der nach den Verhältnissen möglichen eigenen Beaufsichtigung des Betriebes, oder bei der Auswahl oder der Beaufsichtigung der Betriebsleiter oder Aufsichtspersonen es an der erforderlichen Sorgfalt hat fehlen lassen.

§ 23.

Landesrechtliche Vorschriften, wodurch die Beschaffenheit der zum Wohnen oder zu gewerblichen Zwecken bestimmten Räume geregelt oder Gefahren für Leben oder Gesundheit abgewendet werden, bleiben unberührt, soweit nicht auf Grund dieses Gesetzes weitergehende Bestimmungen getroffen sind.

§ 24.

Dieses Gesetz tritt am .... in Kraft.

Urkundlich usw.

Gegeben usw.

---

2. Abschnitt des Anhangs.

Österreichische Regierungsvorlage eines Gesetzes betreffend die Regelung der Arbeitsverhältnisse in der Heimarbeit der Kleider-, Schuh- und Wäschewarenerzeugung. (Derzeit den Handelskammern zur Begutachtung vorliegend.)

Mit Zustimmung beider Häuser des Reichsrates finde Ich anzuordnen, wie folgt:

I. Anwendungsgebiet des Gesetzes.

§ 1.

Im Sinne dieses Gesetzes gelten:

a) als Heimarbeiter jene Personen, welche, ohne die formelle Eigenschaft von Inhabern der betreffenden Erzeugungsgewerbe zu besitzen, außerhalb der festen Betriebsstätten (Hauptbetriebsstätten, Zweigetablissements oder Niederlagen) ihrer unmittelbaren Arbeitgeber für letztere mit der Herstellung von Kleidern, Schuhen oder Wäschewaren beschäftigt sind und aus dieser Beschäftigung ihren regelmäßigen Unterhalt beziehen, einerlei ob sie die zur Verarbeitung gelangenden Materialien zur Gänze oder teilweise selbst beistellen oder diese mehr oder weniger vorgerichtet oder unvorgerichtet beigestellt erhalten;

b) als Stückmeister jene Personen, welche die formelle Eigenschaft von Inhabern der betreffenden Erzeugungsgewerbe besitzen und für andere Gewerbetreibende außerhalb der festen Betriebsstätten (Hauptbetriebsstätten, Zweigetablissements oder Niederlagen) dieser Gewerbetreibenden mit der Herstellung von Kleidern, Schuhen oder Wäschewaren beschäftigt sind, ohne Rücksicht darauf, ob sie gleichzeitig für Kunden, das heißt unmittelbar für den Verbrauch arbeiten oder nicht und ob sie die zur Verarbeitung gelangenden Materialien zur Gänze oder teilweise selbst beistellen oder diese mehr oder weniger vorgerichtet oder unvorgerichtet beigestellt erhalten;

c) als Werkstattgehilfen der Stückmeister jene gewerblichen Hilfsarbeiter (§ 73 Gew. Odg.), welche von den Stückmeistern zu den in lit. b bezeichneten Zwecken in den Wohnungen oder Werkstätten der Stückmeister verwendet werden: als Unternehmer Erzeuger von Kleidern, Schuhen oder Wäschewaren sowie Händler mit solchen Gegenständen, welche diese ganz oder zum Teil durch Stückmeister oder Heimarbeiter herstellen lassen;

e) als Zwischenpersonen jene Personen, deren sich die Unternehmer zur Vermittlung des Verkehrs mit den Stückmeistern oder Heimarbeitern bedienen (Faktoren, Zwischenmeister usw.).

Wird eines der in lit. b und d angeführten Gewerbe durch einen Stellvertreter (Geschäftsführer) oder Pächter ausgeübt (§§ 2, 55, 56 Gew.Odg.), so gilt dieser als Unternehmer, beziehungsweise Stückmeister im Sinne dieses Gesetzes.

§ 2.

Der Handelsminister hat nach Anhörung der Handels- und Gewerbekammern, der etwa bestehenden Genossenschaftsverbände und der betreffenden Genossenschaften im Verordnungswege jene Produktionszweige zu bezeichnen, die im Sinne dieses Gesetzes als Kleider-, Schuh- und Wäschewarenerzeugung anzusehen sind.

II. Evidenzvorschriften.

§ 3.

Unternehmer (§ 1, lit. d) haben den Umstand, daß sie Kleider, beziehungsweise Schuhe oder Wäschewaren durch Stückmeister oder Heimarbeiter herstellen lassen, der Gewerbebehörde des Standortes ihres Gewerbebetriebes schriftlich anzuzeigen.

In der gleichen Weise haben Stückmeister (§ 1, lit. b) den Umstand, daß sie für andere Gewerbetreibende außerhalb der festen Betriebsstätten derselben mit der Herstellung von Kleidern, beziehungsweise Schuhen oder Wäschewaren beschäftigt sind, der Gewerbebehörde des Standortes ihres Gewerbebetriebes anzuzeigen.

Die Gewerbebehörde hat diese Anzeigen der Gewerbegenossenschaft, der die Unternehmer, beziehungsweise Stückmeister angehören, sowie der Handels- und Gewerbekammer, in deren Bezirk sich der Standort des Gewerbebetriebes des Unternehmers, beziehungsweise des Stückmeisters befindet, zur Kenntnis zu bringen.

Beim Bestande einer Heimarbeitskommission (§§ 11 ff.) haben jene Handels- und Gewerbekammern, denen gemäß § 16 die Entsendung von Vertretern der Unternehmer in diese Kommission obliegt, die ihnen im Sinne des vorhergehenden Absatzes zukommenden Anzeigen jener Handels- und Gewerbekammer bekanntzugeben, in deren Bezirk sich der Sitz der Heimarbeitskommission befindet.

§ 4.

Unternehmer und Zwischenpersonen haben ein Verzeichnis über die von ihnen unmittelbar beschäftigten Stückmeister und Heimarbeiter anzulegen, fortlaufend in Evidenz zu halten und darin Namen und Betriebsstätte der Stückmeister, Namen, Geburtsjahr und Wohnung der Heimarbeiter ersichtlich zu machen.

Ebenso haben die Stückmeister ein Verzeichnis über die von ihnen beschäftigten Werkstattgehilfen und Heimarbeiter zu führen, welches über Namen, Geburtsjahr und Wohnung dieser Arbeiter Auskunft geben muß.

Unternehmer, welche sich im Verkehre mit den Stückmeistern oder Heimarbeitern der Vermittlung von Zwischenpersonen bedienen, haben überdies ein Verzeichnis dieser Zwischenpersonen anzulegen und fortlaufend in Evidenz zu halten und darin Namen und Wohnung dieser Personen ersichtlich zu machen.

Die in den vorstehenden Absätzen vorgeschriebenen Verzeichnisse sind von den zu deren Anlegung und Führung verpflichteten Personen der Gewerbebehörde und dem Gewerbeinspektor auf jedesmaliges Verlangen vorzuweisen. Überdies ist in regelmäßigen, von der politischen Landesbehörde zu bestimmenden Zeitabschnitten der Gewerbebehörde erster Instanz eine Abschrift dieser Verzeichnisse oder ein Standesausweis einzusenden, welcher die in den Absätzen 1 bis 3 vorgeschriebenen Daten bezüglich der zu dieser Zeit beschäftigten Zwischenpersonen, Stückmeister, Werkstattgehilfen und Heimarbeiter enthält. Unternehmer und Stückmeister, die Mitglieder einer Gewerbegenossenschaft sind, haben bei dieser Gelegenheit zugleich die Genossenschaft anzugeben, der sie angehören.

Die Gewerbebehörde hat die Verzeichnisabschriften und Standesausweise dem zuständigen Gewerbeinspektor, der zuständigen Krankenkasse, der zuständigen Handels- und Gewerbekammer (§ 3, Absatz 3) und der im Sinne des vorigen Absatzes eventuell in Betracht kommenden Gewerbegenossenschaft zur Kenntnis zu bringen.

Beim Bestande einer Heimarbeitskommission (§§ 11 ff.) haben jene Handels- und Gewerbekammern, denen gemäß § 16 die Entsendung von Vertretern der Unternehmer in diese Kommission obliegt, die ihnen im Sinne des vorhergehenden Absatzes zukommenden Verzeichnisabschriften und Standesausweise jener Handels- und Gewerbekammer bekanntzugeben, in deren Bezirk sich der Sitz der Heimarbeitskommission befindet.

Die in diesen Verzeichnissen enthaltenen Angaben haben ausschließlich für die Zwecke dieses Gesetzes zu dienen.

III. Bekanntmachung der Arbeitsbedingungen, Lohnbücher, Lieferungsbücher.

§ 5.

Unternehmer und Zwischenpersonen haben, sofern die Ausfolgung der Arbeit an die Stückmeister oder Heimarbeiter, beziehungsweise die Ablieferung der von den Stückmeistern oder von Heimarbeitern hergestellten Arbeit in eigenen, dem Kundenverkehr entzogenen Räumen vor sich geht, daselbst durch stets leserlich zu erhaltenden Anschlag die etwa festgesetzten Termine der Ausfolgung und Einlieferung von Arbeit, die Art und Höhe der Lohnzahlung sowie die Fälle und das Ausmaß der etwaigen Lohnabzüge bekanntzugeben.

Die gleiche Verpflichtung zum Anschlage trifft in Ansehung ihrer Arbeitsstätten die Stückmeister.

Der Anschlag ist spätestens acht Tage, bevor er in den erwähnten Räumen angebracht wird, in zwei gleichlautenden Ausfertigungen der Gewerbebehörde erster Instanz vorzulegen, welche, wenn sie in dem Anschlage nichts Gesetzwidriges findet, ein Exemplar mit ihrem Visum zu versehen und dem Einsender zurückzustellen hat.

§ 6.

Unternehmer, Zwischenpersonen und Stückmeister haben auf ihre Kosten den von ihnen unmittelbar beschäftigten Heimarbeitern ein Lohnbuch einzuhändigen.

Nähere Bestimmungen über Form und Inhalt dieser Lohnbücher können vom Handelsminister im Verordnungswege getroffen werden.

Das Lohnbuch bleibt in Verwahrung beim Heimarbeiter, der es auf jeweiliges Verlangen der Gewerbebehörde und dem Gewerbeinspektor zur Einsicht vorzuweisen verpflichtet ist.

Stückmeister sind von den sie unmittelbar beschäftigenden Unternehmern mit Lieferungsbüchern zu versehen, auf welche die Vorschriften der vorhergehenden Absätze sinngemäß Anwendung zu finden haben.

IV. Arbeiterschutz, Arbeitsstätten.

§ 7.

Auf Unternehmer, Zwischenpersonen und Stückmeister, die den von ihnen unmittelbar beschäftigten Heimarbeitern Wohnungen überlassen, finden die einschlägigen Vorschriften des § 74 Gew. Odg. Anwendung.

§ 8.

Als Heimarbeiter dürfen männliche Personen vor vollendetem 18., weibliche Personen vor vollendetem 16. Lebensjahre nicht verwendet werden.

§ 9.

Das Arbeitsverhältnis der Heimarbeiter, die im § 5 erwähnten Räumlichkeiten, sowie die Arbeitsräume der Heimarbeiter, unterliegen der Beaufsichtigung durch den zuständigen Gewerbeinspektor, die genannten Arbeitsräume überdies der sanitätspolizeilichen Beaufsichtigung durch den zuständigen Amtsarzt.

Der Gewerbeinspektor, beziehungsweise der Amtsarzt hat, wenn er an diesen Arbeitsräumen oder der Art der Arbeitsverrichtung in der Heimarbeit wesentliche Übelstände hygienischer Natur wahrnimmt, welche die Gesundheit der Heimarbeiter und deren Wohnungsgenossen oder des Publikums ernstlich zu gefährden geeignet sind und auf sein Verlangen innerhalb einer angemessenen

Frist nicht behoben werden, an die Gewerbebehörde erster Instanz die Anzeige zu erstatten. Diese Behörde hat zunächst die zur Behebung der Übelstände notwendigen Maßnahmen zu treffen und kann zu diesem Behufe erforderlichenfalls dem bezüglichen Arbeitgeber die Ausfolgung und dem Heimarbeiter die Übernahme von Heimarbeit verbieten.

Bei Auftreten oder bei weiterem Umsichgreifen einer ansteckenden Krankheit kann die polizeiliche Behörde erster Instanz von amtswegen oder über Antrag der betreffenden Gemeinde die Verrichtung von Heimarbeit in allen oder bestimmten Wohnstätten der Heimarbeiter untersagen. Diese Verfügung ist aufzuheben, sobald die hierfür maßgebenden Gründe weggefallen sind. Die Verfügung sowie ihre Aufhebung kann im Bedarfsfalle öffentlich kundgegeben werden.

Gegen die in den Absätzen 2 und 3 erwähnten Verfügungen kann von den unmittelbar Beteiligten binnen 14 Tagen der Rekurs an die politische Landesbehörde ergriffen werden; gegen die Entscheidung dieser Behörde steht im Falle des Absatzes 2 der Rekurs an das Handelsministerium, im Falle des Absatzes 3 der Rekurs an das Ministerium des Innern binnen 4 Wochen offen. Eine aufschiebende Wirkung kommt dem Rekurse nur in den Fällen des Absatzes 2 zu.

V. Verbot der Verwendung fremder Hilfskräfte und der Kundenarbeit durch Heimarbeiter.

§ 10.

Dem Heimarbeiter ist es untersagt, Hilfsarbeiter oder Lehrlinge zu halten.

Die gelegentliche Verwendung von Familienmitgliedern durch den Heimarbeiter zur vorübergehenden Aushilfe begründet in der Person dieser Familienmitglieder an sich nicht die Eigenschaft eines Hilfsarbeiters oder Lehrlings; doch dürfen Kinder vor vollendetem 12. Lebensjahre auch zu derartigen gelegentlichen Arbeiten nicht herangezogen werden.

Desgleichen ist dem Heimarbeiter die Übernahme von Kundenarbeit, das ist von Arbeiten unmittelbar für den Verbrauch, nicht gestattet.

VI. Heimarbeitskommissionen.

1. Errichtung.

§ 11.

Durch eine Verordnung der politischen Landesbehörde kann für die Erzeugung von Kleidern, Schuhen oder Wäschewaren im Wege der Heimarbeit zu den in den §§ 22, 26 und 39 angeführten Zwecken die Bildung einer Heimarbeitskommission verfügt werden.

Die politische Landesbehörde hat in dieser Verordnung die sachliche und örtliche Zuständigkeit der Heimarbeitskommission festzusetzen und unter Beobachtung der in den folgenden Paragraphen enthaltenen Vorschriften nähere Bestimmungen über ihre Zusammensetzung und Geschäftstätigkeit zu treffen.

Die sachliche Zuständigkeit der Heimarbeitskommission kann auf einen ganzen der in diesem Gesetze behandelten Produktionszweige oder einen bestimmt abgegrenzten Teil eines solchen erstreckt werden.

Die Funktionsdauer der Heimarbeitskommission erstreckt sich jeweils auf fünf Jahre.

§ 12.

Jede Heimarbeitskommission betseht aus

1. Vertretern jener Unternehmer, die entweder

a) im Sprengel der Kommission ihr Gewerbe ausübende Stückmeister oder

b) solche Stückmeister beschäftigen, die außerhalb des Sprengels der Kommission ihr Gewerbe ausüben, jedoch im Sprengel der Kommission ansässige Heimarbeiter zur Arbeit verwenden, oder endlich

c) ohne Vermittlung von Stückmeister im Sprengel der Kommission ansässige Heimarbeiter beschäftigen;

2. Vertretern der unter 1 a und 1 b genannten Stückmeister;

3. Vertretern jener Werkstattgehilfen, die von den unter 1 a genannten Stückmeistern beschäftigt werden; endlich

4. Vertretern jener im Sprengel der Kommission ansässigen Heimarbeiter, die von den unter 1 a und 1 b genannten Stückmeistern oder den unter 1 c genannten Unternehmern beschäftigt werden.

§ 13.

Die Heimarbeitskommission setzt sich aus sechs Abteilungen zusammen, welche aus Vertretern der nachfolgenden sechs Gruppen gebildet werden:

1. Unternehmer, die Inhaber eines fabriksmäßigen Betriebes sind, außerdem jene Unternehmer, die ein Erzeugungsgewerbe betreiben und einen Mindestbetrag an jährlicher Erwerbsteuer entrichten, der von der politi-

schen Landesbehörde nach Anhörung jener Handels- und Gewerbekammer festgestellt wird, in deren Bezirk sich der Sitz der Heimarbeitskommission befindet;

2. Unternehmer, die ein Handelsgewerbe,

3. Unternehmer, die ein nicht in die Gruppe 1 fallendes Erzeugungsgewerbe betreiben;

4. Stückmeister;

5. Gehilfen der Stückmeister;

6. Heimarbeiter.

§ 14.

Jede dieser sechs Gruppen hat eine von der politischen Landesbehörde innerhalb der im § 15 festgesetzten Schranken zu bestimmende Zahl von Mitgliedern und Ersatzmännern unter Beobachtung der nachfolgenden Vorschriften in die Heimarbeitskommission zu entsenden.

1. Die Vertreter der Gruppe 1 werden von der zuständigen Handels- und Gewerbekammer nach Einvernahme der dieser Gruppe angehörigen Unternehmer der politischen Landesbehörde bezeichnet.

2. In gleicher Weise erfolgt die Bestellung von Vertretern der den Gruppen 2 und 3 angehörenden Unternehmer und der Stückmeister durch die Vorstehungen der betreffenden Gewerbegenossenschaften.

3. Die Vertreter der in die Gruppen 5 und 6 fallenden Werkstattgehilfen, beziehungsweise Heimarbeiter werden von den Gehilfenausschüssen der betreffenden Gewerbegenossenschaften nach Einvernahme der diesen Gruppen angehörenden Arbeiter der politischen Landesbehörde bezeichnet. Hiebei ist auf eine entsprechende Vertretung der der Gewerbegenossenschaft nicht angehörenden Heimarbeiter Rücksicht zu nehmen.

§ 15.

Die Zahl der auf die einzelnen im § 13 angeführten sechs Gruppen entfallenden Mitglieder der Heimarbeitskommission muß mindestens drei betragen und darf sechs nicht übersteigen. Für jedes Mitglied ist ein Ersatzmann zu bestellen, welcher im Falle der Verhinderung des Mitgliedes, beziehungsweise seines Ausscheidens aus der Heimarbeitskommission (§ 19) an dessen Stelle zu treten hat.

§ 16.

Falls für eine der im § 13 unter 1 bis 6 angeführten Gruppen mehrere Handels- und Gewerbekammern, beziehungsweise Gewerbegenossenschaften in Betracht kommen, hat die politische Landesbehörde die Zahl der auf jede dieser Gruppen entfallenden Mitglieder und Ersatzmänner der Heimarbeitskommission auf die einzelnen Handels- und Gewerbekammern, beziehungsweise Gewerbegenossenschaften aufzuteilen. Hiebei ist auf die Zahl der von diesen Kammern und Genossenschaften vertretenen Unternehmer, Stückmeister, beziehungsweise Arbeiter nach Tunlichkeit Rücksicht zu nehmen.

§ 17.

Zu Vertretern der Unternehmer in der Heimarbeitskommission können nur solche Personen bestellt werden, die entweder einer der im § 13 unter 1, beziehungsweise 2 und 3 angeführten Gruppen angehören oder von diesen Unternehmern zu Diensten in leitender Stellung verwendet werden oder in einer der in Betracht kommenden Gewerbegenossenschaften (§ 14, Ziffer 2) eine der im § 119 d Gew. Odg. bezeichneten Funktionen bekleiden.

Zu Vertretern der Stückmeister können nur solche Personen bestellt werden, die entweder der im § 13 unter

4 angeführten Gruppe angehören oder von diesen Stückmeistern zu Diensten in leitender Stellung verwendet werden oder in einer der in Betracht kommenden Gewerbegenossenschaften (§ 14, Ziffer 2) eine der im § 119 d Gew. Odg. bezeichneten Funktionen bekleiden.

Zu Vertretern der Werkstattgehilfen der Stückmeister, beziehungsweise zu Vertretern der Heimarbeiter endlich können nur solche Personen bestellt werden, die entweder der im § 14 unter 5, beziehungsweise 6 angeführten Gruppe angehören oder in einer der in Betracht kommenden Gewerbegenossenschaften (§ 14, Ziffer 3) eine der im § 120, Absatz 1 Gew. Ordg. bezeichneten Funktionen bekleiden.

Von der Funktion als Mitglied oder Ersatzmann der Heimarbeitskommission sind Minderjährige sowie solche Personen ausgeschlossen, bei denen Umstände vorliegen, die sie gemäß § 118, Absatz 2 und 3 Gew. Odg. von der Wählbarkeit zu gewerbegenossenschaftlichen Funktionen ausschließen würden.

§ 18.

Der Vorsitzende der Heimarbeitskommission und ein Stellvertreter desselben sind von der politischen Landesbehörde zu ernennen.

Der Vorsitzende jeder der im § 13 erwähnten sechs Abteilungen der Heimarbeitskommission wird von dieser Abteilung mit absoluter Stimmenmehrheit gewählt. Kommt keine Wahl zustande, so wird der Vorsitzende von der politischen Landesbehörde aus den Mitgliedern dieser Abteilung ernannt.

Dem Vorsitzenden der Heimarbeitskommission, im Falle seiner Verhinderung dem Stellvertreter obliegt die

Konstituierung und jeweilige Einberufung der Abteilungen, die Vermittlung des Geschäftsverkehrs zwischen denselben, die Vertretung der Heimarbeitskommission nach außen, sowie der Vorsitz im Einigungsamt (§ 26 ff.). Ein Stimmrecht kommt ihm, beziehungsweise seinem Stellvertreter in keinem Falle zu.

§ 19.

Wenn ein Mitglied oder ein Ersatzmann der Heimarbeitskommission sein Mandat niederlegt, eine der im § 17, Absatz 1, beziehungsweise 2 und 3 angeführten Voraussetzungen für seine Bestellung nachträglich wegfällt oder in seiner Person nachträglich einer der im § 17, Absatz 4 erwähnten Ausschließungsgründe eintritt, kann die politische Landesbehörde die Wiederbesetzung des so erledigten Mandates im Wege des im § 14 vorgeschriebenen Verfahrens anordnen.

§ 20.

Die politische Landesbehörde hat die Namen der von den Handels- und Gewerbekammern, Genossenschaftsvorstehungen und Gehilfenausschüssen bezeichneten Mitglieder und Ersatzmänner der Heimarbeitskommission öffentlich kundzumachen.

Gegen die Rechtsgültigkeit der Bestellung einer oder mehrerer dieser Personen zu Funktionären der Heimarbeitskommission kann von seiten der der betreffenden Gruppe angehörenden Unternehmer, Stückmeister, Werkstattgehilfen und Heimarbeiter binnen 14 Tagen nach der Verlautbarung bei der politischen Landesbehörde Einspruch erhoben werden. Die politische Landesbehörde entscheidet endgültig.

§ 21.

Den Mitgliedern und Ersatzmännern der Heimarbeitskommission aus dem Kreise der Stückmeister, Werkstattgehilfen und Heimarbeiter gebührt nebst dem Ersatze ihrer Barauslagen eine Entschädigung, welche dem durch die Tätigkeit bei der Heimarbeitskommission erlittenen Verdienstentgange entspricht.

Die Festsetzung dieser Entschädigung erfolgt durch die politische Landesbehörde.

2. Festsetzung von Arbeitsbedingungen.

§ 22.

Die Heimarbeitskommission kann mit Rechtsverbindlichkeit für die ihr zugewiesenen Produktionszweige Mindestlöhne für die Werkstattgehilfen der Stückmeister und die Heimarbeiter, Mindestpreise für die von den Stückmeistern ihren Auftraggebern zu liefernden Waren und sonstige Arbeitsbedingungen festsetzen. Sie kann auch bestimmen, daß die von ihr beschlossenen Satzungen nur für einzelne Gebiete ihres Sprengels Anwendung zu finden haben.

§ 23.

Die im vorhergehenden Paragraphen erwähnten Satzungen können nur auf Grund übereinstimmender Beschlüsse der jeweils in Betracht kommenden Abteilungen der Heimarbeitskommission aufgestellt werden. Ein solcher Beschluß der Abteilung gilt nur dann als zustande gekommen, wenn sich mindestens zwei Drittel der der betreffenden Abteilung angehörenden Mitglieder der Heimarbeitskommission, beziehungsweise deren Ersatzmänner (§ 15) auf denselben geeinigt haben.

Das gleiche Verfahren hat dann Platz zu greifen, wenn Satzungen dieser Art, die für eine bestimmte Zeit aufgestellt wurden, vor Ablauf dieser Zeit aufgehoben werden sollen.

Ist hingegen die Gültigkeitsdauer der Satzungen zeitlich nicht beschränkt, so kann jede der in Betracht kommenden Abteilungen mit Zweidrittelmehrheit ihren Rücktritt von den beschlossenen Satzungen erklären.

§ 24.

Der Vorsitzende der Heimarbeitskommission hat die von dieser Kommission im Sinne des § 23, Absatz 1 und 2 gefaßten Beschlüsse der politischen Landesbehörde zur Genehmigung vorzulegen; den von einer Abteilung einseitig erklärten Rücktritt von den beschlossenen Satzungen (§ 23, Absatz 3) hat er dieser Behörde zur Kenntnis zu bringen.

Die genehmigten, beziehungsweise zur Kenntnis gebrachten Beschlüsse sind von der politischen Landesbehörde öffentlich kundzumachen und treten, sofern sie nicht selbst Bestimmungen über den Beginn ihrer Rechtswirksamkeit enthalten, einen Monat nach ihrer Verlautbarung in Kraft.

§ 25.

Wenn Arbeits- oder Lieferungsverträge Bestimmungen enthalten, die für die Arbeitnehmer (Stückmeister, Werkstattgehilfen der Stückmeister, Heimarbeiter) ungünstiger sind als die in den Satzungen der Heimarbeitskommission aufgestellten Bestimmungen, so sind die Arbeitnehmer, sofern sich diese Abweichungen nicht auf Kollektivverträge oder von den Gewerbegenossenschaften aufgestellte Satzungen stützen (§§ 42 und 44), berechtigt, von dem Arbeitgeber den Ersatz jenes Schadens zu begehren, der ihnen daraus erwachsen ist, daß die in den Satzungen der Heimarbeitskommission aufgestellten Bestimmungen nicht eingehalten wurden.

3. Einigungsämtliche Funktion.

§ 26.

Der Heimarbeitskommission obliegt es ferner, zwischen Unternehmern, Zwischenpersonen, Stückmeistern, Werkstattgehilfen der Stückmeister und Heimarbeitern, auf welche sich ihre Wirksamkeit zu erstrecken hat (§ 11), eine gütliche Verständigung über die Bedingungen der Fortsetzung oder Wiederaufnahme des Arbeitsverhältnisses anzubahnen.

Zu diesem Zwecke wird aus den in Betracht kommenden Abteilungen der Heimarbeitskommission ein Einigungsamt gebildet. Die Mitglieder dieser Abteilungen, beziehungsweise ihre Ersatzmänner sind zugleich Beisitzer des Einigungsamtes.

§ 27.

Die Verhandlung vor dem Einigungsamte ist einzuleiten, wenn seitens eines oder mehrerer der im § 26 genannten Arbeitgeber (Unternehmer, Zwischenpersonen, Stückmeister) oder seitens der von diesen Arbeitgebern beschäftigten Arbeitnehmer (Stückmeister, Werkstattgehilfen, Heimarbeiter) oder einer Gruppe dieser Arbeitnehmer das Ansuchen darum schriftlich oder mündlich beim Vorsitzenden der Heimarbeitskommission gestellt wird.

In dem Ansuchen ist der Anlaß desselben genau darzulegen und die einschreitende sowie die Gegenpartei deutlich zu bezeichnen.

Eine Verhandlung vor dem Einigungsamte ist auch dann einzuleiten, wenn die politische Landesbehörde oder der zuständige Gewerbeinspektor hiezu im Interesse der Verhinderung oder Beilegung eines Arbeitsausstandes oder einer Aussperrung auffordert.

§ 28.

Der Vorsitzende des Einigungsamtes hat nach allfälliger vorheriger Einvernehmung der Interessenten und etwaigen mit oder ohne Zuziehung von Beisitzern fruchtlos unternommenen Vergleichsversuchen eine Verhandlung anzuordnen und die Beisitzer sowie die beteiligten Parteien und den Gewerbeinspektor hievon rechtzeitig zu verständigen.

§ 29.

An der Verhandlung hat außer dem Vorsitzenden eine gleiche Anzahl Beisitzer aus dem Kreise der Arbeitgeber und jenem der Arbeitnehmer teilzunehmen. Sind in einer der in Betracht kommenden Abteilungen mehr Mitglieder vorhanden als in der anderen, so hat durch das Los eine entsprechende Verminderung der Zahl der Beisitzer aus der zuerst genannten Gruppe stattzufinden.

§ 30.

Jede der beiden beteiligten Parteien kann zu den Verhandlungen des Einigungsamtes persönlich, sei es in Begleitung von Vertrauenspersonen oder ohne solche, erscheinen oder sich überhaupt durch Vertrauenspersonen vertreten lassen.

Eine solche Stellvertretung ist jedoch nach Ermessen des Einigungsamtes dann erforderlich, wenn eine Partei aus einer größeren Anzahl von Personen besteht.

Das Einigungsamt hat über die zulässige Anzahl sowie über die Legitimation der erschienenen Vertrauenspersonen zur Stellvertretung erforderlichenfalls zu entscheiden.

§ 31.

Die Verhandlung vor dem Einigungsamte findet mit Ausschluß der Öffentlichkeit statt. Sie ist so lange fortzusetzen, bis eine Einigung zwischen den Parteien oder den dieselben vertretenden Vertrauenspersonen erzielt oder die Untunlichkeit einer Einigung festgestellt wird.

§ 32.

Sobald eine der Parteien oder die sie vertretenden Vertrauenspersonen sich weigern, an der Verhandlung teilzunehmen, oder derselben unentschuldigt fernbleiben, ist die Verhandlung abzubrechen.

§ 33.

Kommt eine Einigung zustande, so ist der Inhalt derselben durch eine vom Vorsitzenden, von sämtlichen Beisitzern des Einigungsamtes sowie von den Parteien oder den sie vertretenden Vertrauenspersonen zu unterzeichnende Bekanntmachung zu veröffentlichen.

§ 34.

Wird eine Einigung nicht erzielt, so hat das Einigungsamt in Abwesenheit der Parteien und Vertrauensmänner einen Schiedsspruch zu fällen, der sich jedoch nur auf die streitig gebliebenen Fragen zu erstrecken hat.

Zum Zustandekommen eines solchen Schiedsspruches genügt die einfache Stimmenmehrheit der anwesenden Beisitzer.

§ 35.

Der Schiedsspruch ist den Parteien mit der Aufforderung zu eröffnen, sich binnen einer zu bestimmenden Frist darüber zu erklären, ob sie sich dem Schiedsspruch unterwerfen.

Nach Ablauf dieser Frist hat der Vorsitzende der Heimarbeitskommission eine öffentliche Bekanntmachung zu erlassen, welche den gefällten Schiedsspruch, eine Mitteilung darüber, ob sich die Parteien dem Schiedsspruche unterworfen haben, sowie, wenn über einzelne Fragen eine Einigung erzielt wurde, auch den Inhalt dieser Einigung zu enthalten hat.

§ 36.

Ist weder eine Einigung noch ein Schiedsspruch zustande gekommen, so ist dies vom Vorsitzenden der Heimarbeitskommission öffentlich bekanntzumachen.

§ 37.

Die im Sprengel des Einigungsamtes gelegenen Gemeinden sind über Verlangen des Vorsitzenden der Heimarbeitskommission verpflichtet, die in den vorstehenden §§ 33, 35 und 36 bezeichneten Bekanntmachungen durch Anschlag oder in der für gemeindeämtliche Kundmachungen sonst üblichen Weise zu veröffentlichen.

§ 38.

Die Arbeitsbedingungen, welche in einer vor dem Einigungsamte zustande gekommenen Einigung oder in einem von demselben gefällten Schiedsspruche, dem sich die Parteien unterworfen haben (§ 35), festgesetzt sind, gelten für den Bereich jener Unternehmungen, welche an der Einigung oder Annahme des Schiedsspruches teilgenommen haben, insolange als vereinbart, als nicht eine der Parteien der anderen gegenüber durch eine deutliche Erklärung ihren Willen zu erkennen gegeben hat, daß zwischen ihnen hievon abweichende Arbeitsbedingungen in Wirksamkeit treten sollen. Eine derartige, zwischen einzelnen diesen Parteien angehörigen Personen abgegebene Erklärung hebt nur zwischen diesen die Wirksamkeit der gemäß den obenstehenden Bestimmungen als vereinbart geltenden Arbeitsbedingungen auf.

4. Erstattung von Gutachten und Anträgen in Angelegenheiten der Heimarbeit.

§ 39.

Die Heimarbeitskommission ist endlich berufen, in Angelegenheiten der Heimarbeit und der Handhabung dieses Gesetzes an die Behörden und Handels- und Gewerbekammern ihres Sprengels Gutachten abzugeben und Anträge zu stellen.

Die Erstattung dieser Gutachten und Anträge erfolgt getrennt durch die einzelnen in Betracht kommenden Abteilungen der Heimarbeitskommission.

5. Bestreitung der Kosten der Tätigkeit der Heimarbeitskommission.

§ 40.

Die Führung der Bureaugeschäfte sowie die Bestreitung der Kosten der Tätigkeit der Heimarbeitskommission obliegt jener Handels- und Gewerbekammer, in deren Bezirk sich der Sitz dieser Kommission befindet.

§ 41.

Der Vorsitzende der Heimarbeitskommission hat alljährlich nach Anhörung der Vorsitzenden sämtlicher Abteilungen der Kommission den Kostenvoranschlag für das folgende Kalenderjahr aufzustellen und bis spätestens Ende August der im § 40 erwähnten Handels- und Gewerbekammer zur Prüfung und Genehmigung vorzulegen.

Wenn die Handels- und Gewerbekammer die Genehmigung des Kostenvoranschlages verweigert, obliegt seine endgültige Prüfung und Genehmigung dem Handelsministerium.

VII. Kollektivverträge.

§ 42.

Wenn Arbeitgeber und Arbeitnehmer, auf welche sich die Wirksamkeit dieses Gesetzes erstreckt, Vereinigungen angehören, zwischen denen Vereinbarungen über die Entlohnung der Arbeiter, über die den Stückmeistern zu bezahlenden Preise u. dgl. m. getroffen worden sind (Kollektivverträge), gelten die Bestimmungen dieser Kollektivverträge vorbehaltlich entgegenstehender Abmachungen der Parteien als Bestandteile eines jeden Vertrages, der zwischen einzelnen dieser Personen über Leistungen der in diesem Gesetze bezeichneten Art abgeschlossen wird.

§ 43.

Beim Bestande eines Kollektivvertrages (§ 42) haben die Satzungen der Heimarbeitskommission auf die in Betracht kommenden Verhältnisse nur dann Anwendung zu finden, wenn die Parteien diese Verhältnisse in einer von den Bestimmungen des Kollektivvertrages abweichenden Weise regeln.

Wird während der Gültigkeitsdauer von Satzungen der Heimarbeitskommission ein Kollektivvertrag der im § 42 bezeichneten Art abgeschlossen, so verlieren diese Satzungen insoweit ihre Rechtsverbindlichkeit, als die in Betracht kommenden Verhältnisse von den Parteien im einzelnen Falle den Bestimmungen des Kollektivvertrages gemäß geregelt werden.

§ 44.

Die Vorschriften des § 43 haben sinngemäß auf das gegenseitige Verhältnis zwischen den Satzungen der Heimarbeitskommission und den im Sinne des § 114 b Gew. Odg. von Gewerbegenossenschaften aufgestellten Satzungen Anwendung zu finden.

VIII. Straf- und Schlußbestimmungen.

§ 45.

Übertretungen der in den Abschnitten II bis V dieses Gesetzes enthaltenen Vorschriften, sowie Übertretungen der von der Heimarbeitskommission gemäß § 22 aufgestellten Satzungen werden nach den Strafbestimmungen der Gewerbeordnung geahndet.

§ 46.

Soweit in einzelnen Fällen Arbeitnehmer zugleich als gewerbliche Hilfsarbeiter im Sinne der Gewerbeordnung zu betrachten sind, finden auf dieselben die Vorschriften dieses Gesetzes nur insofern Anwendung, als sie besondere weitergehende Bestimmungen enthalten.

§ 47.

Dieses Gesetz tritt ein Jahr nach seiner Kundmachung in Wirksamkeit.

§ 48.

Mit dem Vollzuge dieses Gesetzes ist Mein Handelsminister im Einvernehmen mit Meinen anderen beteiligten Ministern betraut.

---

3. Abschnitt des Anhangs.

Französische Regierungsvorlage eines Gesetzes zum Schutze der Heimarbeiter.

Avant-Projet de loi sur les comités de salaires,

présenté par M. le Ministre du Travail à la Commission permanente du Conseil supérieur du travail, le 10 janvier 1910.

Art. 1er. — Les Conseils du Travail créés en vertu de la loi du 17 juillet 1908 peuvent, par décret pris sur la proposition du Ministre du Travail, le Conseil d'État entendu, être constitués en comités de salaires et chargés des attributions définies par la présente loi.

Le décret constituant un Comité de salaires doit être précédé d'une enquête auprès des patrons et ouvriers de la profession dans la région. Cette enquête peut, le cas échéant, être poursuivie en même temps que la procédure d'institution du Conseil.

Art. 2. — Peuvent être constitués en Comités de salaires, mais seulement pour l'industrie et la région qu'ils représentent, les Conseils du Travail institués pour le moulinage et la filature de la soie, pour le tissage des étoffes, pour la confection de lingerie, broderie, vêtements, chapeaux, chaussures, fleurs artificielles. Toutefois, sauf pour le moulinage et la filature de la soie, et sauf les extensions d'attributions prévues à l'article suivant, les

Comités de salaires ne fonctionneront que pour le travail à domicile salarié.

Art. 3. — Les Conseils du Travail pourront être constitués en Comités de salaires pour les industries et travaux non spécifiés au précédent article, sur la demande de patrons et d'ouvriers d'une région, si l'enquête entreprise sur cette demande fait connaître qu'elle est approuvée par la majorité des patrons et par la majorité des ouvriers intéressés.

La création d'un Comité de salaires est de droit lorsqu'elle est demandée par les deux tiers des patrons et les deux tiers des ouvriers inscrits comme électeurs à un Conseil du Travail représentant une industrie déterminée.

Art. 4. — Peut être, dans les formes et conditions prévues à l'article 3, § 1er, reconnu comme Comité de salaires, tout comité ou commission mixte comprenant, en nombre égal, des représentants des patrons et des représentants des ouvriers d'une industrie déterminée et ayant fonctionné pendant une année au moins.

Art. 5. — Un décret peut mettre fin à la mission d'un Conseil du Travail en tant que Comité de salaires, ou supprimer les attributions officielles d'un Comité libre, reconnu en vertu du précédent article.

Le décret est rendu après avis de la Commission permanente du Conseil supérieur du Travail.

La suppression du Comité est de droit lorsqu'elle est demandée par la majorité des patrons et par la majorité des ouvriers inscrits comme électeurs au Conseil du Travail représentant l'industrie en cause dans la région.

Art. 6. — Les Comités de salaires ont pour mission de dresser des listes de salaires, à la journée ou aux pièces, des tarifs de façon concernant les professions et travaux visés par leur décret d'institution.

Seuls pourront être ainsi visés, parmi les travaux et professions de l'industrie représentée, ceux dont la rémunération est en général inférieure au salaire ordinaire des ouvriers et ouvrières non spécialistes, journaliers ou manœuvres dans la région.

Art. 7. — Les listes de salaires ou tarifs de façon sont arrêtés en séance plénière du Comité, par les deux tiers des membres patrons et les deux tiers des membres ouvriers.

Si ce quorum n'est pas atteint, le Comité est appelé à délibérer à nouveau sur l'affaire dans un délai de dix jours.

Il sera, à défaut d'accord, recouru à un arbitrage dans les formes prévues par les articles 7 et 8 de la loi du 27 décembre 1892 pour le recours à l'arbitrage dans les différends d'ordre collectif entre patrons et ouvriers.

Les décisions prises par les Comités et les arbitres ne peuvent être attaquées que pour vice de forme ou violation de la loi.

Art. 8. — Pour déterminer les salaires, les Comités de salaires pourront se faire communiquer toutes feuilles et registres de paye, tarifs, bordereaux, règlements de travail en usage dans la région ou la profession et faire appel au concours d'experts techniques.

Art. 9. — Les décisions prises par les Comités de salaires ne sont applicables que lorsqu'elles ont été portées à la connaissances des intéressés par voie d'affiches apposées à la mairie des localités visées, dans l'emplacement réservé aux communications administratives.

Lorsqu'une décision d'un Comité ne comportera pas de clause fixant la durée d'application des salaires prévus, ces salaires seront applicables jusqu'au moment où la décision aura été revisée par une décision nouvelle, sans que la durée de validité puisse excéder trois années.

La revision de toute décision est de droit lorsqu'elle est demandée par la majorité des patrons et la majorité des ouvriers électeurs au Conseil.

Art. 10. — Dans tout établissement industriel où s'exerce une profession pour laquelle un Comité a fixé des salaires, le chef d'établissement est tenu de faire afficher, en un lieu accessible aux regards, les tarifs de salaires pratiqués dans l'établissement. L'affiche indiquera que ces tarifs ont été fixés conformément à la décision du Comité.

Dans tout établissement pour le compte duquel des travaux sont exécutés par des travailleurs en dehors de l'établissement, l'affiche visée ci-dessus devra être apposée dans les locaux où s'effectuent la remise des matières premières aux ouvriers et la réception des marchandises rapportées par les ouvriers après exécution du travail.

Art. 11. — Les conditions du travail arrêtées conformément à la décision d'un Comité et ainsi portées à la connaissance des ouvriers seront obligatoirement applicables à titre de minimum dans l'établissement visé.

Art. 12. — Les contestations qui s'élèvent au sujet de l'application des tarifs fixés par une décision d'un Comité de salaires sont de la compétence des Conseils de prud'hommes.

Art. 13. — Les chefs d'industrie, directeurs, gérants ou préposés qui auront contrevenu aux dispositions de l'article 10 de la présente loi seront poursuivis devant le tribunal de simple police et passibles d'une amende de 1 à 15 francs.

L'amende sera appliquée autant de fois qu'il y aura de locaux où l'affichage prévu par ledit article 10 n'aura pas été effectué.

Art. 14. — Les inspecteurs du travail, concurremment avec les officiers de police judiciaire, sont chargés, dans les conditions déterminées par les articles 17, 20 et 29 de la loi du 2 novembre 1892 sur le travail des femmes et des enfants, d'assurer l'exécution de l'article 10 de la présente loi.

Art. 15. — Un règlement d'administration publique déterminera les mesures d'organisation et d'exécution nécessaires pour assurer la constitution et le fonctionnement des Comités prévus par la présente loi et notamment la procédure d'enquête en vue de la constitution des Comités et les formes dans lesquelles les décisions peuvent être attaquées ou faire l'objet de demandes en revision.

---

4. Abschnitt des Anhangs.

Der Inhalt der wichtigsten Bestimmungen des obigen Gesetzes, das vom Arbeitsminister am 10. Januar 1910 der Permanenzkommission des Arbeitsbeirates unterbreitet wurde, ist folgender:

Art. 1. — Die Arbeitskammern, die auf Grund des Gesetzes vom 17. Juli 1908 geschaffen wurden, können durch eine auf Antrag des Arbeitsministers nach Begutachtung durch den Staatsrat erfließende Regierungsverordnung als Lohnämter konstituiert und mit den in vorliegendem Gesetz umschriebenen Befugnissen ausgestattet werden.

Eine Rundfrage bei den Arbeitgebern und Arbeitern des in Frage stehenden Gewerbes soll die Ersprießlichkeit eines solchen Dekretes für den Bezirk vor seiner Erlassung erhärten.

Art. 2. — Als Lohnämter können für die betreffende Industrie und Landschaft die Arbeitskammern der Seidenspinnerei, Stoffweberei, Wäsche-, Stickerei-, Kleider-, Hüte-, Schuh- und Kunstblumenkonfektion konstituiert werden. Jedoch gelten diese Lohnämter außer bei der Seidenspinnerei und in den im folgenden Artikel vorgesehenen Ausnahmefällen, ausschließlich für die Heimarbeiter.

Art. 3. — Weitere Lohnämter können auf Wunsch von Unternehmern und Arbeitern einer Branche eingesetzt werden, wenn eine diesbezügliche Enquete eine Zweidrittelmajorität der interessierten Arbeitgeber und -nehmer zugunsten des Lohnamtes feststellt.

Art. 5. — Durch Regierungsbeschluß kann die Tätigkeit einer Arbeitskammer als Lohnamt aufgehoben werden.

Dies Dekret setzt ein Gutachten der Permanenzkommission des Arbeitsbeirates voraus.

Die Aufhebung einer Lohnkommission erfolgt ohne weiteres, wenn sie von der Mehrheit der Unternehmer und Arbeiter, die bei der betreffenden Arbeitskammer als Wähler eingeschrieben sind, verlangt wird.

Art. 6. — Die Lohnämter haben die Aufgabe, für die ihnen zufallenden Gewerbe und Arbeiten Zeit- und Stücklohnlisten anzulegen. In Betracht kommen hierbei nur jene Arbeits- und Gewerbezweige der betreffenden Industrie, die in ihren Löhnen hinter der Durchschnittslöhnung der ungelernten Arbeiter, Taglöhner und Handlanger des Gebietes zurückbleiben.

Art. 7. — Die Lohnlisten werden in der Plenarsitzung des Lohnamtes durch zwei Drittel-mehrheit der Unternehmer wie auch der Arbeiterdelegierten festgelegt.

Wenn dies Stimmenverhältnis nicht erreicht werden kann, hat das Lohnamt im Verlauf von 10 Tagen seine Verhandlung neu zu pflegen.

Im Falle der Uneinigkeit wird ein Schiedsamt angerufen, wie es in den Artikeln 7 und 8 des Gesetzes vom 27. Dezember 1892 über Interessenkonflikte zwischen der Unternehmer- und Arbeiterschaft vorgesehen ist.

Die Entscheidungen der Lohnämter wie der Schiedsgerichte können nur in Bezug auf Formfehler oder aber Gesetzes-Verletzung, nicht aus materiellen Gründen, angefochten werden.

Art. 8. — Zwecks Festsetzung der Minimallöhne können die Lohnämter sich alle Dokumente der Geschäftsführung der in Frage stehenden Industrien vorlegen lassen, wie auch die fachmännische Beratung sachverständiger Techniker heranziehen.

Art. 9. — Die Entscheidungen der Lohnämter treten erst in Kraft, wenn sie durch Anschlag am Gemeindeamt allen Interessenten zur Kenntnis gebracht wurden.

Die Entscheidungen der Lohnämter bleiben in Kraft, bis sie durch eine neue Entscheidung umgestoßen werden, längstens jedoch 3 Jahre.

Art. 10. — Die von den Lohnämtern festgesetzten Tarife müssen als solche in deutlich sichtbarer Weise an der Arbeitsstelle angeschlagen werden, resp. für Heimarbeiter in den Lokalitäten der Arbeitsübernahme und -übergabe.

Art. 11. — Die von den Lohnämtern festgesetzten und derart kundgemachten Bedingungen gelten als bindende Minimallöhne für das betreffende Unternehmen.

Art. 12. — Etwaige Streitigkeiten über die Anwendung der von einem Lohnamt festgesetzten Bedingungen unterliegen der Behandlung des Gewerbegerichts.

Art. 13. — Fabrikbesitzer, Direktoren, Geschäftsführer oder Aufseher, die Artikel 10 vorliegenden Gesetzes zuwiderhandeln, werden polizeilich belangt und zu 1 bis 15 Frs. Geldstrafe verurteilt und dies, so oft die von Art. 10 vorgeschriebene Affische am entsprechenden Orte fehlt.

Art. 14. — Die Fabriksinspektoren wie auch die Polizeibeamten haben im Sinne der Artikel 17, 20 und 29 des Gesetzes über Frauen- und Kinderarbeit vom 2. Nov. 1892 die Einhaltung von Artikel 10 vorliegenden Gesetzes zu überwachen.

Art. 15. — Alle näheren Details der Ausführung vorliegenden Gesetzes werden durch Regierungsverordnung festgesetzt.

---

5. Abschnitt des Anhangs.

Gegenentwurf der Mehrheit des Arbeitsbeirats.

Proposition

Relative à la détermination d'un minimum de salaire pour les ouvrières de l'industrie du vêtement travaillant à domieile,

présentée le 27 juin 1910 à la Commission permanente du Conseil supérieur du travail par M. Honoré et adoptée dans la séance du 4 juillet 1910.

Art. 1er. — Les femmes travaillant à domicile pour la confection de la lingerie, de la broderie à la main, des vêtements, chapeaux, chaussures, fleurs artificielles et tous autres travaux salariés rentrant dans l'industrie du vêtement, ne peuvent recevoir une rémunération inférieure au salaire ordinaire des ouvrières non spécialistes dans la région.

Art. 2. — Les prix de façon des travaux à domicile, fixés par tout entrepreneur de ce genre de travaux, doivent être mentionnés sur un bulletin à souche ou un carnet remis à l'ouvrière, à moins qu'ils ne soient portés sur un tarif affiché en permanence dans les locaux où s'effectuent la remise des matières premières aux ouvrières et la réception des marchandises après exécution du travail.

Art. 3. — Le Conseil des prud'hommes est compétent pour juger toutes les contestations qui naîtront au sujet de la présente loi.

Art. 4. — Et à cet effet les travaux faits à domicile étant généralement tarifés à la pièce et non au temps, les prud'hommes pourront faire des enquêtes, avec ou sans expertise, en appelant les entrepreneurs et les ouvrières à déposer devant eux dans les conditions où ils siègent d'ordinaire, en vue d'établir l'équivalence entre le prix du travail à la pièce et le prix du travail au temps.

Art. 5. — La différence constatée en moins entre le salaire des ouvrières non spécialistes et le salaire payé à une ouvrière d'habilité moyenne d'après le tarif de l'entrepreneur, devra être versée par celui-ci à l'ouvrière insuffisamment rétribuée nonobstant toute convention contraire.

Art. 6. — Tout employeur contrevenant aux dispositions de l'art. 2 pourra être poursuivi devant le tribunal de simple police et passible d'une amende de 1 à 15 francs par chaque contravention.

Art. 7. — Les réclamations des ouvrières ne seront recevables qu'autant qu'elles se seront produites au plus tard huit jours après le payement de leur salaire.

---

6. Abschnitt des Anhangs.

Der Inhalt der wichtigsten Bestimmungen des obigen Entwurfes, der vom Arbeitsbeirat über Antrag seines Berichterstatters Honoré am 4. Juli 1910 angenommen, dem Regierungsentwurf gegenübergestellt wurde, ist folgender:

Art. 1. — Weibliche Heimarbeiter für Wäschekonfektion, Handstickerei, Kleider-, Hüte-, Schuh- und Kunstblumenerzeugung sowie alle anderen Arbeiten im Kleiderfache dürfen nicht geringer entlohnt werden, als die ungelernten Fabrikarbeiterinnen der Gegend.

Art. 2. — Die Macherlöhne für Heimarbeit müssen in Handbücher eingeschrieben, den Arbeiterinnen übergeben oder aber groß in den Räumlichkeiten, wo Übernahme und Übergabe der Arbeit erfolgen, angeschlagen werden.

Art. 3. — Alle Streitigkeiten, die sich bei Anwendung vorliegenden Gesetzes ergeben könnten, unterstehen der Schlichtung durch das Gewerbegericht.

Art. 4. — Zu diesem Zwecke kann das Gewerbegericht bei Unternehmern und Arbeiterinnen wie auch sonst Sachverständigen Auskünfte einholen und Enqueten veranstalten, um auf Grund des ortsüblichen Taglohnes einen richtigen Maßstab für die Ansetzung der Stücklöhne zu gewinnen.

Wann immer ein Unternehmer einer Heimarbeiterin mittlerer Geschicklichkeit einen geringern Stücklohn bezahlt, als dem ortsüblichen Taglohn entspräche, hat er diese Differenz ungeachtet aller entgegenstehenden Vereinbarungen der Heimarbeiterin zu vergüten.

Art. 6. — Jeder Arbeitgeber, welcher gegen Artikel 2 verstößt, kann polizeilich belangt und für jede Gesetzesübertretung zu je 1 bis 15 frs. Geldbuße verurteilt werden.

Art. 7. — Lohnreklamationen der Arbeiterinnen kann nur spätestens 8 Tage nach erfolgter Entlohnung stattgegeben werden.[1])

7. Abschnitt des Anhangs.

Offizielle Zusammenfassung des englischen Gesetzes, das am 1. Januar 1909 in Kraft getreten und Einführung von Lohnämtern zum Zwecke gesetzlicher Festlegung von Minimallöhnen vorsieht.

Trade Boards Act, 1909.

Summary of Principal Provisions.

This Act applies to the following Trades: —

(1) Ready-made and wholesale bespoke tailoring.
(2) Paper Box-making.
(3) Machine-made Lace and Net finishing and mending or darning operations of lace curtain finishing.
(4) Certain kinds of Chain-making.

The Act may be extended to other trades by Provisional Order (I.).

The Board of Trade shall, if practicable, establish a Trade Board for each trade (or any branch of the trade) and make regulations as to its constitution (II. 1).

---

[1]) Diese Vorschläge sind, wie im 3. Kapitel des Textes erwähnt, in ihren wesentlichen Bestimmungen in die definitive Regierungsvorlage, die am 7. November 1911 dem Parlamente unterbreitet wurde, herübergenommen. Siehe, was die Verbesserung des 5. Artikels anlangt, die Ausführungen im genannten Textkapitel. —

Trade Boards *shall* fix minimum time-rates of wages, and *may* also, if they think fit, fix general minimum piece-rates (IV. 1). They must give three months' notice of the rates which they propose to fix, and hear objections thereto (IV. 2). These become obligatory after six months unless the Board of Trade makes an order of suspension (V).

A Trade Board shall, on application by any employer, fix a special minimum piece-rate for his workers where the general minimum piece-rate does not apply but only the minimum time-rate is in force (IV. 5).

The effect of the above provisions as to rates is that the employer is still left to decide, as at present, whether he shall pay by time or piece. If he decides to pay by piece he must pay the minimum piece-rates if they apply (VI. and VIII., *a*), but where they have not been fixed he will be deemed to pay wages less than the minimum rate unless he shows that the piece-rate of wages paid would yield, in the circumstances of the case, to an ordinary worker at least the same amount of money as the minimum time-rate (VIII. *b*.)

Note that the employer is *not* bound to pay *every* worker a piece-rate which will yield *her* a minimum time-rate, but only a piece-rate which will yield an ordinary worker the minimum time-rate. In doubtful cases the Trade Board will have to enquire what other workers doing similar work are earning.

The penalty for not paying the minimum rate is a fine not exceeding £ 20 for each offence. The Court may at the same time order that the employer shall pay the worker any amount which he has been underpaid. It lies on the employer to prove that he has not paid less than the minimum (VI. 4).

The Trade Board may issue a permit to a time-worker to work at less than the minimum rate where such person is affected by any infirmity or physical injury, if they are of opinion that the case cannot suitably be met by employing the worker on piece-work (VI. 3).

Members of Trade Boards.

Representative Members. — Trade Boards shall consist of members representing employers, and members representing workers, in equal proportions and, of the appointed members (XI. 1). Women shall be eligible as well as men (XI. 2). The representative members shall be elected or nominated, or partly elected or partly nominated, as may be provided by the regulations (XI. 3).

Home Workers. — These are to be represented on the Trade Boards (XI. 3).

Members Appointed by the Board of Trade. — The number of these shall be less than half the total number of representative members. Where women are largely employed one of the appointed members shall be a woman (XIII. 2).

The Chairman shall be such one of the members of the Trade Board as the Board of Trade may appoint (XI. 4).

District Trade Committee.

A Trade Board *may* establish district Trade Committees, consisting partly of members of the Trade Board and partly of persons not being members of the Trade

Board, but representing employers or workers engaged in the trade (XII. 1).

At least one appointed member shall act on each D.T.C.-Employers and workers shall be equally represented. Home workers are to be represented (XII. 2). It shall act for such area as the Trade Board may determine (XII. 1).

A Trade Board may delegate to a D. T. C. any of their powers except the fixing of minimum time-rate or *general* minimum piece-rate (XII. 3).

A D. T. C., if formed, must recommend to the Trade Board minimum time-rates, and, so far as they think fit, general minimum piece-rate for its own area (XII. 4).

Officers.

Officers shall have power to require the production of records of wages, lists of out workers and particulars. Fine for not complying with this section not exceeding £ 5 (XV.). Fine for supplying false records not exceeding £ 20, or not more than three months' hard labour (XV.).

Expenses.

Expenses of members of Trade Boards and D. T. C.'s incurred by them in the performance of their duties may be paid up to an amount sanctioned by the Treasury (XXI. 3).

Minor Provisions.

Where a trade is carried on to any substantial extent in Ireland there is to be a separate Trade Board for Ireland (II. 1).

Limited Operation Period. — Until the minimum rate becomes obligatory it shall only apply —

(*a*) In the *absence* of a written agreement to the contrary between employer and employed [1]; or

(*b*) If the employer gives written notice to the Trade Board that he is willing to be bound.

No contract shall be given by any Government Department or Local Authority to any employer who has *not* given notice as in (*b*). (VII).

Proceedings. — The Board of Trade may make regulations with respect to the proceedings and meetings of Trade Boards, including the method of voting, but, subject to any regulations so made, Trade Boards may regulate their proceedings in such manner as they think fit (XI. 7).

There are a large number of further provisions with regard to which reference should be made to the Act and to regulations for each trade, when issued.

---

8. Abschnitt des Anhangs.

Der Inhalt der wichtigsten Bestimmungen des englischen Gesetzes über Einrichtung von Lohnämtern — 1909 in Kraft getreten — ist folgender (nach der obigen zusammenfassenden Darstellung des Arbeitsamtes):

Dieses Gesetz findet für vier Gewerbe: Schneiderei, Papierschachtel-, Spitzen- und Kettchenerzeugung Anwendung und kann durch Regierungsverordnung

[1] In this case the worker cän récovor the wages paid short, but the employer cannot be fined.

auf weitere Industriezweige ausgedehnt werden. Das Arbeitsamt ist berufen, Lohnämter für jedes dieser Gewerbe einzusetzen und Durchführungsverordnungen für deren Konstituierung zu erlassen.

Aufgabe dieser Lohnämter ist es, Minimallöhne für Zeitarbeit und gegebenenfalls für Akkordarbeit festzulegen. Die Entscheidungen der Lohnämter werden drei Monate nach Erlaß derselben rechtsgültig, sofern nicht geschriebene Vereinbarungen zwischen Arbeitgebern und Arbeitern ihnen entgegenstehen [1]).

6 Monate nachher werden die Verordnungen, sofern das Arbeitsamt kein Veto einlegt, auch nach dieser Richtung hin obligatorisch.

Die Lohnämter sind verpflichtet, in Gewerben, in denen nur Minimallöhne für Zeitarbeit festgelegt sind, über Wunsch eines Arbeitgebers einen speziellen Minimallohn für Akkordarbeit in seinem Betriebe zu definieren [2]).

Ein Arbeitgeber, der den festgelegten Minimallohn nicht bezahlt, ist anläßlich jeder Verfehlung in eine Geldstrafe bis zu 400 Mark zu nehmen. Auch muß er dem Arbeiter die rückgehaltenen Beträge ausfolgen. Die Beweislast bezüglich der Frage, ob der Unternehmer den Minimallohn bezahlt hat oder nicht, obliegt dem letzteren.

---

[1]) Diese wichtige Bestimmung ist in der englischen Zusammenfassung am Schluß angegeben; doch scheint sie mir hierher zu gehören.

[2]) Die hier folgenden Detailbestimmungen des englischen Originals sind minder wichtig und blieben sie in der deutschen Zusammenfassung weg.

Die Lohnämter sind berechtigt, kranken oder verkrüppelten Personen Erlaubnisscheine für Arbeit zu niedrigeren als den Minimallöhnen auszufolgen, sofern sich die Schwierigkeit durch Beschäftigung des Arbeiters im Akkord nicht automatisch regeln läßt.

Zusammensetzung der Lohnämter.

Das Lohnamt soll aus einer gleichen Anzahl von Delegierten der Arbeitgeber und Arbeitnehmer zusammengesetzt sein; ferner aus einer Reihe von Mitgliedern, die die Regierung ernennt. Die Frauen besitzen das aktive und passive Wahlrecht zu den Lohnämtern. Die Ausführungsverordnungen bestimmen, ob die Delegierten der Arbeitgeber und Arbeitnehmer von denselben zu wählen oder von der Regierung aus ihrer Mitte zu ernennen sind.

Die Heimarbeiter haben ein Recht auf gesonderte Delegierte und in allen Gewerben, in denen eine große Anzahl von Frauen beschäftigt sind, soll mindestens ein Delegierter weiblichen Geschlechts sein. Die Zahl der außerhalb der Interessentengruppen ernannten Mitglieder soll weniger als die Hälfte der Gesamtzahl der Interessentenvertreter betragen. Der Präsident wird vom Lohnamt selbst gewählt.

Provinzialkomites.

Jedes Lohnamt ist berechtigt, für bestimmte Bezirke oder Provinzen eigene Subkomitees einzusetzen, zum Teil aus seinen Mitgliedern, zum Teil aus dritten Personen bestehend. Diese Provinzialkomitees können vom Lohnamt ausgedehnte Vollmachten empfangen, speziell für Definition von *Stücklöhnen für Einzelbetriebe*, auf Grund der vom Lohnamt selbst für das ganze Land festgelegten Minimallöhne für Zeitarbeit. Solche Festlegung von *allgemeinen* Minimallöhnen für Zeit- oder Lohnarbeit bleibt ausschließlich dem Lohnamt vorbehalten. Das Lohnamt kann jedoch *Vorschläge der Provinzialkomitees* für Spezialbestimmungen in deren Bereich in Beratung ziehen.

Weitere Bestimmungen.

Beauftragte des Lohnamtes sind berechtigt, sich Lohnlisten und Listen der Heimarbeiter und alle anderen Details, die zur Kontrolle notwendig sind, vorlegen zu lassen. Auf Betrugsversuche sind Geldstrafen bis zu 400 M. und Kerkerstrafen bis zu drei Monaten gesetzt. Die Auslagen der Lohnamtsbeisitzer können unter Kontrolle des Schatzamtes aus öffentlichen Mitteln bestritten werden.

Innerhalb jener sechs Monate, für die die Entscheidungen des Lohnamtes noch nicht obligatorisch sind, sollen doch solche Arbeitgeber, die sich den Entscheidungen nicht freiwillig anbequemen, von allen Staats- und Gemeindelieferungen ausgeschlossen werden.

Die Geschäftsordnung der Lohnämter wird vom Arbeitsamte (im Handelsministerium) bestimmt.

9. Abschnitt des Anhangs.

Hauptbestimmungen des Staatsgesetzes von Victoria (Australien), betreffend Arbeiterschutz und Festlegung von Minimallöhnen durch Lohnämter, eingeführt 1896, die Punkte 33—38 eingefügt durch eine Novelle des Jahres 1903[1]).

Provisions Relating to Factories.

1. The Acts apply only to cities, towns, and boroughs; they may be extended to shires by the Governor in Council.

2. Factories and work-rooms must be registered. Fees ranging from 2 s. 6 d. to £ 3 3 s. are charged for registration.

3. A factory or work-room is any place where goods are prepared for trade or sale, and in which—

(a) Four or more persons are working;
(b) Steam, water, gas, or electric power is used;
(c) One or more Chinese are working;
(d) Furniture is made, or bread or pastry is baked for sale.

4. Nothing in the Acts applies to creameries, butter or cheese, or concentrated or condensed milk factories, or to dairying or agricultural operations outside the Metropolitan district.

5. Factories and work-rooms must be approved by the local municipal council or the Chief Inspector before being registered. Regulations are made by the Board of Public Health for the guidance of the councils and the Chief Inspector in granting such approval.

6. Inspectors of Factories have power to enter and inspect factories and to question employés either alone or in the presence of the employer or his agent.

7. Occupiers of factories who give out work must keep a record of same in prescribed forms.

---

[1]) Aus dem offiziellen Bericht der Victorianischen Fabrikinspektion über das Jahr 1903, erstattet 1904, Report of the Chief Inspector of Factories, Work-Rooms and Shops, 1904. Robt. S. Brain, Government printer, Melbourne.

8. The Chief Inspector must prepare an Annual Report, and occupiers of factories must furnish statistics for that purpose.

9. Persons preparing articles of clothing or wearing apparel for sale outside factories must register their names and addresses with the Chief Inspector.

10. Special Boards may be appointed to fix wages and piece-work rates for persons employed either inside or outside factories in making clothing or wearing apparel or furniture, or in bread-making or baking, or in the process, trade, or business of a butcher or seller of meat or maker of small goods.

11. Special Boards may be appointed for any process, trade or business usually or frequently carried on in a factory or work-room, provided a resolution has been passed by *both* Houses declaring it expedient to appoint such a Board.

12. Special provision was made regarding the appointment of a new Fellmongers Board.

13. Special Boards may consist of not less than four or more than ten members and a chairman.

14. The Minister may nominate representatives of employers and employés. Unless one-fifth of the employers or employés affected object to such nominations within twenty-one days, such representatives may be appointed members of the Special Board.

15. If objection be taken to the nominations made by the Minister, the representatives are to be elected by the employers or the employés, as the case may be, engaged in the trade.

16. The members of a Board may elect a chairman (not being one of such members); if they do not elect a chairman, the Governor in Council may appoint one.

17. In the case of the furniture trade, the Board is appointed by the Governor in Council without election. *Note.*—This was provided to prevent the Chinese in the trade electing the Board.

18. A member of a Board is appointed for three years.

19. The Governor in Council may fill vacancies in a Board without election.

20. A majority of a Board may exercise all the powers of a Board.

21. A Board may fix either wages rates or piece-work rates or both.

22. A Board must also fix the hours for which the rate of wage is fixed, and the rate of pay for overtime.

23. In fixing wages, a Board may take into consideration the nature, kind, and class of the work, and the mode and manner in which the work is to be done, and the age and sex of the workers, and any matter which may be prescribed by regulation.

24. A Board may fix the proportion of improvers to be employed in any process, trade, or business, and the wages to be paid to same. In fixing such wages the Board may consider age, sex, and experience.

25. The Determination of a Special Board applies to every city, and town, and may be extended by the Governor in Council to any borough and to any shire or part of a shire situated within 10 miles of a city or town.

26. A Board, instead of fixing piece-work rates, may give manufacturers the right to fix piece-work rates based on the minimum wage.

27. The Chief Inspector may grant a licence to any aged, infirm, *or slow* worker to work at less than the minimum wage fixed by a Board.

28. The Governor in Council may suspend a Determination tor six months, and the Board must then receive and examine evidence as to such Determination, and may amend same.

29. The validity of a Determination can only be questioned before the Supreme Court.

30. Regulations may be made fixing the rates of payment to members of Special Boards.

Note. — The regulations in force provide £ 1 for a full day for the chairman, and 10 s. for other members, and half rates for half days. A travelling allowance of 10 s. per day is paid to members residing more than 40 miles from Melbourne. Railway fare is also repaid.

31. Employés must not be paid any part of a wage (fixed by a Special Board) in goods.

32. An employé may sue for his wages (if fixed by a Special Board); any agreement to the contrary notwithstanding.

33. *Court of Industrial Appeal Established. The Court to consist of a Judge of the Supreme Court.*

34. *The rates fixed by Court in trades brought under a Special Board after 30th October, 1903, are not to exceed the average prices or rates paid by reputable employers.*

35. *Employers or employés may appeal to Court against a Determination made by a Board. The Minister may refer any Determination to the Court.*

36. *The Court has all the powers of a Special Board, and also the powers of a Board or Commission under the Evidence Act as regards witnesses and sending for books and documents.*

37. *The Court to be assisted by two Assessors with advice only.*

38. *The Assessors to be elected by representatives of employers and employés respectively on the Special Board, the Determination of which is the subject of appeal.*

39. Any person employed in a factory must be paid at least 2 s. 6 d. per week.

40. No premium or bonus can directly or indirectly be charged for engaging or employing any female apprentice or improver in making articles of clothing or wearing apparel.

41. Every factory must be kept in a cleanly state, and be provided with proper ventilation and sufficient air space.

42. Provision is made for the compulsory lime-washing or painting factories and work-rooms.

43. No person under 16 years of age, and no woman or girl can be employed for more than 48 hours in a factory or work-room, provided that on not more than ten days in a year, and on not more than one day in any week, overtime to the extent of three hous may be worked, subject to payment for overtime at *pro rata* rates and 6 d. tea money. Notice of having worked the overtime must be given to the Chief Inspector, and the reasons for working must also be stated.

44. The Minister may also grant overtime not exceeding two months to any manufacturer if satisfied that the exigencies of trade require that overtime shall be worked.

The suspension is granted subject to following conditions, amongst others:

That 6 d. tea money be paid each evening overtime is worked.

That employés are not compelled to work without their consent.

That no employé receiving less than 8 s. per week is worked more than 48 hours, and that overtime at the rate of time and a half is paid.

45. Chinese and European furniture manufacturers must not work before 7.30 a.m., or after 5 p.m., or after 2 p.m on Saturdays. All other factories in which Chinese are employed are subject to the same regulation.

46. No person under 13 years of age can be employed in a factory or workroom.

47. Boys and girls under 16 years of age must have medical certificates in certain classes of factories.

48. No boy under 14 and no girl under 16 can work in a factory after 6 p.m., or before a.m.

49. Persons in charge of steam-engines and of boilers used to operate a steam-engine must hold certificates from the Board of Examiners appointed under the Mines Act.

50. Dangerous machinery must be securely protected where possible, so that employés may not be injured.

51. Occupiers of factories may appeal to arbitration if they disagree with the Inspector of Factories' orders as regards the guards to be provided.

52. Accidents causing loss of life and other serious accidents (defined by the Act) which occur in factories must be reported to the Inspector of Factories.

53. With the view to prevention of such accidents the Minister may order an inquiry by an expert into the cause of any accident.

54. All furniture, whether imported or manufactured must be stamped.

55. Furniture manufactured in Victoria must be stamped with the maker's name and address, and such stamp must indicate whether the furniture was made by European or Chinese labour.

Shops Provisions.

65. All shops, except Fourth Schedule shops, viz., chemists' shops, coffeehouses, confectioners' shops, eating houses, fish and oyster shops, fruit and vegetable shops, restaurants, tobacconists' shops, and booksellers and news agents' shops, must be closed at 7 p.m. ordinary nights and ten p.m on Saturdays. If a shop be closed for the whole of a public holiday it may be kept open till ten p.m. the preceding night.

57. If a majority of the shop-keepers of any class in any municipal district desire to keep their shops open after seven p.m. they can petition the Governor in Council to make a regulation for any hour they please, or they can petition in favour of closing before seven p.m. A majority of the shop-keepers of any class or all classes (other than Fourth Schedule) can also petition the Governor in Council to fix a day for the closing of all shops or any class of shops for a half-holiday from one p.m. on any specified day in the week. A majority of the shop-keepers in the metropolitan district or any two or more contiguous municipal districts may unite for similar purposes.

58. A shop-keeper who closes for the whole of a public holiday need not close for the usual weekly half-holiday.

59. Milk cannot be delivered after twelve o'clock noon on Sundays.

60. By regulation the hours of work of women, girls and of males under sixteen years of age in Fourth Schedule shops are limited to 60 per week, and a half-holiday must be given from two o'clock on some week day. The regulation also applies to billiard-markers, waiters, and waitresses.

61. Every employé in a shop (except Fourth Schedule shops in cities, towns, and boroughs) must be given a half-holiday from one p.m. on some week day. By special enactment this provision applies to the whole State.

62. Persons employed in delivering meat or milk must be given a half-holiday from one p.m. on some week day.

63. Persons employed in delivering bread must be given a whole holiday on the third Wednesday in every month.

64. In the metropolitan district no person employed in or in connexion with a shop (except porters or watchmen or persons employed in Fourth Schedule shops) can be employed for more than 52 hours in a week.

65. The Chief Inspector may allow persons employed in shops to be worked overtime on not more than 40 days in a year.

66. The working hours of carters and carriers employed in the metropolitan district in carrying goods to or from a factory, work-room, or shop are limited to 60 per week, and they must be given a holiday on some week day either for the whole morning till two o'clock in the afternoon or from two o'clock in the afternoon for the rest of the day.

67. Suitable sitting accommodation must be provided in all shops, and employés must be allowed to make use of same at all reasonable times during the day.

68. Penalties are provided for offences against the Acts, and the onus of proof of compliance with the law is in a few cases on the defendant.

---

10. Abschnitt des Anhangs.

Wesentlicher Inhalt des Vorstehenden (Gesetz vom Jahre 1896 — abgeändert 1903 — über die Einsetzung von Lohnämtern zwecks Fixierung von Minimallöhnen im australischen Staat Victoria und andere Arbeiterschutzbestimmungen) [1].

1. Das Gesetz gilt zunächst nur für städtische Bezirke; kann jedoch durch Regierungsverordnung auch auf ländliche Bezirke ausgedehnt werden.

[1]) Paragraphen, die für den europäischen Leser ohne Kenntnis des Gesetzestextes und der örtlichen Verhältnisse minder verständlich wären, sind ausführlicher als im englischen Originale wiedergegeben, nebensächliche Bestimmungen dagegen nicht übersetzt.

5. Die Errichtung von Fabriken bedarf der Genehmigung der Gewerbebehörde.

7. Die Ausgabe von Heimarbeit muß in eigene Register eingetragen werden.

9. Heimarbeiter der Kleiderbranche müssen sich in die Register der Fabrikinspektion eintragen.

10. Lohnämter können durch Regierungsverordnung für Fabrik- und Heimarbeit in der Kleiderbranche, Wäscheerzeugung und Möbelfabrikation, ferner für das Bäcker- und das Schlächtergewerbe bestellt werden.

11. Lohnämter in allen anderen Gewerben können durch übereinstimmenden Beschluß der beiden Häuser des Parlaments errichtet werden.

13. Die Lohnämter sind aus einer gleichen Anzahl Arbeiter- und Arbeitgebervertretern und zwar im ganzen vier bis zehn Delegierten, sowie einem Vorsitzenden, zusammengesetzt.

14. Die Regierung ist berechtigt, die Vertreter der Arbeitgeber und Arbeiter in Vorschlag zu bringen; sofern nicht ein Fünftel der Arbeitgeber oder Arbeitnehmer des bezüglichen Gewerbes binnen 21 Tagen gegen diesen Vorschlag Einspruch erhebt, kann die Regierung zur rechtsgültigen Ernennung dieser Personen schreiten.

15. Wenn gegen den Vorschlag der Regierung Einspruch erhoben wird, so werden die Vertreter von ihrer Interessengruppe (Arbeitgebern oder Arbeitern) gewählt.

16. Die Beisitzer des Lohnamtes wählen einen Vorsitzenden aus außenstehenden Kreisen; einigen sie sich nicht, so wird derselbe von der Regierung ernannt.

18. Die Ernennung der Beisitzer erfolgt auf drei Jahre.

21. Die Lohnämter können Minimallöhne, Zeit- oder Akkordlöhne, oder beide parallel festlegen.

22. Sie sind gleichfalls zur Festlegung der Arbeitszeit sowie der Tarife für Überzeitarbeit berufen.

23. Die Lohnämter haben bei Festlegung der Minimallöhne die Art und Weise der Arbeit sowie Alter und Geschlecht der Arbeitenden zu berücksichtigen.

24. Die Lohnämter sind auch berufen, festzustellen, wieviele jugendliche Arbeiter zu niedrigeren Löhnen als ausgelernte Arbeiter in jedem Gewerbe beschäftigt werden dürfen.

27. Der Chef der Fabrikinspektion ist berechtigt, alten, kranken oder minder tüchtigen Arbeitern einen Erlaubnisschein für Arbeit zu niedrigeren als den Minimallöhnen zu erteilen.

31. Das Trucksystem ist verboten.

33. u. 35. Von den Sprüchen der Lohnämter ist Appell an eine zweite Instanz zulässig. Ein Richter am obersten Gerichtshof ist zur Entgegennahme dieser Berufungen bestimmt. Sowohl die Arbeiter und Arbeitgeber als auch die Regierung sind zur Einlegung solcher Berufung berechtigt.

34. Die Minimallöhne für jene Gewerbe, *auf welche der Wirkungskreis des Gesetzes erst nach dem 30. Oktober 1903 erstreckt ward*, sollen nicht höher als im Ausmaße der Durchschnittslöhne guter Firmen im Gewerbe festgesetzt werden. Alle Gewerbe mit vorherrschender Heimarbeit haben Lohnämter bereits vor dem 30. Oktober 1903 erhalten; für sie gilt daher der Paragraph *nicht*, daß die Minimallöhne nicht höher als die Durchschnittslöhne guter Firmen sollen angesetzt werden können.

37. Dem im § 33 genannten Richter am obersten Gerichtshof sind zwei Beisitzer mit beratender Stimme beizugesellen.

38. Der eine dieser Beisitzer wird von jenen Arbeiterbeisitzern bzw. der andere von jenen Arbeitgeberbeisitzern erwählt, welche das Lohnamt, gegen dessen Spruch Berufung eingelegt wird, zusammensetzen.

39. Unabhängig von allen Festsetzungen der Lohnämter muß jedem Fabrikarbeiter (jugendliche Arbeiter und Lehrlinge beiderlei Geschlechts inbegriffen) mindestens ein Tageslohn von 2,50 Mark bezahlt werden.

40. Es ist den Arbeitgebern verboten, für Unterweisung von Lehrmädchen in der Kleider- und Wäschebranche Geldleistungen von seiten der Eltern entgegenzunehmen, welche die obligatorische Entlohnung auch der Lehrlinge in diesem Fall illusorisch machen würden.

43. Jugendliche Personen und Frauen dürfen nicht mehr als 48 Stunden pro Woche beschäftigt werden. Überzeitarbeit ist für solche Personen nur höchstens durch zehn Tage pro Jahr erlaubt, und der Fabrikinspektion muß jedesmal der Grund für die Überarbeit angegeben werden.

46. Kinder unter 13 Jahren dürfen nicht beschäftigt werden.

48. Knaben unter 14 und Mädchen unter 16 Jahren dürfen nach 6 Uhr abends oder vor 6 Uhr früh nicht beschäftigt werden.

56. Alle Verkaufsläden, außer Apotheken, Zuckerbäckereien, Gast- und Caféhäusern, Tabaksläden und Zeitungsläden müssen um 7 Uhr abends (Samstags um 10 Uhr abends) geschlossen werden. Wenn die Mehrheit der Geschäftsinhaber des Bezirkes darum petitioniert, kann die Regierung den Geschäftsschluß zu einer späteren

Stunde gestatten oder zu einer früheren Stunde verordnen.

60. Jugendliche Personen unter 16 Jahren sowie alle weiblichen Angestellten dürfen auch in den in § 56 genannten begünstigten Geschäften nicht über 60 Stunden pro Woche beschäftigt werden. Dieses gilt auch für Kellner und Kellnerinnen.

In allen anderen Läden müssen die Verkäufer außer Sonntags mindestens an einem Wochentage von 1 Uhr an frei haben. Verkäufer in der Hauptstadt (die begünstigten Läden des § 56 ausgenommen) dürfen nicht über 53 Stunden pro Woche beschäftigt werden.

65. Die Fabrikinspektion kann Arbeit über die Zeit höchstens durch 40 Tage im Jahr gestatten.

67. Sitzgelegenheit ist allen Verkäufern und Verkäuferinnen bereit zu halten.

---

11. Abschnitt des Anhangs.

Lohnfestsetzung des Lohnamts für das Bekleidungsgewerbe. (Offizieller Text.)

Factories and Shops Acts.

Determination of the Clothing Board.

„In accordance with the provisions of the Factories and Shops Acts the Special Board appointed to determine the Lowest Price or Rate which may be paid to any person for wholly or partly, preparing or manufacturing either inside or outside a factory or work-room, the following articles of Men's and Boy's Clothing or Wearing Apparel namely, Coats (including Overcoats and Cloaks of every description), Vests, Trousers, Jackets, and Knickerbockers, except indiarubber waterproof garments, has made the following Determination, namely:

That all other Determinations of the Board shall be cancelled and annulled, and that the following Determination shall come into operation on Monday, the 25th day of November, 1901.

Order Garments — Wages — Males.

That the lowest rate of Wages to be paid to Males engaged in the manufacture of order garments shall be as follows:—

Tailors, Cutters, Trimmers, Pressers, Machinists, 7 s. 6 d. per day of eight hours.

That the number of Apprentices or Improvers who may be employed in any factory or work-room in the Clothing Trade shall be as follows:

Males.

One Apprentice or Improver to every three Males or fraction thereof employed in a factory or work-room, and being paid not less than 7 s. 6 d. per day or piece-work rate, provided that said Males be so employed continously in the said factory or work-room for nine successive months, except in the case of any person or persons commencing business, when the provision respecting the employment of such Males for the past nine months shall not be enforced.

That the rate of Wages to be paid to Male Apprentices or Improvers engaged in the manufacture of order garments shall be as follows: —

Apprentices.

			s.	d.		
First year's experience at trade		...	2	6	per week of	48 hours
Second	,,	,, ...	5	0	,,	,,
Third	,,	,, ...	7	6	,,	,,
Fourth	,,	,, ...	12	6	,,	,,
Fifth	,,	,, ...	17	6	,,	,,
Sixth	,,	,, ...	25	0	,,	,,
Seventh	,,	,, ...	35	0	,,	,,

Schedule of

Items Included in Making Price of Coats. Fitting up; Three Pockets except where less are specified. All Edges, Pockets, and Buttons to be stayed; Pocket Tacks by hand; Canvas through Fore-parts; Lapels and Collar padded by hand; Edges single-stitched; Three Plies of Wadding on Shoulder-points; One Puff in each Scye; all Linings Felled, Six rows of stitching in side of Body Coats, Holes and Buttons, Pressed-off. Pockets to be Two-plait, and One Inside Breast Pocket in Body Coats; and Two Outside and One Inside Pockets in all other Coats, except where specified.	Price for Making Wholly by Hand.											
	1st Class.			2nd Class.			Under Arm Seams.	Waist Seams.	Lapel Seams or Seaming on Facing.		Side Seams.	
	£	s.	d.	£	s.	d.	d.	d.	s.	d.	s.	d.
B. D. Dress Coat	1	10	0	1	10	0	2 ½	5	0	5	0	5
S. B. Frock Coat, with ordinary Collar	1	7	6	1	5	10	2 ½	5	0	5	0	5
S. B. Frock Coat, with stand Collar	1	5	10	1	4	2	2 ½	5	0	5	0	5
D. B. Frock Coat	1	10	0	1	8	4	2 ½	5	0	5	0	5
S.B. Beaufort, Shooting, orPaget Coat	1	5	0	1	3	4	2 ½	5	0	5	0	5
S. B. Covert Coat (not to exceed 36 inches in length)	1	0	0	0	18	4	—	—	0	10	0	5
S. B. Chesterfield or Ulster (not to exceed 42 inches in length)	1	5	0	1	3	4	—	—	1	3	0	10
S. B. Inverness or Centennial (lined)	1	3	4	1	1	8	—	—	1	3	0	10
S. B. Inverness or Centennial (unlined)	1	0	10	0	19	2	—	—	1	3	0	10
S. B. Sac (lined)	0	19	2	0	17	6	—	—	0	10	0	5
Norfolk Jacket, three plaits, one belt	1	1	8	1	0	0	—	—	0	10	0	5
Eton Jacket, one pocket (36 inches or under chest measure from hole to button)	0	15	0	0	13	4	5	—	0	5	0	5

Rates—Coats.

When any of the undermentioned parts are done by Machine, the price of each and every individual part or parts so done are to be deducted from the price for Making Wholly by Hand.											Price of Garment. Machining to be added.	
Shoulder Seams.	Seaming in Sleeves.	Joining Coats.	Quilting — Six rows in each side of body Coats.	Two-plait, or Two Outside Pockets.	Stitching Edge One Stitching.	Making Sleeves and Sleeve Linings.	Inside Breast Pocket.	Covering Collar.	Seaming on Collar.	Difference in Belts.	1st Class.	2nd Class.
d	d.	d.	d.	s. d.	s. d.	s. d.	d.	d.	d.	s. d.	£ s. d.	£ s. d.
5	5	2½	5	0 10	0 10	1 3	5	2½	2½	—	1 3 4	1 3 4
5	5	2½	5	0 10	0 10	1 3	5	2½	2½	—	1 0 10	0 19 2
5	5	2½	5	0 10	0 10	1 3	5	2½	2½	—	0 19 2	0 17 6
5	5	2½	5	0 10	0 10	1 3	5	2½	2½	—	1 3 4	1 1 8
5	5	2½	5	0 10	0 10	1 3	5	2½	2½	—	0 18 4	0 16 8
5	5	5	—	0 10	1 8	1 3	5	2½	2½	—	0 12 11	0 11 3
5	7½	7½	—	0 10	2 1	1 8	5	2½	2½	—	0 15 10	0 14 2
—	—	7½	—	0 10	2 1	Difference in Capes 2 3½	5	2½	2½	—	0 14 7	0 12 11
—	—	5	—	0 10	2 1	1 8	5	2½	2½	—	0 12 11	0 11 3
5	5	5	—	0 10	1 8	Making sleeves and linings 1 3	5	2½	2½	—	0 12 1	0 10 5
5	5	5	—	0 10	1 8	1 3	5	2½	2½	0 10	0 13 9	0 12 1
5	5	—	5	—	0 10	0 10	5	2½	2½	—	0 10 0	0 8 4

Etc. Etc.

Improvers.

	s.	d.			
First month's experience at trade .	2	6	per week	of 48	hours
Next eleven month's experience at trade	10	0	,,		,,
Second year's experience attrade...	12	6	,,		,,
Third ,, ,, ...	15	0	,,		,,
Fourth ,, ,, ...	17	6	,,		,,
Fifth ,, ,, ...	25	0	,,		,,
Sixth ,, ,, ...	30	0	,,		,,
Seventh ,, ,, ...	35	0	,,		,,

And thereafter 11 ¼ d. per hour or £ 2 5 s. per week of 48 hours

That any male person over the age of sixteen years who may be employed in the manufacture of Coats (including Overcoats and Cloaks of every description), Vests, Trousers, Jackets, and Knickerbockers, for more than 48 hours per week, shall be paid for such extra hours at the rate of time and a half.

Piece-work rates for order garments—males.

That the lowest price or rate of payment to any Male person for wholly preparing or manufacturing any article of the description referred to in the following schedules of prices or rates, or for doing work of the kind specified in connexion with the preparation or manufacture of any such article, shall be the price or rate fixed by such schedules in respect of such article or work, as the case may be, subject to such extras or reductions as by the said schedules provided.“

12. Abschnitt des Anhangs.

Wesentliche Bestimmungen der vorangehenden Lohnfestsetzung im Bekleidungsgewerbe.

„Auf Grundlage des Fabrikgesetzes vom Jahre 1896 und seiner Ermächtigung, Minimallöhne für Zeit- und

Akkordarbeit (Werkstatt und Heimarbeit) bezüglich aller Verrichtungen, welche zur Anfertigung von Herren- und Knabenkleidern gehören, festzustellen, wurde vom Lohnamte nachstehende Verordnung mit Rechtskraft ab 25. November 1901 erlassen.

1. Gehilfenlöhne der Kundenschneider:

Für Gehilfen der Kundenschneider wird ein Minimallohn für Zeitarbeit von 7,50 Mk. pro 8stündigem Arbeitstag festgelegt.

Die Zahl der Lehrlinge darf ein Drittel der Gehilfenzahl nicht übersteigen.

Die Lehrlinge und jugendlichen Arbeiter müssen mindestens folgende Löhne erhalten:

1. Lehrlinge,

Im 1. Jahr	2,50 Mk.	pro Woche	von 48	Arbeitsstunden
„ 2. „	5,— Mk.	„		„
„ 3. „	7,50 Mk.	„		„
„ 4. „	12,50 Mk.	„		„
„ 5. „	17,50 Mk.	„		„
„ 6. „	25,— Mk.	„		„
„ 7. „	35,— Mk.	„		„

2. Jugendliche Arbeiter.

Im 1. Monat 2,50 Mk. pro Woche von 48 Arbeitsstunden.

In den folgenden 11 Monaten 10,— Mk. pro Woche von 48 Arbeitsstunden.

Im 2. Jahr	12,50 Mk.	pro Woche	von 48	Arbeitsstunden
„ 3. „	15,— Mk.	„		„
„ 4. „	17,50 Mk.	„		„
„ 5. „	25,— Mk.	„		„
„ 6. „	30,— Mk.	„		„
„ 7. „	35,— Mk.	„		„

Lehrlinge und jugendliche Arbeiter haben nach Vollendung des siebenten Arbeitsjahres den obengenannten vollen Arbeitslohn männlicher Arbeiter zu erhalten.

Überzeit über die obengenannte Arbeitswoche von 48 Stunden ist mit dem anderthalbfachen durchschnittlichen Stundenlohne zu vergüten".

Die Akkordlöhne für Anfertigung der verschiedenen Kleidungsstücke werden hierauf auf 38 engbeschriebenen Seiten ausgeführt, mit weiterer Unterscheidung, ob es sich um vornehme oder minder vornehme Ware (1. oder 2. Klasse) handelt sowie in Berücksichtigung dessen, welche Arbeiten durch Zuhilfenahme einer Maschine ausgeführt werden konnten. So wird, z. B., nach einer Bestimmung auf der ersten gedruckten Seite die Anfertigung eines Frackes dem Arbeiter mit 30 Mk. bezahlt; die eines Jagdanzugs erster Klasse mit 25 Mk., eines Jagdanzuges zweiter Klasse mit 23,30 Mk., die eines erstklassigen Jacketts mit 15 Mk., eines zweitklassigen mit 13,30 Mk. usw. usw.

---

13. Abschnitt des Anhangs.

Lohnfestsetzung des Lohnamts der Frauenwäscheerzeugung. Offizieller Text; im Regierungsanzeiger veröffentlicht.

„Determination of Special Board appointed to determine the Lowest Price or Rate of Payment which may be paid to any person for wholly or partly preparing or manufacturing, either inside or outside a factory or work-room, all articles of Women's and Girls' Underclothing (except Stays and

Corsets), also Nightgowns, Blouses, Pinafores, Aprons, and Infants' Gowns and Underclothing.

The Board has fixed Monday, the 26th day of June, 1899, as the date from which the following Determination shall come into force:—

Wages.

That the lowest rate of wages to be paid to persons, other than apprentices or improvers, shall be 4 d. (Fourpence) per hour, and a proportionate amount for any time less than an hour.

Apprentices or improvers.

That the number of apprentices or improvers who may be employed in any factory or work-room shall not exceed—

Either (a) One apprentice and one improver to each worker; or

(b) Two apprentices to each worker; or

(c) Two improvers to each worker.

In this clause no person shall be deemed a worker unless such worker receives either piece-work rates or a wage of not less than 4 d. (Fourpence) per hour.

Rate of wages to be paid to apprentieces or improvers shall not be less than —

2 s. 6 d. per week for first six months at the trade } For first year.
4 s. per week for second six months at the trade } For first year.
6 s. 6 d. per week for second year at the trade.
9 s. per week for third yoar at the trade.
12 s. per week for fourth year at the trade.
15 s. per week for fifth year at the trade, and at the expiration thereof not less than 16 s. per week or 4 d. per hour,

Piece-work rates.

The manufacture of womens', girls', and infants' underclothing comprises so many different kinds or classes of garments, and each class may be made in so many different qualities, and the making of each complete garment of any class or quality may represent so many separate operations, which operations may be performed by hand or machine, that the Board has found it necessary to permit the individual employer to calculate the piece-work price or rate to be paid to any particular worker from the general Determination following:

The piece-work price which shall be paid for making complete each and every garment of each particular class, also the piece-work price which shall be paid for performing each separate operation comprised in the manufacture of such garment, and the piece-work price for all or any work connected with the making of each garment, shall be at the least such a sum as will enable an average worker to earn **4 d.** (Fourpence) per hour labouring under similiar conditions.

Note. — Cotton and all other materials of which garments are composed must be supplied to the worker by the employer free of charge, in order that piece-work prices or wages rates payable shall be net."

5th June, 1899.

M. Balfe, Chairman.

---

14. Abschnitt.

Wesentliche Bestimmungen der vorangehenden Lohnfestsetzung im Gewerbe der Frauenwäscheerzeugung.

„Das Lohnamt bestimmte den Montag, 26. Juli 1899, als Zeitpunkt des Inkrafttretens nachstehender Minimallohnsätze.

A. Zeitlöhne.

Die erwachsenen (ausgelernten) Arbeiter und Arbeiterinnen des Gewerbes haben einen Minimallohn von 32 Pfg. pro Stunde (und einen entsprechenden Geldsatz für Bruchteile einer Stunde) zu erhalten.

Lehrlinge und jugendliche Arbeiter(innen), die nicht den vollen Minimallohn beziehen, dürfen höchstens in halber Anzahl der vollentlohnten Arbeiter beschäftigt werden. Solche Lehrlinge und jugendliche Arbeiter(innen) sollen in den ersten sechs Monaten ihrer Arbeitszeit mindestens 2,50 Mk. pro Woche, im zweiten Halbjahr mindestens 4, im 2. Jahr mindestens 6,50 Mk. pro Woche erhalten. Ihr Lohn hat im dritten Jahr mindestens 9 Mk. pro Woche, im vierten Jahr mindestens 12 Mk., im fünften mindestens 15 Mk. pro Woche und hierauf mindestens 16 Mk. pro Woche oder 32 Pfg. pro Stunde zu betragen.

Akkordlöhne.

Die Frauenwäscheerzeugung umfaßt so viele verschiedene Objekte; jedes derselben kann in so vielfältiger Weise hergestellt werden; diese Herstellung kann in so viele verschiedene einzelne Arbeitskategorien zerfallen, die wieder alle, sei es durch Hand-, sei es durch Maschinenarbeit ausgeführt werden können, daß das Lohnamt darauf verzichtete, hierfür Akkordlöhne selbst festzulegen; es überließ vielmehr allen einzelnen Arbeitgebern die Festlegung der Akkordlöhne, nach Maßgabe des Grundsatzes, daß jeder Arbeiter, der im Akkord nach den vom Arbeitgeber für die einzelnen Verrichtungen festgelegten Akkordlöhnen beschäftigt werde, mindestens 32 Pfg. pro Stunde verdienen könne. Dieser Lohn muß dem Arbeiter frei zukommen, ohne Abzug von Kosten für Beistellung von Rohmaterialien, die vielmehr alle vom Arbeitgeber auf eigene Kosten zu liefern sind."

Am 5. Juni 1899.

M. Balfe, Vorsitzender.

15. Abschnitt des Anhangs.

Lohnfestsetzung des Lohnamts im Bäckereigewerbe. Offizieller Text; im Regierungsanzeiger veröffentlicht.

Factories and Shops Acts.

Determination of the Special Board appointed to fix the lowest prices or rates of payment for breadmaking or baking.

„In accordance with the provisions of the Factories and Shops Acts the Special Board appointed to determine the lowest prices or rates of payment for breadmaking or baking has made the following determination namely:—

1. That all previous determinations made by the Board be cancelled and annulled from and after the date upon which this determination comes into force and is operative.

2. That the lowest prices or rates of payment payable to—

Foremen, *i. e.*, the responsible man in charge of the breadmaking shall be 1 s. 1½ d. per hour, or £ 2 14 s. for a maximum number of 48 hours per week.

Other persons engaged in breadmaking or baking shall be 1 s. 0½ d. per hour, or £ 2 10 s. for a maximum number of 48 hours per week.

3. That the lowest prices or rates of payment payable to apprentices shall be as follows:—

1st year's experience	......	7 s. 6 d.	per week of	48 hours
2nd „	......	10 s.	„	„
3rd „	......	15 s.	„	„
4th „	......	20 s.	„	„
5th „	......	25 s.	„	„

4. That the number of improvers who may be employed in a factory or work-room in the breadmaking trade shall be one improver to every five persons receiving the minimum wage of £ 2 10 s. per week, as determined by the Board.

5. That the lowest prices or rates of payment payable to such improvers shall be as follows:—

Under 18 years of age.

1st year's experience at trade			10 s. per week of 48 hours		
2nd	,,	,,	15 s.	,,	,,
3rd	,,	,,	20 s.	,,	,,
4th	,,	,,	30 s.	,,	,,

Over 18 years of age.

Ist year's experience at trade			15 s. per week of 48 hours		
2nd	,,	,,	20 s.	,,	,,
3rd	,,	,,	25 s.	,,	,,
4th	,,	,,	30 s.	,,	,,

And thereafter 1s. 0½ d. per hour, or £ 2 10 s. per week of 48 hours.

6. That any male person over the age of sixteen years who may be employed in breadmaking or baking for more than 48 hours per week shall be paid for such extra hours *pro rata* rates, and in addition the sum of 3 d. per hour.

7. That the above determination shall come into force from and after the 6th day of March, 1905."

Dated at Melbourne the 27th day of January, 1905.

Jas. Thomas, Chairman.

---

16. Abschnitt des Anhangs.

Wesentliche Bestimmungen der vorangehenden Lohnfestsetzung im Bäckereigewerbe.

„Das Lohnamt bestimmt hiermit in Aufhebung aller vorhergehenden Beschlüsse, daß nachstehende Minimallöhne im Bäckereigewerbe zu gelten haben.

1. Vorarbeiter haben mindestens 1,12 Mk. pro Stunde oder 54 Mk. für die Arbeitswoche von 48 Stunden, zu erhalten; andere Bäckereiarbeiter 1,02 Mk. pro Stunde oder 50 Mk. für jede Arbeitswoche von 48 Stunden.

2. Lehrlinge haben im ersten Jahre mindestens 7,50 Mk. pro Arbeitswoche zu erhalten; im zweiten Jahre 10 Mk., im dritten 15 Mk., im vierten 20 Mk., im fünften 25 Mk.

Die Zahl der jugendlichen Arbeiter, die nicht den vollen Arbeitslohn erhalten, darf ein Fünftel der Anzahl der den vollen Lohn erhaltenden Arbeiter nicht übersteigen. Solche jugendliche Arbeiter unter 18 Jahren haben Wochenlöhne von 10 Mk. im ersten Jahre, von 15 Mk. im zweiten, 20 Mk. im dritten, 30 Mk. im vierten Jahre zu beziehen; jugendliche Arbeiter über 18 Jahre haben wöchentlich 15 Mk. im ersten, 20 Mk. im zweiten, 25 Mk. im dritten, 30 Mk. im vierten Jahre, nachher den vollen obengenannten Minimallohn zu erhalten.

Alle Bäckereiarbeiter über 16 Jahre, die zu Überzeiten über die normalen 48 Wochenstunden angehalten werden, sollen zu dem proportionellen Stundenlohn noch eine Extravergütung von 24 Pfg. pro Stunde erhalten.

Diese Bestimmungen treten am 6. Mai 1905 in Kraft."

Melbourne, am 27. Mai 1905.

Jas. Thomas, Vorsitzender.

---

17. Abschnitt des Anhangs.

Lohnfestsetzung des Lohnamtes im Holzarbeitergewerbe. Offizieller Text.

Factories and Shops Acts.

Determination of the Wood Workers Board.

„In accordance with the provisions of the Factories and Shops Acts, the Special Board appointed to determine the lowest prices or rates which may be paid to any person or persons or classes of persons employed in the process, trade, or business carried on in a saw-mill, timber-yard, box factory, or joiners' workshop has made the following Determination, namely:—

1. That the Determination of the Wood Workers Board, dated the 25th March, 1905, shall be cancelled and annulled

from and after the date upon which this present Determination comes into force and is operative.

Males.

Wages.

2. That the lowest prices or rates payable per week of 48 hours to the following classes of persons employed in the process, trade, or business carried on in a saw-mill, timber-yard, box factory, or joiners' workshop shall be:—

	Per week of 48 hours. £ s. d.
Box or case makers	2 5 0
Carpenters, Joiners, etc.	
Carpenters, *i. e.*, persons making—	
Doors not larger than 7 feet x 3 feet x 2 inches, double-moulded or ledge only; stock sashes not larger than 6 feet x 3 feet x 1½ inches or stock frames for same; field gates; picket gates; hurdles; ladders; step ladders; skirtironing boards; shirt-ironing boards; boot-cutting boards; tailors' cutting boards; paste boards; clothes horses; fly wire doors; fly wire windows; tree guards; dog kennels; wheel-barrows; water closets (other than preparing pedestal seats); wooden house framing, weather-boarding flooring or lining same	2 11 0
All other carpenters	3 0 0
Joiners	3 0 0
Mantelpiece makers	2 12 0
Engine-drivers, engineers, etc.	
Persons employed at engine-driving, combined with any other work	3 0 0
Persons employed driving 2nd class engines combined with any other work	2 14 0
Engine-drivers driving 1st class engines	2 15 0
,, ,, 2nd class engines	2 5 0
Stokers	2 2 0
Millwrights or engineers	3 0 0

	Per week of 48 hours. £ s. d.
Foremen.	
Foremen (having under their charge or control any person who is receiving or entitled by this determination to receive 66 s. per week)	3 12 0
,, ,, ,, ,, 64 s. ,,	3 10 0
,, ,, ,, ,, 60 s. ,,	3 6 0
,, ,, ,, ,, 57 s. ,,	3 3 0
,, ,, ,, ,, 54 s. ,,	3 0 0
,, ,, ,, ,, 52 s. ,,	2 18 0
,, ,, ,, ,, 51 s. ,,	2 17 0
,, ,, ,, ,, 50 s. ,,	2 16 0
,, ,, ,, ,, 48 s. ,,	2 14 0
,, ,, ,, ,, 45 s. ,,	2 11 0
,, ,, ,, ,, 42 s. ,,	2 8 0
Labourers, etc.	
Labourers	2 2 0
Persons engaged cleaning up sawdust or shavings, removing or stacking boxes, or carrying cross-cut box material	1 16 0
Machine workers.	
Persons working at a shaping machine or Boult's carver	3 0 0
Persons employed at moulding machines 9 inches or over 9 inches in the head—(inside measurement)	2 17 0
Persons employed at moulding machines under 9 inches in the head—(inside measurement)	2 8 0
Persons working at three or four side-planer thicknessing machines	2 11 0
Persons working at spoke-turning machines the blade of which is over 3 inches in diameter	2 14 0
Persons working at spoke-turning machines the blade of which is 3 inches or under in diameter	2 8 0
Persons working at spoke throater or spoke planer	2 14 0
Persons working planing machines, buzzers, tenoning machines, timber-bending machines, copying lathes	2 8 0
Persons working at lath-cutting machines, box-making machines, sand papering and planing machines, or sand papering by any mechanical device or method	2 5 0

	Per week of 48 hours. £ s. d.
Persons working at mortising or boring machines	2 2 0
Persons working at box-printing machines	2 2 0
Persons working at general joiners' machines	2 14 0
Persons working machines not otherwise enumerated	2 8 0
Wire nail makers, *i. e.*, persons who have nail machines to attend to and who have all necessary dies and tools made for them	2 11 0

Painters, glaziers, etc.

Painters and glaziers	2 8 0
Polishers and coaters	2 10 0

Pullers-out.

Pullers-out at leading saw benches	2 2 0
Pullers-out at recut band saws and all other saw benches	1 16 0

Salesmen, etc.

Salesmen, tallymen, ordermen	2 8 0

Sawyers, saw doctors, etc.

Band-sawyers	2 17 6
Band-sawyers who do not braze or sharpen the saws	2 8 0
Persons working at recut band-saws or roller band-saws, which cut wood over 24 inches in depth	2 17 0
Persons working at recut band-saws or roller band-saws, which cut wood 24 inches or under in depth	2 8 0
Persons employed working a circular saw cutting over 12 inches deep	2 17 0
Persons employed working a circular saw cutting 8 ½ inches up to 12 inches deep	2 11 0
Persons emploid working a circular saw cutting 8½ inches deep and under	2 5 0
Persons employed working a circular saw preparing timber for moulding machines	2 11 0
Persons working as sawyers at breaking down saws	2 14 0
Persons working as sawyers at gang-saws	2 8 0
Persons working at cross-cut saws	2 5 0
Persons working horizontal shingling saws	2 5 0

	Per week of 48 hours £ s. d.
Saw doctors	3 6 0
Saw sharpeners	2 14 0

Smiths, etc.

Smiths	2 14 0
Strikers	2 2 0

Turners.

Wood turners	2 14 0
Wood turners (furniture only)	2 8 0

Male improvers, etc.

Number.

3. (a) That the number of improvers who may be employed within any facotry or work-room or shop or place shall be one improver to every 4 persons up to 24 persons.

And thence one improver to every additional 8 persons employed in the process, trade, or business carried on in a saw-mill, timber-vard, box factory, or joiners' workshop and receiving more than 42 s. per week of 48 hours.

(b) Provided that in addition to the number of improvers fixed—

Each workman engaged at lath cutting and paid for same at piece-work rates shall be entitled to employ a boy (other than an apprentice or improver) as a puller-out at a wage of 15 s. per week, such wage to be paid by the workman.

Apprentices.

Wages.

(4) That the lowest prices or rates payable to apprentices employed in the process, trade, or business carried on in a saw-mill, timber-yard, box factory, or joiners' workshop shall be as follows:—

1st year	5 s. per week of 48 hours
2nd year	10 s. ,, ,,
3rd year	15 s. ,, ,,
4th year	20 s. ,, ,,
5th year	25 s. ,, ,,

and thereafter the minimum wage determined by the Board.

Improvers.

Wages.

5. That the lowest prices or rates payable to improvers employed in the process, trade, or business carried on in a saw-mill, timber-yard, box factory, or joiners' workshop shall be as follows : —

1st year	7 s. 6 d.	per week of 48 hours
2nd year	12 s. 6 d.	,, ,,
3rd year	17 s. 6 d.	,, ,,
4th year	25 s.	,, ,,
5th year	35 s.	,, ,,

and thereafter the minimum wage determined by the Board.

Overtime.

6. That any male person (other than apprentices or improvers) over the age of sixteen years employed in the process, trade, or business carried on in a saw-mill, timber-yard, box factory, or joiners' workshop, who works for any time in excess of the maximum number of 48 hours, shall be paid for such extra time at the rate of time and a quarter.

That any male apprentice or improver over the age of sixteen years employed in the process, trade, or business carried on in a saw-mill, timber-yard, box factory, or joiners' workshop, who works for any time in excess of the maximum number of 48 hours, shall be paid for such extra time at the rate of 6 d. per hour in addition to the ordinary wage.

Piece-work.

7. That the lowest piece-work prices or rates to beipaid to persons for doing work of the kinds specified in the following Schedule shall be the prices or rates fixed by such Schedule in respect of such work:—

Schedule.

	Per 1,000 laths. s.	d.
Colonial laths, when cut out of pickets (4-ft. to 4 ½-ft. in length)	2	4
,, ,, ,, ,, ,, (3-ft. in length)........	1	10
Colonial laths, when cut out of scrap	3	9

	Per 1,000 laths.
American laths, when cut out of pickets (4-ft. to 4 ½-ft. in length)	3 6
,, ,, ,, ,, ,, (3-ft. in length)	3 0
American laths, when cut out of scrap	4 6

N.B.—All material to be placed at side of bench by the employer, puller-out to be paid, and laths to be bundled, ten bundles to the 1,000, by the workman.

Fruit Cases.

	Per 100 cases. s. d.
Bushel fruit cases (three pieces in side)	4 0
Bushel fruit cases (four pieces in side, and two pieces in bottom)	4 4 ½
Bushel fruit cases (five pieces in side)	5 2
Bushel fruit cases (over five pieces in side)	6 4 ½
Half-bushel fruit cases (up to three pieces in side, and two pieces in bottom)	3 0
Half-bushel fruit cases (over three pieces in side, and two pieces in bottom)	3 6

Export Apple Cases.

	Per 100 cases. s. d.
Export apple cases	4 0

Banana, Onion, and Potato Cases.

	Per 100 cases. s. d.
Banana, onion, and potato cases (having centre pieces and twelve piece bodies)	12 6
Banana, onion, and potato cases (having over twelve piece bodies)	13 6
Banana, onion, and potato cases of octagon shape (having solid ends and centres)	9 6
Country banana cases (without centres)	7 9

N.B.—All material to be placed at side of the bench by the employer.

Extras on above Items.

	Per 100 cases. s. d.
Hoop ironing or wiring (when done at time of making) ..	1 9
Hoop ironing or wiring (when done after cases are made)	2 9

8. That the above Determination shall come into force from and after the 3 rd day of July, 1905."

Dated at Melbourne the 30 th day of May, 1905.

F. H. Bolton, Chairman.

---

18. Abschnitt des Anhangs.

Wesentliche Bestimmungen der vorangehenden Lohnfestsetzung für Holzarbeiter.

„1. Der Beschluß des Holzarbeiterlohnamtes vom 25. März 1905 tritt mit dem Tage, da vorstehende Lohnfestsetzung rechtsgültig wird, das ist am 3. Juli 1905, außer Kraft und wird durch nachstehende Bestimmungen ersetzt.

2. Der Minimallohn pro Arbeitswoche von 48 Stunden beträgt a) für Kistenmacher 45 Mk., b) für Schreiner (je nach ihrer Spezialarbeit) 51, 60 oder 52 Mk., c) für Maschinisten (je nach ihrer Spezialarbeit) 60, 54, 55, 45 oder 42 Mk.; d) für Vorarbeiter, welche Leute mit einem Wochenlohn von 66 Mk. unter sich haben, 75 Mk.; solche, die Leute mit einem Wochenlohn von 64 Mk. unter sich haben, 70 Mk. usw.; e) für Taglöhner 42 Mk., Aushilfsarbeiter 36 Mk.; f) für qualifizierte Maschinisten (je nach ihrer Spezialarbeit) 60 oder 57 Mk. usw.; g) für Anstreicher (je nach ihrer Spezialarbeit) 48 Mk. oder 50 Mk. usw.; h) für Schmiede (je nach ihrer Spezialarbeit) 54 oder 52 Mk. usw.

3. Die Zahl der jugendlichen Arbeiter, welche den Minimallohn nicht beziehen, darf ein Viertel der ausgelernten Arbeiter nicht übersteigen; und zwar gilt dieser Grundsatz bis zu einer Gesamtzahl von 24 jugendlichen Arbeitern; darüber hinaus gilt das Verhältnis eines jugendlichen zu acht ausgelernten Arbeitern.

Lehrlinge sollen im ersten Jahre mindestens einen Wochenlohn von 5 Mk., im zweiten Jahre von 10 Mk., im dritten von 15 Mk., im vierten von 20 Mk., im fünften von 25 Mk. beziehen; sonstige jugendliche Arbeiter erhalten im ersten Jahr 7,50 Mk., im zweiten 12,50 Mk., im dritten 17,50 Mk., im vierten 25 Mk., im fünften 35 Mk. und hierauf die Vollöhne der erwachsenen Arbeiter.

Überzeit Erwachsener soll mit dem Eineinviertelfachen des proportionellen Stundenlohnes bezahlt werden.

Überzeit von Lehrlingen und jugendlichen Arbeitern soll mit proportionellem Stundenlohn und einer Extravergütung von 50 Pfg. pro Stunde entlohnt werden.

Als Minimallöhne für Akkordarbeit haben die folgenden zu gelten:"

(Folgen die Angaben für Herstellung verschiedener Gerätschaften.)

Melbourne, am 30. Mai 1905.

F. H. Bolton, Vorsitzender.

---

19. Abschnitt des Anhangs.

Bericht der Fabrikinspektion über Funktionsweise und Ergebnisse des Lohnamtes der Frauenwäscheerzeugung[1].

A) Bericht über die Tätigkeit des Lohnamtes der Frauenwäscheerzeugung in den ersten Monaten seines Bestehens (1897).

„Women's and Girls' Underclothing Board.

In this trade the number of out-workers being greater than one-fifth of those working inside the factories, the out-

[1]) Reports of the Chief Inspector of Factories, Work-rooms, and Shops (1898—1905). Robt. S. Brain, Government Printer, Melbourne.

workers were entitled to elect a representative themselves, and provision was made accordingly. On the date fixed for receiving nominations for five representatives of employés, four representatives of employés inside the factories, and one representative of employés working outside factories, the Returning Officer only received four nominations, and these were all as representatives of employés inside factories, who were declared duly elected. The Governor in Council then exercised the powers conferred by the Factories and Shops Act 1896, and appointed one representative of persons working outside factories and five representatives of employers. The Board was finally appointed on the 24 th February, 1897, and Mr. G. A. Maxwill, barrister, was elected chairman, Miss J. H. Thear, inspector of factories, acted as secretary.

Owing to the great variety of articles for which piece-work rates were required, and the greater variety in the mode of manufacture, the difficulties with which the Board were confronted were immense. Unfortunately, serious dissensions early arose amongst the members of the Board, and some of these differences were made the subject of a newspaper correspondence, and even public meetings were held concerning them.

Since August last little or nothing has been done by the Board, and no good results are now anticipated from its appointment.“

Wesentlicher Inhalt des Vorstehenden.

„Die Zahl der Heimarbeiter und Heimarbeiterinnen dieses Gewerbes betrug mehr als ein Fünftel der Gesamtarbeiterzahl, und waren somit die Heimarbeiter und -arbeiterinnen im Sinne des Gesetzes berechtigt, einen eigenen Vertreter ins Lohnamt zu entsenden. Am festgesetzten Tage kam jedoch bloß die Wahl von vier Vertretern der Fabrikarbeiter und -arbeiterinnen zustande. Die Heimarbeiter verhielten sich indifferent; ihr Vertreter mußte von der Regierung ernannt werden. Das

Lohnamt konstituierte sich am 24. Februar 1877 und wählte einen Rechtsanwalt zum Vorsitzenden, eine Fabrikinspektorin zur Sekretärin. Die große Anzahl der Einzelverrichtungen, für die Akkordlöhne bestimmt werden sollten, brachten dem Lohnamt schwierige Arbeit. Durch Meinungsverschiedenheiten zwischen den Mitgliedern geriet die Arbeit ins Stocken, und man blickt zurzeit mit Pessimismus auf die weitere Tätigkeit des Lohnamtes."

B) Bericht über die Tätigkeit des gleichen Lohnamtes der Frauenwäscheerzeugung im folgenden Jahre (1898):

The Underclothing Board.

„A Board to fix wages, &c., for this trade was appointed on 24th February, 1897, and Mr. G. A. Maxwell was elected chairman. The Board met frequently, but, owing to dissensions amongst its members, no determination was ever arrived at, and the Board finally resigned in May, 1898.

Another Board was appointed on 19th August, 1898, and elected Councillor M. Balfe, J. P., as chairman.

This Board also met frequently, but no determination has yet been gazetted. I am glad to say that it is highly probable that a determination will shortly be in force. There is no trade in which there is more sweating than in the manufacture of underclothing, and the great delay which has, through various circumstances, occurred in making a determination has been a great misfortune. It must, however, be admitted that the Boards which have attempted to fix the prices have had a most difficult task.

Miss Tate reports:—

„The determination of the White-work Board has yet to come, and, unfortunately, the necessity for it is at least as great as ever. This truth could not perhaps be shown more clearly than by the fact that the very lowest price I have yet found for making women's underclothing is paid by one of the large city warehouses.—The material is sent in great quantities together with the buttons by the firm's cart to the out-worker. She has to make them throughout, provide the cotton, and do them up ready for sale, pay the carriage back to the warehouse, for 1 s. 6 d. per dozen. The woman who receives them makes some throughout herself, and she told me that at the very most she could not do more than one dozen in a day of nine hours, for which she gets 1 s. 6 d., less the amount for cotton and carriage. Sometimes she only cuts them out and gives them to other workers to make, providing their own cotton, for 1 s. 3 d. per dozen. Asked why she did it at so low a rate, the answer was— „The price used to be 2 s., but they took 3 d. off one season, and another 3 d. the next, and at the time there was no other work; besides, I do mantles, &c., for them in the season, which pay better, and I could not afford to lose that“. . . . .

In conclusion, I must say that if the Act is renewed and extended and other trades brought under it as regards fixing wages, I trust all boards appointed to do the work will see the necessity of basing the piece-work rates on the minimum wage they fix, thus giving old and young, strong and feeble, an opportunity to work on their merits, and not shut them out from their trades and make people willing to work objects of charity, which is undoubtedly the case with this class of people when the piece-work rate is fixed higher than the minimum wage.“

Miss Thear reports:—

„The prices paid for women's and girls' underclothing, blouses, aprons, &c., are still exceedingly low. For example, I recently visited some blouse-makers who informed me the work they were doing was taken out in bulk from a city warehouse, cut out by their employer, and then given them to make. The blouses were made with yokes, stiffened collars, cuffs, and centre-plaits, and were finished with hooks and eyes. The price paid was 2 s. per dozen, and the work was being done on treadle machine. A machinist making one dozen per day (which it was confessed would be a hard day's work) could thus only earn 12 s. per week on the prices paid.

During the year I have acted as secretary to the newly formed Underclothing Board, which has not yet concluded its labours."

Wesentlicher Inhalt des Vorstehenden.

Der Bericht rekapituliert die Tätigkeit des Jahres 1897 und fügt bei, daß das Lohnamt zu keiner Einigung gekommen sei; seine Beisitzer hätten im Mai 1898 kollektiv ihre Demission gegeben. Ein neues Lohnamt wurde im August 1898 eingesetzt und ein Gemeinderat zu seinem Vorsitzenden erwählt.

Auch dieses Lohnamt ist im Berichtsjahr noch zu keinem endgültigen Entschluß gekommen, aber der Ausblick für das kommende Jahr ist günstiger. Wohl ist die Ausbeutung der Heimarbeiterin gerade in diesem Gewerbe eine ganz unleidliche, Abhilfe durch positive Beschlüsse daher dringend vonnöten. Fabrikinspektorin Miss Tate berichtet diesbezüglich: „Aus meiner Tätigkeit ist mir neben anderen Fällen die Entlohnung der Heimarbeiterinnen eines großen Warenhauses der inneren Stadt von Melbourne erinnerlich. Eine Arbeiterin erhielt 1,50 Mk. für ein Dutzend Leibchen, hatte aber davon noch eine Reihe von Materialien und Transportspesen zu bezahlen, so daß ihr beträchtlich weniger als die genannte Summe für die Arbeit eines Tages blieb. Ein anderes Warenhaus bezahlt, wie die Fabrikinspektorin Miss Thear berichtet, für ein Dutzend Blusen 2 Mk.; da man nur mit großer Anstrengung an der Maschine täglich ein solches Dutzend fertigstellen kann, so war der tüchtigsten Näherin höchstens ein Tagesverdienst von 2 Mk. erreichbar."

C) Bericht über die Tätigkeit des gleichen Lohnamtes im Jahre 1900:

The Underclothing Board.

„The Determination of this Board came into force on the 26th June, 1899. Councillor M. Balfe, J. P., was the chairman. The term of office of this Board expired on the 1st August, 1900. A new Board has been appointed, and Councillor Balfe was again elected chairman. No change in the previous Determination was made by the new Board.

The minimum wage was fixed at 4 d. an hour, or 16 s. per week.

A scale of wages ranging from 2 s. 6 d. to 15 s. was fixed for apprentices and improvers. Two apprentices or improvers were allowed to each employé receiving 4 d. per hour or piece-work rates. For all practical purposes this appears to mean unlimited juvenile labour.

The Board found it impossible to fix piece-work rates, owing to the great variety of garments to be dealt with, and the constant changes in the designs.

The Board decided to allow each manufacturer to fix his own piece-work rates, provided same were fixed at a rate which would enable an average worker to earn 4 d. per hour.

In 1898, before the Determination came into force, the average wage in this trade was 11 s. 3 d.; last year the average wage was 12 s. 7 d. For adult females the average wage in 1900 was 16 s. 8 d.

No difficulty has been experienced in enforcing the minimum wage, but the case is otherwise as regards the piece-work rates. The utmost that can be said in favour of this system of fixing piece-work rates is, that it is better than nothing, and enables the Department to interfere when competition cuts the prices so low that even a skilled worker cannot earn the 4 d. per hour fixed by the Determination. Owing to the constant changes in the designs, I am afraid no Board can ever absolutely fix the piece-work prices, and the only way in which the Department can ever hope to strictly enforce such a Determination as that now in force is by throwing on the employer the onus of proof that his prices are correct. Nothing but the great difficulties of the case could, I am aware, justify such a proposal. This is another matter which will, I hope, receive the attention of the Royal Commission.

Miss E. L. Mead (an expert in the manufacture of underclothing), who was appointed to assist the Department in enforcing the Determination of the Underclothing Board, reports:—

„I have found no difficulty in enforcing the Determination, the scale of wages being a particularly fair one from an employer's point of view, and the proportion of apprentices or improvers an exceedingly generous one. I am pleased to report far more cases come under my notice of workers taking a higher wage than they are entitled to by the Determination than of workers receiving less than the legal wage. In many instances competent workers receive 20 s. per week, and in some cases more than that amount. The following shows the actual wages paid to 25 workers questioned on same day, exclusive of high salaries paid to forewomen:—One was employed at 22 s. 6 d. per week, one at 15 s., four at 20 s., and eight at 16 s. Eleven received piece rates, the average being 18 s. 6 d. for 48 hours.

This clearly shows that in the underclothing trade, at least, the minimum wage has not become the maximum.

Unfortunately, the Board was unable to fix piece rates. The task proved an utterly impossible one, owing to the hundreds of lines made up, comprising innumerable qualities and styles, which are constantly being changed, according to the decrees of fashion. The Board allowed employers to fix their own piece rates, based on the minimum wage of 4 d. per hour for an average worker, for work done either in or outside the factories. As the same rate is fixed for work done outside the factories, manufacturers give out the work very advantageously to themselves, as the cost of machinery, rent, and many expenses incidental to a work-room are saved. But the extra expense is thrown on the out-worker, and they do not benefit by the Determination to the same extent as the workers inside the factory. Besides providing their own machinery with sundries, such as oil, renewing parts, much time is lost going to and fro with the work. Consequently, manufacturers give large quantities of work to outworkers.

The workers themselves unanimously agree that prices now paid are a decided improvement to those paid previously to the Board's Determination coming into force. Some of the workers state that their princes have been doubled. One out-worker informed me she now gets 2 s. 6 d. for a line of work which was previously paid for at the rate of 1 s. 3 d. Another out-worker at time of my visit was making up a line at 3 s. 9 d. per dozen, cotton provided in addition. She assured me before the Determination came into force she had made the same line for 1 s. 9 d. per dozen, providing her own cotton. Another, making aprons for 1 s. per dozen, had made the same line previously for 7½ d. per dozen. One out-worker, who has worked for the Syrian manufacturers for some years, says that in the past, by working long hours, she earned 10 s. per week, and had to provide her own cotton; now — she admits she still works over 48 hours, tough not so long as formerly — she can earn 20 s. per week, cotton provided in addition."

Miss J. H. Thear reports:—

„In the early part of the year I visited a good number of outdoor workers in the underclothing trade. A large quantity of work is still given out, and generally speaking at higher rates than those prevailing before the Determination of the Board came in force, with the additional benefit of the cotton being provided by the manufacturer. The same rates are fixed for piece-work whether done inside or outside a factory. In theory it seems correct to think that the rate for outdoor work should be on the slightly higher basis, as the home-worker finds the machine and accessories, space, fire for pressing, &c.; but the method which has been found by practice to be the more satisfactory to those whom it is desired to benefit must of necessity be worthy of the greater appreciation; and where, in the case of the clothing trade, with its pieceworks rates, based higher than the weekly wage the work is now done more largely inside the factories, I have found that in the underclothing trade, with its piece-work prices based on the same calculation for outdoor as for indoor work, the work is still given out. Much of this kind of work is done by married women who could not possibly go inside factories to work; and some who formerly made men's clothing having been unable to get the latter to do at home are now doing underclothing, aprons, &c., or coloured shirts.“

Registration of Out-Workers.

For the purpose of ascertaining if the piece-work rates fixed by the various Boards are paid, all persons making articles of clothing for trade or sale in their own homes are required to register their names and addresses with the Chief Inspector.

Miss E. L. Mead reports:—

„It is part of my duty to visit out-workers in their own homes. My list of these registered workers numbers about 500, most of whom do work known as whitework. Of this number 400 take out the work from the shop or factory, and the remaining 100 are employed by them.

In visiting these workers I have always met with a cordial welcome, and in only one instance has a worker refused to be registered.“

Wesentlicher Inhalt des Vorstehenden.

Das Lohnamt kam unter dem Vorsitz des Gemeinderates M. Balfe am 26. Juni 1899 zu einem positiven Beschluß. Als hierauf die Amtszeit des Lohnamtes am 1. August 1900 ablief, mußte ein neues Lohnamt eingesetzt werden, das aber den gleichen Vorsitzenden wählte und an den Beschlüssen seines Vorgängers nichts änderte.

Ein Minimallohn von 32 Pfg. pro Stunde oder 16 Mk. pro Woche für männliche und weibliche Arbeiter wurde festgesetzt; ferner eine Skala anwachsender Bezüge von 2,50 Mk. bis 5 Mk. pro Woche für Lehrlinge und jugendliche Arbeiter ausgearbeitet.

Das Lohnamt fand es unmöglich, selbst Akkordlöhne festzulegen wegen der großen Verschiedenheit der durchzuführenden Verrichtungen und beschloß, jedem Unternehmer die Festlegung der Akkordlöhne für seinen Betrieb zu überlassen, unter der Bedingung, daß diese Akkordlöhne einem Arbeiter oder einer Arbeiterin von durchschnittlicher Geschicklichkeit einen Stundenverdienst von 32 Pfg. ermögliche [1]).

Der Durchschnittslohn im Gewerbe, der vor Erlaß der Verordnung 11,50 Mk. betragen hatte, stieg in diesem Jahre auf 12,60 Mk. (für erwachsene Arbeiter, ohne Hinzurechnung der jugendlichen, auf 16,70 Mk.).

Die praktische Durchsetzung der Minimallöhne innerhalb der Werkstätten ist einer Schwierigkeit nicht begegnet. Die Durchsetzung der Akkordlöhne (besonders für Heimarbeiter) ist allerdings eine durchaus problematische, wenngleich sich auch hier die Verhältnisse gegen früher gebessert haben.

Der Wandel der einzelnen Arbeiten ist hier zu groß, als daß ein Lohnamt jemals Festsetzungen für alle Fälle treffen könnte. Man kann nur dem Unternehmer die Beweislast dafür, daß die von ihm selbst gebotenen Akkordlöhne den vom Lohnamt bestimmten Zeitlöhnen entsprechen, auferlegen, was gewiß nicht in allen Fällen Exaktheit verbürgt.

Die Fabrikinspektorin Miss Mead berichtet, daß sie häufig eine höhere Entlohnung kompetenter Arbeiterinnen, als der Minimallohn betrug, beobachtet und nur selten Verfehlungen durch ungesetzliche Lohnschmälerung angetroffen habe.

---

[1]) Siehe auch Text der Entscheidung im Anhang auf S. 190.

Der Bericht von Miss Mead führt dann gleichfalls die Gründe auf, warum das Lohnamt nicht habe Akkordlöhne festlegen können, bemerkt jedoch, daß diese Akkordlöhne, auch wenn sie wirklich den vom Gesetz festgelegten Zeitlöhnen entsprechen, dem Unternehmer noch immer günstig seien, weil er Miete der Werkstatt usw. erspare, während andererseits die Heimarbeiterin viel Ausgaben für Beleuchtung etc. zu machen habe.

„Trotzdem gaben die Arbeiterinnen einstimmig zu, daß die Akkordlöhne dieses Jahres eine zweifellose Besserung gegenüber den vor Erlaß der Lohnamtsverordnung gezahlten darstellen. Einige Arbeiterinnen bemerken, daß ihr Verdienst sich verdoppelt habe. Eine Heimarbeiterin teilt mir mit, daß sie jetzt z. B. 2,50 Mk. für eine gewisse Arbeitsleistung erhalte, die früher mit 1,20 Mk. entlohnt wurde. Eine andere Heimarbeiterin berichtet mir, daß sie für eine Arbeit, die früher 1,80 Mk. einbrachte (bei gleichzeitiger Beistellung des Rohmaterials durch sie selbst) jetzt 3,70 Mk. erhalte (bei gleichzeitiger Beistellung des Rohmaterials durch den Unternehmer)" usw.

Die Fabrikinspektorin Miss Thear berichtet gleichfalls von der Verbesserung der Lage der Heimarbeiterinnen. Auch die scheinbare Benachteiligung der Heimarbeiterinnen dadurch, daß sie gleiche Akkordlöhne wie die Fabrikarbeiterinnen bekommen und doch für ihre Arbeitsstätte selbst sorgen müssen, kommt demgegenüber, daß sie eben früher w e i t s c h l e c h t e r b e z a h l t worden waren, als die Fabrikarbeiterinnen, kaum in Betracht.

Alle Heimarbeiter wurden durch das Gesetz verpflichtet, ihre Namen persönlich im Amtsbuch der Fabrikinspektion einzutragen oder sonst schriftlich bekannt zu geben.

Die Inspektorin Miss Mead berichtet, daß sie 500 Heimarbeiterinnen besucht und überall, mit einer einzigen Ausnahme, Willigkeit zur Eintragung in das Buch gefunden habe.

---

20. Abschnitt des Anhangs.

Bericht der Fabrikinspektion über die Tätigkeit des Lohnamtes im Bekleidungsgewerbe bis Ende 1898.

The Clothing Board.

„This determination came into force on the 15th November, 1897, and had, therefore been in operation about thirteen months at the close of 1898.

Shortly stated the wages fixed were:—For males, 7 s. 6 d. per day of eight hours, for females, 3 s. 4 d. per day of eight hours, and a scale of wages for apprentices and improvers, based on their experience, &c. In addition, piece-work rates were fixed at different rates for the following classes of work, viz.—(1) For males making order garments; (2) For females making order garments; and (3) For females making "slop", viz., garments which are not made to the order and measure of an individual.

This determination comprises many thousands of items, and occupies 35 pages of closely printed matter.

I propose to give first the results achieved in the way of increased wages, and afterwards to deal with the difficulties and cases of hardship which have come under notice.

In 1896 returns were received from manufacturers which gave the following particulars regarding the wages and numbers of employés in the month of October:—

	Males.	Females.	Total Employés.	Average Weekly Wage of all Employés.
				£ s. d.
Number of employés	782	2,601	3,383	1 0 0
Average weekly wage	1/15/3	15/5		

In 1897 (when the determination had been in force for a few weeks only) similar returns were received, and the results are as follow:—

	Males.	Females.	Total Employés.	Average Weekly Wage of all Employés.
				£ s. d.
Number of employés	990	3,334	4,324	1 0 2
Average weekly wage	1/15/8	15/8		

In 1898 similar returns were received, and as the determination of the Board had been in force during the year, its effects if compared with above figures are clearly shown:—

	Males.	Females.	Total Employés.	Average Weekly Wage of all Employés.
				£ s. d.
Number of employés	939	3,545	4,484	1 2 9
Average weekly wage	1/19/6	18/3		

It will be seen that the average wage of 4,484 employés had been raised 2 s. 7 d. per week by the operation of the determination. In other words, if all the employés were in constant work during the year, the sum of £ 32,060 12 s. had been divided between the employés in the clothing trade, as compared with the average wage of 1896. It will be generally admitted that such a result is little short of astounding, when it is considered that there is no evidence that the price of clothing has been raised to any extent. As an instance, I may state that mole trousers can be made throughout for 9 ¼ d. (ninepence farthing) under the determination. The actual increase in the cost of making a pair of mole trousers (supposing piece-work to be paid) as compared with the prices in force in 1896, about 6 d. per pair (this price was admittedly a „sweating“ one), is only 3 ¼ d. per pair, and the public does not notice such an increase, whereas to the workers it is the difference between comparative comfort and starvation wages. But these piece-work prices have not been paid, as manufacturers found they could get the work done much cheaper by paying the minimum wage, and the actual increase in the cost of production is said to be so slight as not to have affected the wholesale price of slops. The figures from which these calculations have been made are supplied by manufacturers, and seem to me to speak more eloquently than any words of mine of the success of the Board system in this trade.

Very little difficulty has been experienced by the Department in enforcing the wages and prices fixed by the Board for *order* work. A large amount of order work is still done by piece-work, and consequently the old and slow worker is to a great extent provided for, and, in addition, the outworkers, such as women with children who cannot go into factories, have also been able to obtain a fair share of the work.

The number of persons employed in the trade in January, 1898, was 208 less than in January, 1897, but as the determination limits the number of apprentices and improvers to one to every three persons employed at the minimum wage or on piece-work, this result was to have been expected, and there is every reason to believe that there were few skilled workers in this trade unemployed for any length of time during the past year. There were frequently complaints that skilled workers could not be obtained. At the close of 1898 indeed the number of workers for whom wages returns were received was greater than in either 1896 or 1897. At the close of 1898 the manufacturers supplied returns regarding the wages of 4,678 employés, as compared with 4,329 at the close of 1897, so that there is no reason to believe that the effects of the determination have been to lessen the employment of adult workers.

On the determination of the Clothing Board, Miss Cuthbertson reports:—

„When the determination of the Clothing Board came into force a great deal was heard of the tasks imposed upon employés in factories of turning out a certain quantity of garments each day in order that they might be worth the minimum wage of 20 s. per week. The task imposed was often a very difficult one seeing that the mode of working was so very different to that which they had been accustomed.

Although this system still prevails very little is heard about it, for with improved machinery and use on the part of the operator what was formerly an exceedingly difficult task has become much easier of accomplishment.

The workers inside the factories have, generally speaking, benefited greatly by the determinations, and though possibly they have to work harder and more consistently, yet they are better paid and have steadier employment, and continually the hope is expressed by them that the Act will be placed permanently upon the Statute-book."

Out-workers clothing trade—A very large number of out-workers were employed in the clothing trade, the majority being engaged in the manufacture of stock clothing, and the balance on order clothing.

The amount of order clothing given out does not appear to have materially diminished, but as the stock manufacturer can get his work done so much more cheaply indoors than by paying the piece-work rate outdoor, notwithstanding the fact that he has to pay rent, the cost of expensive machinery, fire, light, &c., it is not at all likely that he will give it out. As a natural consequence the outdoor workers in the stock trade have been considerably reduced in numbers.

Many of them have simply exchanged their place of work from their own homes to the factories, and have frequently expressed the opinion that they have never been so well off in their lives, for although they did not like the idea of going into the factories at first, it would now seem impossible for them to go back to the long hours and the poor pay which they had formerly been used to.

Some have been compelled to seek other avenues of labour, some have got shirtmaking to do, those who did it to fill up the time have not required to get anything else, while in consequence of the improvement in trade generally many of those who did it because their husbands were out of work have gladly given it up. Of course, individual cases of hardship have occurred, but the number of cases is surprisingly small if taken into consideration with the large number of persons affected.

Miss Tate reports on the general effects of the determination of the Clothing Board:—

„The out-worker in the Stock trade has almost entirely disappeared; those who were able to do the prescribed amount of work have gone into the factories, and most of the others have become absorbed in other trades where the pressure is not quite so high.“

Miss Thear reports:—

„The number of out-workers in the clothing trade has become very much reduced in my district, and there are very few people now engaged in making "stock" clothing, though I have not heard so many complaints of hardship as on the first coming into operation of the determination of the Board, and a number of the people formerly so employed seem to have found other ways of earning a living, while a few others have gone to the country.“

Mr. Kingsbury reports: —

„Prior to the determination of the Board coming into force, I knew of females being at the trade from 6 to 10 years, and only earning from 10 s. to 15 s. per week; they now receive from £ 1 to £ 1 5 s.“

Wesentlicher Inhalt des Vorstehenden.

Ein Spruch des Lohnamtes kam am 15. November 1897 zustande, und es liegt somit bis Ende 1898 eine Tätigkeitsperiode von 13 Monaten vor.

Die Zeit- und Akkordlohnsätze, die weiter angegeben werden, stehen im Texte der Entscheidung im 11. Abschnitt des Anhangs verzeichnet. Die weiter folgenden Tabellen zeigen, daß der Durchschnittslohn der männlichen Arbeiter vom Jahre 1896 auf das Jahr 1897 sich bloß um 50 Pfg. — von 35,20 Mk. auf 35,70 Mk. — erhöht habe, der der Fabrikarbeiterinnen bloß um 30 Pfg., von 15,40 Mk. auf 15,70 Mk., während die Löhne für männliche Arbeiter im Jahre 1898 unter dem Einfluß des Lohnamtsspruches auf einen Durchschnittslohn von 39,50 Mk., somit um 3,80 Mk. stiegen und für Fabrikarbeiterinnen auf 18,20 Mk., somit um 2,50 Mk. Der Durchschnittslohn aller Angestellten wurde um 2,80 Mk. gehoben, über das Durchdringen der Lohnamtssprüche kann also ein Zweifel nicht obwalten.

Als um so interessanter wird es von der Fabrikinspektion hervorgehoben, daß die vom Publikum gezahlten Preise im Kleiderfach sich trotzdem in keiner merklichen Weise erhöht haben.

Erhellt daraus, daß die Löhne der Arbeiter nur eine verhältnismäßig unwichtige Größe in der Gesamtheit der Produktionskosten bilden. Diese wurden durch den Spruch des Lohnamtes nicht sehr wesentlich verändert.

Die Einführung der Lohnamtssätze war speziell in der Kundenschneiderei eine glatte: da Heimarbeit mit Akkordlöhnen vorherrscht, kann auch der alte und minder geschickte Arbeiter wie bisher mittun, er läuft nicht Gefahr, deshalb, weil er keine dem Minimallohn entsprechende Arbeitsleistung gibt, entlassen zu werden.

Der Bericht sagt weiter, daß sich die Befürchtung einer Verringerung des Geschäftes und Verringerung der Arbeitsgelegenheit durchaus nicht erfüllt habe. Die Zahl der im Bekleidungsgewerbe Beschäftigten ist vielmehr von 4329 zu Ende 1897 auf 4484, bzw. nach einer andern Angabe 4678 Angestellte im Jahre 1898 gestiegen.

Die Fabrikinspektorin Miss Cuthbertson berichtet, daß in der ersten Zeit, nachdem der Spruch des Lohnamtes in Kraft getreten war, viele Unternehmer von ihren Angestellten ein derart rasches Arbeiten forderten, daß diese kaum nachkommen konnten. Als sich jedoch die erste Nervosität gelegt hatte, bessere Maschinen eingeführt worden waren und auch die Arbeiter sich mit diesen vertrauter gemacht hatten, gelang es tatsächlich, den billigen Wünschen der Arbeitgeber nach angemessener Erhöhung der Leistungen zu entsprechen. Zusammenfassend kann gesagt werden, daß die Arbeiter wohl angestrengter tätig sein müssen, aber besser bezahlt und regelmäßiger beschäftigt werden; die Zufriedenheit unter ihnen ist allgemein.

Die Zahl der Heimarbeiter, die für Kundenschneider tätig sind, hat sich nicht wesentlich vermindert, doch ist in der Konfektion allerdings eine große Verschiebung eingetreten. Viele frühere Heimarbeiter werden jetzt in Werkstätten beschäftigt, da der Minimallohn für Zeitarbeit dem Arbeitgeber günstiger ist, als die neu vom Lohnamt festgesetzten Akkordlöhne für Heimarbeiter, die so hoch über den früher üblichen stehen.

Viele dieser Heimarbeiter haben ihre Arbeit vom eigenen Hause einfach in die Werkstätte verlegt und wiederholen immer wieder, daß es ihnen niemals im Leben so gut gegangen sei. Habe es sie im Anfange auch etwas befremdet, in die Werkstatt gehen zu müssen, so begriffen sie jetzt, wieviel leichter sie hier ihr Auskommen fänden als daheim bei überlanger Arbeitszeit und Löhnen, die derselben nicht würdig waren.

Viele Heimarbeiter mußten allerdings zu anderen Betätigungen übergehen; andere wieder, besonders verheiratete Frauen, die die Heimarbeit bloß als zeitweiligen Erwerb betrachteten, haben dieselbe ganz eingestellt. Die Gesetzgebung mag in einzelnen Fällen zu Beschwerde und Not geführt haben, aber sie verschwinden im Vergleich zu all dem gestifteten Segen.

Die Fabrikinspektorin Miss Tate berichtet:

„Konfektionsheimarbeiterinnen sind aus meinem Inspektionsbezirk fast völlig verschwunden. Die Tüchtigen wurden von den Unternehmern in die Werkstätten gezogen, der Rest suchte anderwärts Beschäftigung."

Die Fabrikinspektorin Miss Thear berichtet gleichfalls, daß die Zahl der Heimarbeiter in der Konfektion sich sehr wesentlich vermindert habe. Sie meint jedoch nicht, daß viel individuelles Elend dadurch verursacht worden sei. Die meisten Heimarbeiterinnen hätten andere Betätigungsmöglichkeiten gefunden.

Fabrikinspektor Kingsbury berichtet: „Vor Erlaß des neuen Gesetzes habe ich häufig Fabrikarbeiterinnen im Schneiderfache gefunden, die bloß 10—15 Mk. pro Woche verdienten. Eben diese gleichen Personen erhalten jetzt 20—25 Mk. Wochenlohn."

---

21. Abschnitt des Anhangs.

Bericht der Fabrikinspektion über die Tätigkeit des Lohnamtes im Schuhmachergewerbe.

Boot Board.

„The Determination of the Boot Board first came into operation on the 29th December, 1897. Mr. Charles L. Dobbin, P. M., is the present Chairman of the Board. The minimum wage was fixed at 36 s. per week for males, and 20 s. for females.

On the 18th July, 1898, the Determination was amended as regards the wages of adult males.

The minimum wage for the majority of male workers is 7 s. per day of eight hours, but for assistant stuff-cutters, men cutting linings, and a few others it is 6 s. 2 d. per day. For females the minimum wage of 20 s. per week was fixed.

Scales of wages for male and female apprentices were fixed, ranging from 5 s. to 20 s. per week.

Provision for payment by piece-work was made.

In 1900, the average wage for males was £ 1 14 s. 5 d., for females 14 s. 7 d., the general average being £ 1 7 s. 11 d. In 1901, the average wage for males was £ 1 14 s. 6 d., for females 15 s. 3 d., the general average being £ 1 8 s. 5 d.

The Department has had little difficulty in enforcing the Determination of this Board during the past year. Complaints of evasions or non-payment of the legal wage have been few, and there is no reason to doubt that in the great majority of the factories the law is strictly carried out.

Mr. Hall reports: —

„Boot Trade.

There is nothing of special importance to report as regards this trade except that considerable additions have been made to some of the factories, which will provide accommodation for a large number of employés. The Determination in force has been generally complied with throughout the factories. My experience in the administration of the Determination of the Wages Board in this and other trades that were the first to come under the wages clauses of the Act is that time has accustomed the manufacturers to the new order of things, and each year less trouble is experienced in the administration of the law."

Miss Tate reports:—

„There is also a constant demand for skilled workers in the boot trade, where the proportion of apprentices is 150 per cent., and is generally availed of to its fullest extent. This trade appears to be increasing greatly. One manufacturer in my district having made extensive additions to the factory during the year, and at least two others are hampered by the want of room in the premises they occupy at present. The Determination of the Board in this trade is complied with most cheerfully, and I am sure that no class of persons would regret having to return to the same conditions that existed before it came into force more than the vast majority of boot manufacturers."

Wesentlicher Inhalt des Vorstehenden.

„Das Lohnamt faßte einen ersten Beschluß am 29. Dezbr. 1897 und setzte den Minimallohn für erwachsene männliche Arbeiter auf 36 Mk., für weibliche auf 20 Mk. pro Woche fest.

Am 18. Juli 1898 wurde dieser Minimallohn auf 42 Mk. für erwachsene männliche Arbeiter erhöht. Der Durchschnittslohn im Gewerbe blieb trotzdem für männliche (jugendliche und erwachsene) Arbeiter mit 34,40 Mk., bzw. 34,50 Mk., nahezu unverändert. Der Durchschnittslohn der Arbeiterinnen stieg jedoch von 14,60 auf 15,20 Mk. Schwierigkeiten bei Durchsetzung der Lohnamtssprüche haben sich fast gar nicht ergeben. Nur wenige Fälle einer gesetzwidrigen Lohnschmälerung wurden konstatiert und es erscheint zweifellos, daß die große Mehrzahl der Arbeitgeber sich dem Gesetz voll und ganz gefügt hat.

Fabrikinspektor Hall berichtet, daß die Fabriken im letzten Jahre ihre Betriebe ausgedehnt und die Arbeitgeber sich durchaus an die neue Ordnung der Dinge gewöhnt hätten. Jedes Jahr bringe größere Ruhe und Stetigkeit für die Durchführung des Gesetzes.

Fabrikinspektorin Miss Tate berichtet, daß, seit das neue Gesetz bestehe, mehrere Fabrikanten ihres Bezirkes ihre Betriebe wesentlich erweitert hätten. Die Sprüche des Lohnamtes würden gern und willig beobachtet, und sie sei überzeugt, daß niemand die Rückkehr zum früheren Stand der Dinge mehr bedauern würde, als die Mehrheit der Schuhfabrikanten."

---

22. Abschnitt des Anhangs.

Bericht der Fabrikinspektion über die Tätigkeit des Lohnamts im Bäckergewerbe.

Bread Board.

„The first Determination made by the Bread Board came into force on the 3. April 1897. His Honour Sir Hartly Williams was chairman of this Board.

The Board fixed 1 s. per hour as the minimum wage, and a wage of 5 s. for apprentices and improvers.

When Sir Hartley Williams left for Europe he resigned the chairmanship, and Councillor John McMahon was elected chairman.

After several meetings the Board revised the former Determination in many respects. The minimum wage was raised to 1 s. 0½ d. per hour, or 50 s. for 48 hours per week. If more than 48 hours are worked, the rate of pay must be 1 s. 3½ d. per hour for each hour after the 48 hours have been worked. A scale of wages, ranging from 5 s. to 15 s. per week, was also fixed for apprentices or improvers.

In 1896, before there was a Determination in force in this trade, the average wage was £ 1 12 s. 5 d. for men and boys. In 1897, when the Determination was in force for only a few months, the average wage was £ 1 17 s. 3 d.; last year the average wage was £ 2 2 s. 6 d., as compared with £ 1 12 s. 5 d. in 1896; this shows an average increase of 10 s. 1 d. per week.

There have been some complaints that the legal wage is not paid in a number of bakehouses, but on the whole the Department has had little trouble in enforcing the Determination of the Bread Board during the year under review.

Mr. Ellis reports:—

„The majority of bakers are, I feel sure, strictly complying with the law. While those that are not are so protected by unscrupulous employés — men who are not true to themselves and act in collusion with their employers — that it is only when they leave or fall out that the truth comes out. It is very difficult to deal with these cases, as these men are so degraded that their evidence would be of little value and could never be relied on. You may know that a certain person is not complying with the law, but the difficulty is to prove it to the satisfaction of the magistrates. Otherwise the Determination has proved a great blessing to many of the workers, and is duly appreciated.“

Mr. Martin reports:—

„The practice of visiting bakehouses at night has done much good, and no complaints have reached me for many months.“

Wesentlicher Inhalt des Vorstehenden.

Der erste Spruch des Lohnamtes trat am 3. April 1897 in Kraft. (Unsere Leser finden dessen Festsetzungen auf S. 193 des Anhangs angegeben.)

Der Durchschnittslohn des Jahres 1896 vor Inkrafttreten des Gesetzes war 32,40 Mk; der Durchschnittslohn des letzten Jahres, unter dem Einfluß des Gesetzes 42,50 Mk.: also ein Anwachsen um 10,10 Mk. pro Woche.

Einige Beschwerden darüber, daß der Minimallohn in einzelnen Bäckereien nicht bezahlt werde, sind eingelaufen; sonst haben sich in der Durchführung des Gesetzes keine Schwierigkeiten ergeben. Fabrikinspektor Ellis berichtet, daß die Mehrzahl der Bäckermeister sich durchaus an das Gesetz halte. Einige wenige allerdings handelten im Einvernehmen mit ihren Angestellten gegen die Vorschrift. In diesen Fällen lasse sich nichts tun, da von den Angestellten keine Aussagen gegen ihre Brotherren zu erhalten sind. — Der Bericht Inspektor Martins lautet dahin, daß er bei seinen vielen nächtlichen Bäckereiinspektionen keine Verfehlungen gegen das Gesetz habe beobachten können.

---

23. Abschnitt des Anhangs.

Bericht der Fabrikinspektion über die Tätigkeit des Lohnamtes im Holzarbeitergewerbe.

Wood Workers Board.

„The Determination of this Board came into operation on the 15th April, 1901. Mr. T. Palmer was the chairman.

The wages rates fixed range from £ 3 12 s. to £ 1 16 s. for adult males, and a scale is also fixed for apprentices and for improvers.

The general overtime rate is fixed at time and a quarter.

In 1900, before the Determination came into force, the average wage for adult males was 40 s. 5 d., and the general average 33 s. 2 d. Last year, under the Determination, the average wage of adult males was 49 s. 11 d., and for the whole trade 43 s. 2 d. This gives an average increase of 9 s. 6 d. for each adult male, and a general average increase of 10 s. per week.

Mr. Hall reports:—

„This Determination comprises so many different rates of wages, that after it first came into force several visits had to be made to the various factories to see that it was being properly observed. Since then, however, but little trouble has been experienced, and I have every reason to believe it is now being complied with."

Mr. Kingsbury reports:—

„I have the largest factories working under this Determination in my district, and am pleased to report that the rate of wages fixed by the determination (as far as saw-mills are concerned) are strictly carried out. There are a number of hands employed in these mills who, by reason of being incapacitated through old age or accident, are not able to compete with younger men to earn the minimum wage: these have applied for, and received, a permit or special licence to work at a reduced rate. Had this provision not been made (which is much appreciated by them), they must have been dismissed, and could not have obtained a livelihood at the trade in which they had been brought up. Taken altogether the Determination is working well, and there is a general desire among the larger firms to adhere to the Determination in every way."

Mr. Powell (Ballarat) reports:—

„Employers and employés in the country complain that they are not represented sufficiently on the Boards; that provision should be made for at least one employer and one employé on every Board, because on some occasions efforts have been made to send a representative in, and the large numbers of votes in Melbourne have prevented the local man from being elected, and in consequence the prices have been made to suit Melbourne and not Ballarat. A man receiving 10 s. per day in Melbourne is not as well paid as a man in Ballarat getting 9 s. per day, as the living is cheaper."

Wesentlicher Inhalt des Vorstehenden.

Ein Spruch des Lohnamtes kam am 15. April 1901 zustande. Unsere Leser finden die einzelnen Minimallohnsätze im Text der Entscheidung auf S. 201 des Anhangs.

Der Durchschnittslohn im Gewerbe hat sich vom Jahre 1900 auf das Jahr 1901 unter dem Einfluß des Lohnamtsspruches von 33,20 Mk. auf 43,20 Mk., somit um 10 Mk. pro Woche, erhöht.

Fabrikinspektor Hall berichtet, daß die Verschiedenheit der im Gewerbe üblichen Arbeiten eine Reihe von Inspektionen in den einzelnen Werkstätten erfordert habe, auf daß die richtige Einhaltung des Gesetzes im einzelnen kontrolliert werden könnte. Seit Bestehen dieser Inspektionen habe man sich dem Gesetz jedoch in jeder Richtung gefügt.

Fabrikinspektor Kingsbury berichtet über seinen Bezirk, daß die Minimallöhne strikte eingehalten werden. Eine Reihe von alten Arbeitern, die unfähig seien, in Wettbewerb mit ihren jüngeren Genossen zu treten und, wenn sie den Minimallohn zu bekommen hätten, nicht mehr würden beschäftigt werden können, erhielten von ihm Erlaubnisscheine für Arbeit zu niedrigerem Lohne.

Gerade diese Bestimmung des Gesetzes, welche in Ausnahmefällen die Ausgabe solcher Erlaubnisscheine zuläßt, werde besonders gewürdigt.

Im allgemeinen finde der Spruch des Lohnamtes ungeteilten Beifall und gerade bei den größeren Holzfirmen zeige sich der lebhafte Wunsch, ihm zu genügen.

Fabrikinspektor Powell aus Ballarat berichtet, daß die Arbeitgeber und Arbeiter seines Bezirkes darüber klagen, die Provinzstädte seien im Lohnamt nicht entsprechend vertreten. Sie seien bei der Wahl durch die große Anzahl der Melbourner Wähler überstimmt worden, und das Lohnamt habe sich in seinen Entscheidungen einseitig nach Melbourner Verhältnissen gerichtet, während doch 10 Mk. in Melbourne nicht soviel Kaufkraft wie 9 Mk. in Ballarat besäßen.

---

24. Abschnitt des Anhangs.

Bericht der Fabrikinspektion über die Tätigkeit des Lohnamts im Druckereigewerbe.

Printers Board.

„The first Determination made by this Board came into force on the 1st January, 1902. The Board subsequently made some changes, and the amended Determination came into force on the 4th August, 1902.

Printing Trade (Metropolitan District).

In 1901, before the Determination came into force, the average wage for all males was £ 1 17 s. 2 d.; for all females, 13 s. 11 d.; the general average being £ 1 16 s. 10 d.

Last year the average for all males was £ 2 0 s. 8 d.; for all females, 13 s. 1 d.; the general average being £ 1 19 s.

These figures indicate an average increase of 2 s. 2 d. for each employé in the printing trade in the metropolitan district.

Mr. Bishop reports:—

„The Determination of this Board has had a trial of upwards of twelve months, and, on the whole, appears to have given fair satisfaction. As far as the principal establishments in the metropolitan district are concerned, the decisions of the Board did not make an appreciable difference, as they were all paying, and had been paying, the same rates and recognising the same proportion of apprentices and improvers as allowed by the Determination for some years past. In the suburbs, where boy-labour was most extensively used, the effects were more fully felt, as these offices were forced to come into line with the remainder of the trade.“

Wesentlicher Inhalt des Vorstehenden.

„Der erste Spruch kam am 1. Januar 1902 zustande, ein zweiter am 4. August gleichen Jahres.

Die Durchschnittslöhne für männliche Drucker haben sich in der Hauptstadt Melbourne vom Jahre 1901 zum Jahre 1902 von 37,10 Mk. auf 40,70 Mk. gehoben.

Fabrikinspektor Bishop berichtet, daß die Sprüche des Lohnamts nunmehr seit einem Jahr in Kraft stehen und, alles in allem genommen, vollen Anlaß zur Befriedigung bieten. In den großen Betrieben der innern Stadt hat sich nicht viel verändert, da hier schon früher gleich hohe Löhne bezahlt wurden. In den Vororten dagegen hat sich das zahlenmäßige Verhältnis zwischen jugendlichen und ausgelernten Arbeitern zugunsten der letztern gebessert, und die Durchschnittslöhne sind damit gestiegen. Die Vorortfirmen sind eben gezwungen worden, mit ihren Löhnen auf das Niveau der großen und guten Firmen hinaufzugehen."

---

25. Abschnitt des Anhangs.

Einige allgemeine Bemerkungen aus den Berichten der Fabrikinspektion.

A) Ausnahmebestimmungen für alte Arbeiter (aus den Berichten des Jahres 1903).

Old and Infirm Workers.

„It has been often stated that the Specia lBoard system is very hard on the old and infirm worker. I wish once again to state that I do not believe there is the slightest foundation for such a view. On the contrary, my experience goes to show that the old and infirm worker benefits by the fact that a minimum wage exists. He obtains a licence to work at less than the minimum wage, and obtains the work without the fear that advantage will be taken of his age or infirmity, and without the danger of being merely used as an instrument to lower the wages of the skilled and capable worker.

There are at present in existence 227 licences issued by me to old and infirm workers in the 29 trades subject to Determinations as stated above. I have reason to believe that these workers obtain better wages than they would if the rates of pay were not fixed by Special Boards, and that they have less difficulty in obtaining employment than old and infirm workers in trades not under the Board system."

Wesentlicher Inhalt des Vorstehenden.

„Die häufig gehörte Behauptung, daß die Lohnämter den alten und schwachen Arbeitern ungünstig seien, wird durch die Erfahrung der Fabrikinspektoren in keiner Weise bestätigt. Im Gegenteil, die alten und schwachen Arbeiter ziehen aus der Tatsache eines Minimallohnes Vorteil. Sie bekommen Erlaubnisscheine, zu billigeren Preisen als ihre Genossen zu arbeiten. In diesen Erlaubnisscheinen wird aber genau der Preis angegeben, zu dem sie arbeiten dürfen. Ausbeutung und Mißbrauch ihrer Hilflosigkeit werden damit verhindert.

Bis zum Augenblick, da dieser Bericht veröffentlicht wird, sind im ganzen 227 solcher Erlaubnisscheine für sämtliche Gewerbe ausgegeben worden. Nach Ansicht der Fabrikinspektion verdienen diese Leute heute bessere Löhne als unter dem frühern System. Alte Arbeiter finden in den Gewerben, für die Lohnämter bestehen, reichlichere Arbeitsgelegenheit als in denen, für welche das Gesetz noch nicht in Kraft getreten ist.“

B) Statistik der Fabriken und Arbeiter im Staate Viktoria.

State of Trade.

The following figures show the number of factories and the workers therein since the *Factories and Shops Act* 1885 came into force:—

1,949	factories	employing	39,506	persons	were registered in	1886
2,182	„	„	41,083	„	„	1887
2,383	„	„	43,288	„	„	4888
2,522	„	„	47,223	„	„	1889
2,507	„	„	47,813	„	„	1890
2,548	„	„	46,649	„	„	1891
2,443	„	„	40,319	„	„	1892
2,243	„	„	35,263	„	„	1893
2,515	„	„	34,268	„	„	1894

2,573	factories	employing	36,027	persons	were	registered in	1895
3,370	,,	,,	40.814	,,	,,		1896
3,739	,,	,,	45,178	,,	,,		1897
3,777	,,	,,	45,844	,,	,,		1898
3,895	,,	,,	49,546	,,	,,		1899
4,050	,,	,,	52,898	,,	,,		1900
4,238	,,	,,	56,945	,,	,,		1901
4,252	,,	,,	59,440	,,	,,		1902
4,325	,,	,,	57,767	,,	,,		1903
4,436	,,	,,	61,977	,,	,,		1904

C) Übersicht der Gewerbe, für welche Lohnämter bestehen (im Jahre 1904, aus dem Bericht des Jahres 1905).

Special Boards.

,,There are 38 Special Boards, affecting over 38,000 operatives, now in existence, namely:—

1. Aerated Water Trade Board
2. Artificial Manure Board
3. Bedstead Makers Board
4. Boot Board
5. Brassworkers Board
6. Bread Board
7. Brewers Board
8. Brick Trade Board
9. Brushmakers Board
10. Butchers Board
11. Cigar Trade Board
12. Clothing Board
13. Confectioners Board
14. Coopers Board
15. Dressmakers Board
16. Engravers Board
17. Fellmongers Board
18. Furniture Trade Board
19. Ironmoulders Board
20. Jam Trade Board
21. Jewellers Board
22. Leather Goods Board
23. Malt Board
24. Millet Broom Board
25. Ovenmakers Board
26. Pastrycooks Board
27. Plate Glass Board
28. Pottery Trade Board
29. Printers Board
30. Saddlery Board
31. Shirt Board
32. Stone Cutters Board
33. Tanners Board
34. Tinsmiths Board
35. Underclothing Board
36. Wicker Board
37. Woodworkers Board
38. Woollen Trade Board

Determinations made by the above Boards are now in force, with the exception of the Tinsmiths Board.

The Determinations appear to be well observed, and the Department has now comparatively little trouble in enforcing the rates fixed by the Boards."

Wesentlicher Inhalt des Vorstehenden.

Im Jahre 1904 waren 38 Lohnämter in Tätigkeit und 38 000 Arbeiter aus einer Gesamtzahl von 61 977 Fabrikarbeitern des Staates, somit etwa zwei Drittel derselben, den Lohnämtern unterstellt. [1])

Die wichtigsten Lohnamtseinsetzungen waren die für die folgenden Gewerbe:

Schusterei, elektrische Installation, Bäckerei, Bierbrauerei, Fleischerei, Bau, Zigarrenfabrikation, Bekleidungsgewerbe, Gerberei, Eisengießerei, Einsiederei, Goldarbeit, Zuckerbäckerei, Töpferei, Buchdruck, Sattlereigewerbe, Herrenwäscheerzeugung, Frauenwäscheerzeugung, Steinmetzgewerbe, Tischlerei, Schmiedegewerbe.

Alle diese Lohnämter, mit Ausnahme des letzteren, haben definitive Sprüche erlassen. Von diesen Sprüchen kann die Fabrikinspektion sagen, daß sie gut eingehalten werden und daß die Inspektion nach den Schwierigkeiten der ersten Jahre nunmehr weit geringere Mühe mit der Durchsetzung der von den Lohnämtern festgesetzten Minimallöhne hat.

---

[1]) Im Jahre 1908 waren 75 000 Arbeiter (aus einer Gesamtzahl von 79 000) der Lohnämter teilhaftig.

26. Abschnitt des Anhangs.

Kanadisches Gesetz über Einführung von fakultativen Schiedsgerichten für Industrien öffentlichen Interesses (1907)[1].

An Act to aid in the Prevention and Settlement of Strikes and Lockouts in Mines and Industries connected with Public Utilities.

His Majesty, by and with the advice and consent of the Senate and House of Commons of Canada, enacts as follows:—

1. This Act may be cited as *The Industrial Disputes Investigation Act*, 1907.

Preliminary.

Interpretation.

2. In this Act, unless the context otherwise requires—

(*a*) "Minister" means the Minister of Labour;

(*b*) "department" means the Department of Labour;

(*c*) "employer" means any person, company or corporation employing ten or more persons and owing or operating any mining property, agency of transportation or communication, or public service ultility, including, steamships, telegraphs and telephone lines, gas electric light, water and power works;

(*d*) "employee" means any person employed by an employer to do any skilled or unskilled manual or clerical work for hire or reward in any industry to which this Act applies.

5. Whenever any dispute exists between an employer and any of his employees, and the parties thereto are unable to adjust it, either of the parties to the dispute may make application to the Minister for the appointment of a Board of Conciliation and Investigation, to which Board the dispute may be referred under the provisions of this Act.

6. Whenever, under this Act, an application is made in due form for the appointment of a Board of Conciliation and

---

[1]) Viele Artikel, die mit ziemlicher Weitschweifigkeit ganz untergeordnete Details behandeln (der Originaltext umfaßt 16 Druckseiten) sind aus Raumgründen gestrichen.

Investigation, the Minister, whose decision for such purpose shall be final, shall, within fifteen days from the date at which the application is received, establish such Board under his hand and seal of office, if satisfied that the provisions of this Act apply.

7. Every Board shall consist of three members who shall be appointed by the Minister.

2. Of the three members of the Board one shall be appointed on the recommendation of the employer and one on the recommendation of the employees (the parties to the dispute), and the third on the recommendation of the members so chosen.

8. For the purposes of appointment of the members of the Board, the following provisions shall apply:—

1. Each party to the dispute may, recommend the name of one person who is willing and ready to act as a member of the Board, and the Minister shall appoint such person a member of the Board.

2. If either of the parties fails or neglects to duly make any recommendation the Minister shall, as soon thereafter as possible, appoint a fit person to be a member of the Board; and such member shall be deemed to be appointed on the recommendation of the said party.

3. The members chosen on the recommendation of the parties may, within five days after their appointment, recommend the name of one person who is willing and ready to act as a third member of the Board, and the Minister shall appoint such person a member of the Board.

4. If the members chosen on the recommendation of the parties fail or neglect to duly make any recommendation within the said period the Minister shall, as soon thereafter as possible, appoint a fit person to be a third member of the Board.

5. The third member shall be the Chairman of the Board.

10. Every member of a Board shall hold office from the time of his appointment until the report of the Board is signed and transmitted to the Minister.

11. No person shall act as a member of a Board who has any direct pecuniary interest in the issue of a dispute referred to such Board.

13. Before entering upon the exercise of the functions of their office the members of a Board, including the chairman, shall make oath or affirmation before a justice of the peace or other person authorized to adminster an oath or affirmation, that they will faithfully and impartially perform the duties of their office, and also that, except in the discharge of their duties, they will not disclose to any person any of the evidence or other matter brought before the Board.

Procedure for Reference of Disputes to Boards.

15. For the purpose of determining the manner in which, and the persons by whom, an application for the appointment of a Board is to be made, the following provisions shall apply:—

1. The application shall be made in writing in the prescribed form, and shall be in substance a request to the Minister to appoint a Board to which the existing dispute may be referred under the provisions of this Act.

2. The application shall be accompanied by—

(*a*) A statement setting forth—

(1) the parties to the dispute;

(2) the nature and cause of the dispute, including any claims or demands made by either party upon the other, to which exception is taken;

(3) an approximate estimate of the number of persons affected or likely to be affected by the dispute;

(4) the efforts made by the parties themselves to adjust the dispute;

and—

(*b*) A statutory declaration setting forth that, failing an adjustment of the dispute or a reference thereof by the Minister to a Board, to the best of the knowledge and belief of the declarant a lockout or strike will be declared, and (except where the application is made by an employer in consequence of an intended change in wages or hours proposed by the said employer) that the ncesssary authority to declare such lockout or strike has been obtained etc.

17. Every application for the appointment of a Board shall be transmitted by post by registered letter addressed to the Registrar of Boards of Conciliation and Investigation, Department of Labour, Ottawa, and the date of the receipt of such registered letter at the department shall be regarded as the date of the receipt of such application.

18. In every case where an application is made for the appointment of a Board the party making application shall, at the time of transmitting it to the Registrar, also transmit by registered letter to the other party to the dispute, or by personal delivery, a copy of the application and of the accompanying statement and declaration.

19. Upon receipt by either party to a dispute of a copy of the application for the appointment of a Board such party shall, without delay, prepare a statement in reply to the application and transmit it by registered letter, or by personal delivery, to the Registrar and to the party making the application.

21. Any dispute may be referred to a Board by application in that behalf made in due form by any party thereto; provided that no dispute shall be the subject of reference to a Board under this Act in any case in which the employees affected by the dispute are fewer than ten.

22. Upon the appointment of the Board the Registrar shall forward to the chairman a copy of the application for the appointment of such Board, and of its accompanying statement and declaration, and of the statement in reply, and the Board shall forthwith proceed to deal with the matters referred to in these documents.

Functions, Powers and Procedure of Boards.

23. In every case where a dispute is duly referred to a Board it shall be the duty of the Board to endeavour to bring about a settlement of the dispute, and to this end the Board shall, in such manner as it thinks fit, expeditiously and carefully inquire into the dispute and all matters affecting the merits thereof and the right settlement thereof. In the course of such inquiry the Board may make all such suggestions and do all such things as it deems right and proper for inducing the parties to come to a fair and amicable settlement of the dispute, and may adjourn the proceedings for any period the Board thinks reasonable to allow the parties to agree upon terms of settlement.

24. If a settlement of the dispute is arrived at by the parties during the course of its reference to the Board, a memorandum of the settlement shall be drawn up by the Board and signed by the parties, and shall, if the parties so agree, be binding as if made a recommendation by the Board under section 62 of this Act, and a copy thereof with a report upon the proceedings shall be forwarded to the Minister.

25. If a settlement of the dispute is not arrived at during the course of its reference to the Board, the Board shall make a full report thereon to the Minister, which report shall set forth the various proceedings and steps taken by the Board for the purpose of fully and carefully ascertaining all the facts and circumstances, and shall also set forth such facts and circumstances, and its findings therefrom, including the cause of the dispute and the Board's recommendation for the settlement of the dispute according to the merits and subtantial justice of the case.

26. The Board's recommendation shall deal with each item of the dispute and shall state in plain terms, and avoiding as far as possible all technicalities, what in the Board's opinion ought or ought not to be done by the respective parties concerned. Wherever it appears to the Board expedient so to do, its recommendation shall also state the period during which the proposed settlement should continue in force, and the date from which it should commenec.

27. The Board's report and recommendation shall be made to the Minister in writing, and shall be signed by such of the members as concur therein, and shall be transmitted by the chairman by registered letter to the Registrar as soon as practicable after the reference of the dispute to the Board; and in the same manner a minority report may be made by any dissenting member of the Board.

28. Upon receipt of the Board's report the Minister shall forthwith cause the report to be filed in the office of the Registrar and a copy thereof to be sent free of charge to the parties to the dispute, and to the representative of any newspaper published in Canada who applies therefor, and the Minister may distribute copies of the report, and of any minority report, in such manner as to him seems most desirable as a means of securing a compliance with the Board's recommendation. The Registrar shall, upon application, supply certified copies for a prescribed fee, to persons other than those mentioned in this section.

29. For the information of Parliament and the public, the report and recommendation of the Board, and any minority report, shall, without delay, be published in the *Labour Gazette*, and be included in the annual report of the Department of Labour to the Governor General.

30. For the purpose of its inquiry the Board shall have all the powers of summoning before it, and enforcing the attendance of witnesses, of administering oaths, and of requiring witnesses to give evidence on oath or on solemn affirmation (if they are persons entitled to affirm in civil matters) and to produce such books, papers or other documents or things as the Board deems requisite to the full investigation of the matters into which it is inquiring, as is vested in any court of record in civil cases.

32. All books, papers and other documents of things produced before the Board, whether voluntarily or in pursuance to summons, may be inspected by the Board, and also by such parties as the Board allows: but the information obtained therefrom shall not, except in so far as the Board deems it expedient, be made public, and such parts of the books, papers or other documents as in the opinion of the Board do not relate to the matter at issue may be sealed up.

41. No counsel or solicitor shall be entitled to appear or be heard before the Board, except with the consent of the parties to the dispute, and notwithstanding such consent the Board may decline to allow counsel or solicitors to apear.

46. The decision of a majority of the members present at a sitting of the Board shall be the decision of the Board, and the findings and recommendations of the majority of its members shall be those of the Board.

Strikes and Lockouts prior to and pending a reference to a Board illegal.

56. It shall be unlawful for any employer to declare or cause a lockout, or for any employee to go on strike, on account of any dispute prior to or during a reference of such dispute to a Board of Conciliation and Investigation under the provisions of this Act: Provided that, except where the parties have entered into an agreement under section 62 of this Act, nothing in this Act shall be held to restrain any employer from declaring a lockout, or any employe from going on strike in respect of any dispute which has been duly referred to a Board and which has been dealt with under section 24 or 25 of this Act.

57. Employers and employees shall give at least thirty day's notice of an intended change affecting conditions of employment with respect to wages or hours, and in the event of such intended change resulting in a dispute, until the dispute has been finally dealt with by a Bord, neither of the parties affected shall alter the conditions of employment with respect to wages or hours, or on account of the dispute do or be concerned in doing, directly or indirectly, anything in the nature of a lockout or strike, or a suspension or discontinuance of employment or work, but the relationship of employer and employee shall continue uninterrupted by the dispute, or anything arising out of the dispute; but if, in the opinion of the Board, either party uses this or any other provision of this Act for the purpose of unjustly maintaining a given condition of affairs through delay, and the Board so reports to the Minister, such party shall be guilty of an offence, and liable to the same penalties as are imposed for a violation of the next preceding section.

58. Any employer declaring or causing a lockout contrary to the provisions of this Act shall be liable to a fine of not less than one hundred dollars, nor more than one thousand dollars for each day or part of a day that such lockout exists.

59. Any employee who goes on strike contrary to the provisions of this Act shall be liable to a fine of not less than ten dollars nor more than fifty dollars, for each day or part of a day that such employee is on strike.

60. Any person who incites, encourages or aids in any manner any employer to declare or continue a lockout, or any employee to go continue on strike contrary to the provisions of this Act, shall be guilty of an offence and liable to a fine of not less than fifty dollars nor more than one thousand dollars.

61. The procedure for enforcing penalties imposed or authorized to be imposed by this Act shall be that prescribed by Part XV. of *The Criminal Code* relating to summary convictions.

Special provisions.

62. Either party to a dispute which may be referred under this Act to a Board may agree in writing, at any time before or after the Board has made its report and recommendation, to be bound by the recommendation of the Board in the same manner as parties are bound upon an award made pursuant to a reference to arbitration on the order of a court of record; every agreement so to be bound made by one party shall be forwarded to the Registrar who shall communicate it to the other party, and if the other party agrees in like manner to be bound by the recommendation of the Board, then the recommendation shall be made a rule of the said court on the application of either party and shall be enforceable in like manner.

63. In the event of a dispute arising in any inudstry or trade other than such as may be included under the provisions of this Act, and such disputes threatens to result in a lockout or strike, or has actually resulted in a lockout or strike, either of the parties may agree in writing to allow such dispute to be referred to a Board of Conciliation and Investigation, to be constituted under the provisions of this Act.

2. Every agreement to allow such reference shall be forwarded to the Registrar, who shall communicate it to the other

party, and if such other party agrees in like manner to allow the dispute to be referred to a Board, the dispute may be so referred as if the industry or trade and the parties were included within the provisions of this Act.

3. From the time that the parties have been notified in writing by the Registrar that in consequence of their mutual agreement to refer the dispute to a Board under the provisions of this Act, the Minister has decided to refer such dispute, the lockout or strike, if in existence, shall forthwith cease, and the provisions of this Act shall bind the parties.

65. No proceeding under this Act shall be deemed invalid by reason of any defect of form or any technical irregularity.

---

27. Abschnitt des Anhangs.

Wesentlicher Inhalt des vorstehenden kanadischen Gesetzes über Einführung von fakultativen Schiedsgerichten für Industrien öffentlichen Interesses [1]).

Artikel 2 [2]).

Das Gesetz findet Anwendung auf Bergwerke, Bahnen, Straßenbahnen und Dampfschiffe, Telegraphen- und Telephonbetrieb, elektrische und Gasbeleuchtung, Wasser- und elektrische Kraftwerke. Betriebe mit weniger als 10 Angestellten sind vom Geltungsbereich des Gesetzes ausgenommen.

---

[1]) Außer den Artikeln, die wegen völliger Bedeutungslosigkeit bereits im englischen Text weggelassen sind, wurden andere, dort belassene, jedoch kein wesentliches Interesse bietende hier gestrichen oder nur in Grundzügen wiedergegeben.

[2]) Die Ziffern der Artikel sind korrespondierend mit dem englischen Original belassen, um den Vergleich der Texte zu erleichtern.

Artikel 5.

Sowohl Arbeitgeber als auch Arbeiter sind in Konfliktsfällen berechtigt, beim Arbeitsministerium die Ernennung einer Untersuchungskommission zu beantragen.

Artikel 6.

Der Minister beurteilt, ob das Gesetz auf den Einzelfall Anwendung findet, seine Entscheidung ist endgültig. Bejahendenfalls ordnet er die Bildung der Untersuchungskommission an.

Artikel 7.

Jede Kommission ist aus 3, vom Minister ernannten Mitgliedern zu bilden. Je eines derselben ist auf Vorschlag der beiden streitenden Parteien, das dritte Mitglied auf Vorschlag dieser beiden Mitglieder zu bestellen.

Artikel 8.

Einigen sich die beiden Parteivertreter nicht auf die Wahl eines unparteiischen dritten Beisitzers, so wird derselbe vom Minister ernannt. Dieses dritte Mitglied fungiert als Vorsitzender der Kommission.

Artikel 11.

Personen, welche durch irgendwelches finanzielle Interesse mit einer der beiden streitenden Parteien verknüpft sind, können nicht Mitglieder dieser Kommissionen sein.

Artikel 15.

Ansuchen um Einsetzung solcher Untersuchungskommissionen sollen von einer Erklärung begleitet sein, daß der Konflikt der Meinung des Petitionierenden nach die Gefahr eines Streiks oder einer Aussperrung mit sich bringe.

Artikel 17.

Diese Anträge sind einem Spezialdepartement des Arbeitsministeriums zu übermitteln.

Artikel 23.

Die Untersuchungskommission ist berufen, einerseits alle Tat- und Rechtsumstände, alle Billigkeitsmomente, die für oder wider das vorgebrachte Ansuchen sprechen, zu ermitteln; andererseits eine gütliche Einigung zwischen beiden streitenden Parteien zu versuchen.

Kommt eine Einigung zustande und wird sie von beiden streitenden Parteien gezeichnet, so erlangt sie Rechtskraft. Wenn keine Einigung zustande kommt, leitet die Kommission das Aktenmaterial an das Ministerium weiter.

Artikel 26.

Der Bericht der Untersuchungskommission soll ein anschauliches Bild des ganzen Streitfalles auch für den Laien enthalten, sowie die genaue Darstellung der relevanten Begleitmomente.

Auch ein evtl. Minoritätsbericht soll ihm beigeheftet werden.

Artikel 28.

Der Minister ist daraufhin berufen, die Entscheidung nicht nur den beiden streitenden Parteien, sondern auch allen Zeitungen des Landes zu übermitteln und in solcher und anderer Weise zu verbreiten, damit das Publikum vor allem davon Kenntnis erhalte und auf Grund dieser Entscheidung sich eine sachkundige Meinung bilden könne.

Artikel 29.

Die Entscheidung soll gleichzeitig in der offiziellen Labour Gazette veröffentlicht werden.

Artikel 32.

Die Untersuchungskommission ist berechtigt, Vorlage der Bücher zu fordern; sie ist aber zur Geheimhaltung von deren Inhalt verpflichtet, sofern die Veröffentlichung einzelner Punkte ihr nicht im öffentlichen Interesse gelegen zu sein scheint.

Artikel 41.

Die Anwälte der Streitenden sind zur Verhandlung vor der Untersuchungskommission zugelassen, wenn sie nicht durch das Votum der Gegenpartei oder die Kommission selbst davon ausgeschlossen werden.

Artikel 46.

Die Beschlüsse werden mit Mehrheit (2 gegen 1 Kommissionsmitglied) gefaßt.

Artikel 56.

Die Erklärung eines Streiks oder einer Aussperrung v o r Erlaß der Entscheidung durch die Untersuchungskommission ist verboten. N a c h Erlaß dieser Entscheidung sind beide streitenden Parteien berechtigt, nach ihrem Belieben vorzugehen. Arbeitgeber und Arbeiter sind ververpflichtet, von jeder Änderung des Kontraktverhältnisses oder der Löhne und Arbeitsbedingungen, die sie beabsichtigen, 30 Tage vorher der anderen Partei Mitteilung zu machen.

Führt diese Absicht zu einem Konflikt und zur Einberufung einer Untersuchungskommission, so darf sie vor Erlaß einer Entscheidung nicht ausgeführt werden.

Artikel 58.

Arbeitgeber, die entgegen der Bestimmung des Gesetzes, v o r der Kundmachung der Kommissionsentscheidung eine

Aussperrung erklären, sollen in eine Geldstrafe von 200 bis 4000 Mk. pro Tag der Aussperrung genommen werden.

Artikel 59.

Arbeiter, die unrechtmäßig, vor Kundmachung der Kommission, streiken, verfallen in eine Geldstrafe von 40 bis 200 Mk. für jeden Streiktag.

Artikel 60.

Wer immer zu solchen unrechtsmäßigen Streiks oder Aussperrungen aufreizt, verfällt in eine Geldstrafe von 200—4000 Mk.

Artikel 61.

Das Verfahren für Auferlegung dieser Strafen ist ein summarisches.

Artikel 62.

Wenn beide Parteien vor Erlaß der Entscheidung erklären, daß sie sich derselben unbedingt fügen wollen, gewinnt die schließliche Entscheidung bindende Rechtskraft.

Auflehnung gegen dieselbe, Streik oder Aussperrung ist in diesem Falle auch nach der Kundmachung der Entscheidung unstatthaft.

Artikel 63.

Wenn zwei streitende Parteien in einer Industrie nicht öffentlichen Charakters, die somit nicht obligatorisch in den Bereich dieses Gesetzes fällt, um Zuweisung eines Falles an die Untersuchungskommission ansuchen, so ist dem stattzugeben und gelten dann alle oben bezeichneten Regeln.

28. Abschnitt des Anhangs.

Bericht des kanadischen Arbeitsministeriums über die Tätigkeit der Untersuchungskommission, die auf Antrag der Telegraphisten und Stationsbeamten der Grand Trunk-Eisenbahn am 21. Dezember 1909 zusammentrat [1]).

„Application from telegraphers and station agents employed by the Grand Trunk Railway Company on lines east of Detroit, Mich.—board established—no cessation of work.

Application received.—December 3, 1909.

Parties concerned.—Grand Trunk Railway Company and telegraphers and station agents in its employ on lines east of Detroit, Mich.

Applicants.—Employees.

Nature of industry concerned.—Railways.

Nature of dispute.—Wages, advertising of vacancies, &c.

Number of employees affected.—760.

Date of constitution of Board.—December 21, 1909.

Membership of Board.—Mr. J. E. Atkinson, Toronto, Chairman, appointed by the Minister in the absence of any joint recommendation from the other members of the Board; Mr. Wallace Nesbitt, Toronto, appointed on the recommendation of the employing Company; and Mr. W. T. J. Lee, Toronto, appointed on the recommendation of the employees.

Report received.—February 24, 1910.

Result of inquiry.—No cessation of work occurred.

The Minister received on February 24 the report of the Board of Conciliation and Investigation which bad been established on December 7 for the adjustment of certain matters in dispute between the Grand Trunk Railway Company and its telegraphers and station agents to the number of 760 employed on the Company's lines east of Detroit. The differences in question related to a demand on the part of the

---

[1]) Report of the Departement of Labour for the fiscal year ending March 31, 1910, Ottawa 1910. Seite 189.

employees for an increase of wages, extra pay for Sunday work, annual vacations without loss of salary, advertising of vacancies and the adoption of a wage scale in the form of a schedule etc. etc.

Report of Board.

The text of the findings of the Board is as follows:—

„In the matter of the Industrial Disputes Investigation Act, 1907, and in the matter of differences between the Grand Trunk Railway Company of Canada and its employees, being telegraphers and station agents.

As members of the Board of Conciliation and Investigation appointed to deal with the dispute between the Grand Trunk Railway Company and its employees, being telegraphers and station agents, we beg to report as follows:—

The Grand Trunk Railway Company was represented by Mr. Charles M. Hyas, president; Mr. E. H. Fitzhugh, first vice-president, and Mr. W. G. Brownlee, general transportation manager.

The telegraphers were reprented by Mr. D. Campbell, third vice-president of the Order of Railroad Telegraphers, and Messrs. J. A. Bell, A. E. Austin, P. A. Robertson, V. Mongeau and B. J. Rowell.

The Board met at Montreal and held sittings on the 8th, 9th and 14th days of February, 1910, and subsequently met for consideration and interviews with the parties on the 16th, 17th, 18th, 21st and 22nd days of February, 1910.

The men proposed that a number of changes should be made in the existing schedule of rules and rates of pay.

Two of these proposed changes may be linked together, namely, (1) the '23' message by which, if adopted, all the men in a division should be notified by bulletin five days in advance of all vacancies and permanent positions coming under the schedule, and ten days allowed the men during which to file applications for such vacancies; and (2) in order that the salaries attached to all positions may be known to the men, they asked that an official wage list showing the salaries of all positions governed by the schedule be attached and become part of the schedule.

Overtime pay was asked for work done on Sundays and legal holidays, the pay to be *pro rata* on schedule salary.

Overtime pay for meeting late or early trains outside the hours covered by the day's work had been limited to those whose salary, including receipts from all sources, during the preceding year did not exceed $ 60 per month.

The men asked that this limitation should be eliminated.

They asked that ten consecutive hours, including meal hour, should constitute a day's work at offices where one or two telegraphers are employed, and that eight consecutive hours, including meal hour, should constitute a day's work at offices where more than two telegraphers are employed.

The men asked that article 13 of the schedule which provides conditionally that work on Sundays and certain legal holidays be paid for extra, should be made to apply unconditionally to all men coming under the schedule.

Two weeks' holidays, with pay, each year were asked for.

It was asked also that the men on the Canada Atlantic should be brought under the same schedules as the other lines east of the Detroit and St. Clair rivers, and that the Canada Atlantic should be classed as a 'main line'.

On the question of wages, the men asked for increases ranging from twelve and one-half per cent to seventeen per cent.

In reply to these propositions the Company announced at the outset that the Canada Atlantic employees would be brought under one schedule with the Company's other telegraphers and agents. It proprosed, however, that only the road between Swanton and Ottawa should be classed as 'main line', and the remainder as 'branch line'.

The Company did not agree to the '23' message and the publication of the wage list.

It could not see its way to agree to shorten the hours of the day's work, nor to any other the men's proposals.

On the point of wages, however, it expressed its willingness to add $ 12,000 to the pay roll covered by the schedule of January 1, 1908, and $ 4,000 to the Canada Atlantic schedule, or a total of $ 16,000 to be apportioned as the Company would decide, but without making it apply necessarily to the minimum salaries.

This was not acceptable to the men. They pointed out that the men on the Canada Atlantic would, by the abolition of their separate schedule, lose the two weeks' holidays which they enjoy under it. So that taking from the proposed $ 4,000, therefore, the amount represented by the loss of holidays, the total sum of money which the Company proposed to distribute would be reduced to less than $ 16,500 a year. With this increase they would not be satisfied.

The Company's position was that the financial condition of the Grand Trunk and its obligations to its shareholders would not warrant giving the men more than this.

The Board, after very fully going into every point raised by either party, and giving careful consideration to the interests of the men on the one side and the position of the Company on the other, were unanimous in agreeing that the rules and rates of pay governing agents and telegraphers, effective January 1, 1908, should remain in effect subject to the exceptions hereinafter noted, and, with the same limitation should become effective upon the Canada Atlantic Railway whose lines should be classed as 'branch lines' exept from Swanton to Ottawa, which should be classed as 'main line', the schedule of the Canada Atlantic of 1907 to be cancelled.

The members of the Board were also unanimous in the opinion that article 21 of rules and rate of pay of January 1, 1908, should be amended so as to read as follows:

21. The minimum salary per month will be as follows:—

	Main Line	Branch Line
Agent and telegrapher, with dwelling, fuel and light	50	46
Agent and telegrapher, without dwelling, fuel and light	55	51
Telegraphers	50	46
Relieving agents or telegraphers' relieving agents...	75	75

A regular telegrapher called away from home to relieve a telegrapher will be paid a minimum rate of $ 5 more than his regular salary.

At this point the unanimity of the Board ceased. The Chairman and Mr. Lee were of the opinion that the Company should be asked to increase salaries by an amount equal to six per cent of the schedule of January 1, 1908. That in order to effect this it should be ascertained what amount of money represents six per cent of the annual wage list, and that after the increases represented in the above minimum salaries be deducted from that amount, the balance should be divided and apportioned by the Company to salaries which are above the minimum schedule of January 1, 1908.

Mr. Nesbitt, on the other hand, considered that after accepting the above new minimum salaries the Company would be meeting the needs of the case by distributing $ 12,000 to salaries which were above the minimum of the schedule of January 1, 1908.

Upon the question of extra pay for work on Sundays, Mr. Nesbitt considered that if the Company would recognize the amount of Sunday labour as one factor influencing the distribution of this $ 12,000, it was as far as it should be asked to go.

The Chairman and Mr. Lee went further than this, and agreed that the Company should be asked to substitute for article 13 of the schedule of January 1, 1908, the following:—

13. Telegraphers required to work on Sundays will be paid extra for such work *pro rata* on schedule salary based on a thirty-day month (less than thirty minutes not to be counted, over thirty minutes and less than sixty miutes to be counted as one hour) with a minimum compensation of twenty-five cents for each call for which one hour's service shall, if necessary, be rendered.

As amended in accordance with the report herein of the majority of the Board the rules and rates of pay should be effective February 1, 1910, and thereafter, subject to ninety days' notice of change."

(Sgd.) J. E. Atkinson,
Chairman.
Wallace Nesbitt,
W. T. J. Lee.

On February 28 the Department was informed on behalf of the employees of the latter's willingness to accept the findings of the Board as a basis of settlement. On March 7 a letter was received from the Company expressing a willingness to accept certain of the recommendations of the Board on which a unanimous finding had been given. The Company further promised to endeavour to meet the spirit of the recommendation of the Board in the abolition, as far as possible, of Sunday work, and also promised to revise the work of administration so as to reduce to the smallest possible compass the necessity of such Sunday work. In conclusion the Company stated:—

„As to further pay, the Company proposes to set aside a larger lump sum than the difference between 6 per cent of the total pay and the increase to the minimum schedules would give, but not as large a sum as a general increase of Sunday pay based upon present conditions would give plus 6 per cent recommended. The Company proposes to deal with such sum as far as possible to cover the question of recognizing some additional remuneration for Sunday work when it is necessary, and to distribute such additional sum as the particular conditions in each case may warrant, having regard to the duties and responsibilities involved, so as to promote and reward as far as possible individual effort. We think this the best practical way of dealing with the situation, while as far as possible meeting what we understand to be the result desired to be arrived at by the Board."

Toronto, February 22, 1910.

---

29. Abschnitt des Anhangs.

Wesentlicher Inhalt des vorstehenden Berichtes des kanadischen Arbeitsministeriums über die Tätigkeit der Untersuchungskommission, die auf Antrag der Telegraphisten und Stationsbeamten der Grand - Trunk - Eisenbahn am 21. Dezember 1909 zusammentrat.

Am 3. Dezember 1909 wurde beim Ministerium die Einsetzung einer Untersuchungskommission zur Erledigung eines Streitfalles zwischen der Grand Trunk-Bahngesellschaft und ihren Telegraphisten und Stationsbeamten beantragt. 760 Angestellte waren in den Konflikt, der im wesentlichen eine Lohnfrage betraf, verwickelt.

Die Kommission trat am 21. Dezember 1909 zusammen und erstattete am 24. Februar Bericht über ihre Tätigkeit, welche zur Einigung der Parteien geführt und dadurch einen Streik vermieden hatte.

Die wesentlichen Gesichtspunkte dieses Berichtes sind folgende:

„Die Kommission war aus den Herren Walter Nesbitt und W. P. J. Lee sowie dem Unterzeichneten zusammengesetzt. Die Bahngesellschaft war durch ihren Präsidenten Charles M. Hays sowie durch ihren Vizepräsidenten und Generalsekretär vertreten; die Angestellten durch Herrn D. Campbell, Vizepräsidenten der Telegraphistenvereinigung, und fünf andere Personen. Die Kommission hielt 8 Sitzungen ab. Die Vertreter der Angestellten forderten unter anderem neue Regulative für die Besetzung erledigter Posten, Bezahlung von Sonntagsarbeit nach dem für Überzeitarbeit festgesetzten Tarife, einen zehnstündigen Maximalarbeitstag in Bureaus, in denen ein oder zwei Telegraphenbeamte tätig sind, und einen Maximalarbeitstag von 8 Stunden für Bureaus mit mehreren Angestellten — eine Erhöhung der Löhne um 12½ bis 17 % für die verschiedenen Kategorien der Angestellten.

Der Vertreter der Gesellschaft erwiderte, daß dieselbe bereit sei, 64 000 Mk. pro Jahr für Verbesserung der Gehälter auszuwerfen, sich jedoch die Verteilung dieser Gehälter vorbehalte, während sie die übrigen oben besprochenen Forderungen ablehnen müsse. Nach Replik und Duplik der Parteien beschloß die Kommission mit Einstimmigkeit die nachstehenden Minimallohnsätze:

Stationsbeamte, die zugleich den Telegraphendienst zu versehen haben, erhalten auf der Hauptlinie 220 Mk. pro Monat (oder 200 Mk. mit freier Wohnung, Beleuchtung und Beheizung); auf den Zweiglinien 204 Mk. (oder 184 Mk. mit freier Wohnung, Beleuchtung und Beheizung). Einfache Telegraphisten auf der Hauptlinie 200 Mk. pro Monat, auf den Zweiglinien 184 Mk. pro Monat usw.

Während dieser Beschluß mit Stimmeneinheit gefaßt wurde, konnte für einen weitergehenden Beschluß auf Erhöhung der übrigen Löhne um 6 % nur eine Stimmenmehrheit (Vorsitzender und Beisitzer von der Arbeiterseite gegen den Beisitzer von der Arbeitgeberseite) erzielt werden. Beisitzer Nesbitt sprach sich in seinem Minderheitsbericht bloß für die Festlegung oben bezeichneter Minimallöhne und darüber hinaus für eine Lohnerhöhung um 48 000 Mk. aus für jene Beamten, denen die Festlegung der Minimallöhne nicht zugute kam. Die Mehrheit der Kommission empfahl ferner, den Telegraphisten Bezahlung für Sonntagsarbeit nach einem mäßigen Überzeittarife zu gewähren.“ gez. J. E. Atkinson, Vorsitzender.

Am 28. Februar ward das Ministerium verständigt, daß die Angestellten bereit seien, die Kommissionsbeschlüsse anzunehmen. Am 7. März traf Verständigung von seiten der Bahngesellschaft ein, daß sie jene Beschlüsse der Kommission, die mit Stimmeneinheit gefaßt worden seien, akzeptiere und ferner bereit sei, Sonntagsarbeit nach Möglichkeit einzuschränken. Auch willige sie in eine Verbesserung der Löhne um mehr als die Differenz zwischen einer sechsprozentigen Erhöhung aller Löhne und den Kosten der neuen Minimallöhne, während ihr die weitergehenden, bloß mit Stimmenmehrheit gefaßten Beschlüsse der Kommission nicht annehmbar erschienen. Sie wolle die für Lohnerhöhung aufgewendete Summe auch nicht rein mechanisch verteilen, sondern derart verwenden, daß individuelle gute Leistungen besonders anerkannt würden, unbeschadet des Zugeständnisses, daß die von der Kommission mit Stimmeneinhelligkeit geforderten Minimallöhne in Kraft treten sollten.

Diese Verfügungen der Gesellschaft wurden von den Angestellten stillschweigend angenommen, ein Streik ward vermieden.

---

30. Abschnitt des Anhangs.

Neuseeländer Gesetz über Einigungsämter und obligatorische Schiedsgerichte zur Behandlung von Arbeitskonflikten (Zusammenfassung früherer Gesetze, rechtsgültig ab 1908) [1].

Registration.

Industrial Unions.

5. Subject to the provisions of this Act, any society consisting of not less than two persons in the case of employers, or seven in the case of workers, lawfully associated for the purpose of protecting or furthering the interests of employers or workers in or in connection with any specified industry or industries in New Zealand, may be registered as an industrial union under this Act on compliance with the following provisions:—

(*a*.) An application for registration shall be made to the Registrar in writing, stating the name of the

---

[1]) Der Originaltext umfaßt 38 Druckseiten; es konnten daher nur die Artikel, die wahrhaft relevante Bestimmungen enthalten, aufgenommen werden.

proposed industrial union, and signed by two or more officers of the society.

(*b.*) Such application shall be accompamied by —

(*i.*) A list of the members and officers of the society:

(*ii.*) Two copies of the rules of the society etc.

11. In order to prevent the needless multiplication of industrial unions connected with the same industry in the same locality or industrial district, the following special provisions shall apply:—

(*a*) The Registrar may refuse to register an industrial union in any case where he is of opinion that in the same locality or industrial district and connected with the same industry there exists an industrial union to which the members of such industrial union might conveniently belong:

Provided that the Registrar shall forthwith notify such registered industrial union that an application for registration has been made.

(*b.*) Such industrial union, if dissatisfied with the Registrar's refusal, may in the prescribed manner appeal therefrom to the Court, whereupon the Court, after making full inuquiry, shall report to the Registrar whether in its opinion his refusal should be insisted on or waived, and the Registrar shall be guided accordingly:

Provided that it shall lie on the industrial union to satisfy the Court that, owing to distance, diversity of interest, or other substantial reason, it will be more convenient for the members to register separately than to join any existing industrial union.

12. The effect of registration shall be to render the industrial union, and all persons who are members thereof at the time of registration, or who after such registration become members thereof, subject to the jurisdiction by this Act given to a Board and the Court respectively and liable to all the provisions of this Act, and all such persons shall be bound by the rules of the industrial union during the continuance of their membership.

Industrial agreements.

25. (1.) The parties to industrial agreements under this Act shall in every case be trade-unions or industrial unions or industrial associations or employers; and any such agreement may provide for any matter or thing affecting any industrial matter, or in relation thereto, or for the prevention or settlement of an industrial dispute.

(2.) Every industrial agreement shall be for a term to be specified therein, not exceeding three years from the date of the making thereof, as specified therein, and shall commence as follows: "This industrial agreement, made in pursuance of 'The Industrial Conciliation and Arbitration Act, 1908', this day of , between "; and then the matters agreed upon shall be set out.

(4.) Notwithstanding the expiry of the term of the industrial agreement, it shall continue in force until superseded by another industrial agreement or by an award of the Court.

26. A duplicate original of every industrial agreement shall, within thirty days after the making thereof, be filed in the office of the Clerk of the industrial district where the agreement is made.

28. Every industrial agreement duly made, executed, and filed shall be binding on the parties thereto, and also on every member of any industrial union or industrial association which is party thereto.

Boards of Conciliation.

36. In and for every industrial district there shall be established a Board of Conciliation, which shall have jurisdiction for the settlement of any industrial dispute which arises in such district and is referred to the Board under the provisions in that behalf hereinafter contained.

37. The Board of each industrial district shall consist of such unequal number of persons as the Governor determines, being not more than five, of whom—

(*a.*) One (being the Chairman) shall be elected by the other members in manner hereinafter provided; and (*b.*) The other members shall, in manner hereinafter provided, be elected by the respective industrial unions of employers and of workers in the industrial district, such unions voting separately and electing an equal number of such members.

38. (1.) The ordinary term of office of the members of the Board shall be three years from the date of the election of the Board, or until their successors are elected as hereinafter provided, but they shall be eligible for re-election.

46. In any case where to Registrar is satisfied that for any reason the proper electing authority has failed or neglected to duly elect a Chairman or other member of the Board, or that his election is void, the Governor may by notice in the *Gasette* appoint a fit person to be such Chairman or other member.

48. In all matters coming before the Board the decision of the Board shall be determined by a majority of the votes of the members present, exclusive of the Chairman, except in the case of an equality of such votes, in which case the Chairman shall have a casting-vote.

Functions and Procedure of Conciliation Boards.

53. Any industrial dispute may be referred for settlement to a Board by application in that behalf made by any party thereto, and with respect to such application and reference the following provisions shall apply:—

(*a.*) The application shall be in the prescribed form, and shall be filed in the office of the Clerk for the industrial district wherein the dispute arose.

(*b.*) If the application is made pursuant to an industrial agreement, it shall specify such agreement by reference to its date and parties, and the date and place of the filing thereof.

(*c.*) The parties to such dispute shall in every case be trade-unions, industrial unions, or industrial associations, or employers.

(*e.*) An employer being a party to the reference may appear in person, or by his agent duly appointed in writing for that purpose, or by barrister or solicitor where allowed as hereinafter provided.

(*f.*) A trade-union, industrial union, or association being a party to the reference may appear by its chairman or secretary, or by any number of persons (not exceeding three) appointed in writing by the chairman, or in such other manner as the rules prescribe, or by barrister or solicitor where allowed as hereinafter provided.

(*h.*) No barrister or solicitor, whether acting under a power of attorney or otherwise, shall be allowed to appear or be heard before a Board, or any committee thereof, unless all the parties to the reference expressly consent thereto, or unless he is a *bona fide* employer or worker in the industry to which the dispute relates.

54. In every case where an industrial dispute is duly referred to a Board for settlement the following provisions shall apply:—

(*a.*) The Board shall, in such manner as it thinks fit, carefully and expeditiously inquire into the dispute, and all matters affecting the merits thereof and the right settlement thereof.

(*b.*) For the purposes of such inquiry the Board shall have all the powers of summoning witnesses, administering oaths, compelling hearing and receiving evidence, and preserving order, which are by this Act conferred on the Court, save and except the production of books.

(*c.*) In the course of such inquiry the Board may make all such suggestions and do all such things as it deems right and proper for inducing the parties to come to a fair and amicable settlement of the dispute, and may adjourn the proceedings for any period the Board thinks reasonable to allow the parties to agree upon some terms of settlement.

(*d.*) The Board may also, upon such terms as it thinks fit, refer the dispute to a committee of its members, consisting of an equal number of the representatives of employers and workers, in order that such committee may facilitate and promote an amicable settlement of the dispute.

(*e.*) If a settlement of the dispute is arrived at by the parties it shall be set forth in an industrial agreement, which shall be duly executed by all the parties or their attorneys (but not by their representatives), and a duplicate original whereof shall be filed in the office of the Clerk within such time as is named by the Board in that behalf.

(*f.*) If such industrial agreement is duly executed and filed as aforesaid, the Board shall report to the Clerk of Awards that the dispute has been settled by industrial agreement.

(*g*) If such industrial agreement is not duly executed and filed as aforesaid, the Board shall make such recommendation for the settlement of the dispute, according to the merits and substantial justice of the case, as the Board thinks fit.

(*h.*) The Boards recommendation shall deal with each item of the dispute, and shall state in plain terms, avoiding as far as possible all technicalities, what in the Board's opinion should or should not be done by the respective parties concerned.

59. With respect to every industrial dispute which, having been duly referred to the Board, is not settled under the provisions for settlement hereinbefore contained, the following special provisions shall apply:—

(*a.*) At any time within one month after the filing of the Board's recommendation any of the parties may, by application in the prescribed form filed in the office of the Clerk, refer such dispute to the Court for settlement, and thereupon such dispute shall be deemed to be before the Court.

(*b.*) If at the expiration of such month no such application has been duly filed, then on and from the date of such expiration the Board's recommendation shall operate and be enforceable in the same manner in all respects as an industrial agreement duly executed and filed by the parties.

60. Notwithstanding anything to the contrary in this Act, either party to an industrial dispute which has been referred to a Board of Conciliation may, previous to the hearing of such dispute by the Board, file with the Clerk an application in writing requiring the dispute to be referred to the Court of Arbitration, and that Court shall have jurisdiction to settle and determine such dispute in the same manner as if such dispute had been referred to the Court under the provisions of section fifty-nine hereof.

The Court of Arbitration.

62. There shall be one Court of Arbitration for the whole of New Zealand for the settlement of industrial disputes pursuant to this Act.

64. The Court shall consist of three members, who shall be appointed by the Governor. Of the three members of the Court one shall be the Judge of the Court, and shall be so appointed.

65. (1.) No person shall be eligible for appointment as Judge of the Court unless he is eligible to be a Judge of the Supreme Court.

66. (1.) Of the two nominated members of the Court one shall be appointed on the recommendation of the industrial unions of employers, and one on the recommendation of the industrial unions of workers.

Jurisdiction and Procedure of the Court.

76. The Court shall have jurisdiction for the settlement and determination of any industrial dispute referred to it under the provisions of this Act.

78. The parties to the proceedings before the Court shall be the same as in the proceedings before the Board.

79. With respect to the sittings of the Court the following provisions shall apply:—

(*a.*) The sittings of the Court shall be held at such time and place as are from time to time fixed by the Judge.

(b.) The sittings may be fixed either for a particular case or generally for all cases then before the Court and ripe for hearing, and it shall be the duty of the Clerk to give to each member of the Court, and also to all parties concerned, at least three clear days' previous notice of the time and place of each sitting.

80. Any party to the proceedings before the Court may appear personally or by agent, or, with the consent of all the parties, by barrister or solicitor, and may produce before the Court such witnesses, books, and documents as such party thinks proper.

81. The Court shall in all matters before it have full and exclusive jurisdiction to determine the same in such manner in all respects as in equity and good conscience it thinks fit.

83. (*d.*) All books, papers, and other documents produced before the Court, whether produced voluntarily or pursuant to summons, may be inspected by the Court, and also by such of the parties as the Court allows; but the information obtained therefrom shall not be made public, and such parts of the documents as, in the opinion of the Court, do not relate to the matter at issue may be sealed up.

84. (1.) The presence of the Judge and at least one other member shall be necessary to constitute a sitting of the Court.

(2.) The decision of a majority of the members present at the sitting of the Court, or if the members present are equally divided in opinion, then the decision of the Judge, shall be the decision of the Court.

(3.) The decision of the Court shall in every case be signed by the Judge, and may be delivered by him, or by any other member of the Court, or by the Clerk.

85. The Court may refer any matters before it to a Board for investigation and report, and in such case the award of the Court may, if the Court thinks fit, be based on the report of the Board.

86. The Court may at any time dismiss any matter referred to it which it thinks frivolous or trivial, and in such case the award may be limited to an order upon the party bringing the matter before the Court for payment of costs of bringing the same.

87. The Court in its award may order any party to pay to the other party such costs and expenses (including expenses of witnesses) as it deems reasonable, and may apportion such costs between the parties or any of them as it thinks fit, and may at any time vary or alter any such order in such manner as it thinks reasonable:

Provided that in no case shall costs be allowed on account of barristers, solicitors, or agents.

90. (1.) The award shall be framed in such manner as shall best express the decision of the Court, avoiding all technicality where possible, and shall specify—

(*a.*) Each original party on whom the award is binding, being in every case each trade-union, industrial union, industrial association, or employer who is party to the proceedings at the time when the award is made:

(*b.*) The industry to which the award applies.

(*c.*) The industrial district to which the award relates, being in every case the industrial district in which the proceedings were commenced:

(*d.*) The currency of the award, being any specified period not exceeding three years from the date of the award:

Provided that, notwithstanding the expiration of the currency of the award, the award shall continue in force until a new award has been duly made or an industrial agreement entered into.

(2.) The award shall also state in clear terms what is or is not to be done by each party on whom the award is binding, or by the workers affected by the award, and may provide for an alternative course to be taken by any party:

(3.) The award, by force of this Act, shall extend to and bind as subsequent party thereto every trade-union, industrial union, industrial association, or employer who, not being an original party thereto, is at any time whilst the award is in force connected with or engaged in the industry to which the award applies within the industrial district to which the award relates.

(4.) The Court may in any award made by it limit the operation of such award to any city, town, or district being within or part of any industrial district.

92. (2.) The award, by force of this Act, shall also extend to and bind every worker who is at any time whilst it is in force employed by any employer on whom the award is binding; and if such worker commits any breach of the award he shall be liable to a fine not exceeding ten pounds, to be recovered in like manner as if he were a party to the award.

97. The Court in its award, or by order made on the application of any of the parties at any time whilst the award is in force, may fix and determine what shall constitute a breach of the award, and what sum, not exceeding five hundred pounds, shall be the maximum fine payable by any party in respect of any breach.

98. The Court in its award, or by order made on the application of any of the parties at any time whilst the award is in force, may prescribe a minimum rate of wages or other remuneration, with special provision for a lower rate being fixed in the case of any worker who is unable to earn the prescribed minimum:

Provided that such lower rate shall in every case be fixed by such tribunal in such manner and subject to such provisions as are specified in that behalf in the award or order.

100. (4.) Every Inspector appointed under "The Factories Act, 1908," shall be an Inspector of Awards under this Act, and shall be charged with the duty of seeing that the provisions of any industrial agreement, or award, or order of the Court are duly observed.

(3.) In the discharge of such duty an Inspector of Awards may require any employer or worker to produce for his examination any wages-books and overtime-books necessary for the purposes of this section; and, in addition, every such Inspector shall have and may exercise all the powers conferred on Inspectors of Factories by section six of "The Factories Act, 1908".

(4.) Except for the purposes of this Act, and in the exercise of his functions under this Act, an Inspector shall not disclose to any person any information which in the exercise of such functions he acquires; and any Inspector who, in contravention of this Act, divulges any information shall be liable to a fine not exceeding fifty pounds.

101. For the purpose of enforcing any award or order of the Court, whether made before or after the coming into operation of this Act, the following provisions shall apply:—

(*a.*) In so far as the award itself imposes a fine or costs it shall be deemed to be an order of the Court, and payment shall be enforceable accordingly under the subsequent provisions of this section relating to orders of the Court.

(*b.*) If any party on whom the award is binding commits any breach thereof by act or default, then, subject to the provisions of the last preceding paragraph hereof, the Inspector of Awards, or any party to the award, may, by application in the prescribed form, apply to the Court for the enforcement of the award.

(*c.*) On the hearing of such application the Court may by order either dismiss the application or impose such fine for the breach of the award as it deems just, and in either case with or without costs:

Provided that in no case shall costs be given against the Inspector.

(*d.*) If the order imposes a fine or costs it shall specify the parties liable to pay the same, and the parties or persons to whom the same are payable:

Provided that the aggregate amount of fines payable under any award or order of the Court shall not exceed five hundred pounds.

(*f.*) All property belonging to the judgment debtor (including therein, in the case of a trade-union or an industrial union or industrial association, all property held by trustees for the judgment debtor) shall be available in or towards satisfaction of the judgment debt, and if the judgment debtor is a trade-union or an industrial union or an industrial association, and its property is insufficient to fully satisfy the judgment debt, its members shall be liable for the deficiency:

Provided that no member shall be liable for more than ten pounds under this paragraph.

103. Proceedings to recover the fine by this Act imposed in respect of any such offence shall be taken in the Court in a summary way.

109. (1.) Every employer who dismisses from his employment any worker by reason merely of the fact that the worker is a member of an industrial union, or who is conclusively proved to have dismissed such worker merely because he is entitled to the benefit of an award, order, or agreement, shall be deemed to have committed a breach of the award, order, or agreement, and shall be liable accordingly.

(2.) In any proceedings before the Court relating to the dismissal of a worker, a worker shall be deemed to be dismissed when he is suspended for a longer period than ten days.

111. (1.) Any industrial union or industrial association or employer, or any worker, whether a member of any such union or association or not, who strikes or creates a lock-out, or takes part in a strike or lock-out, or proposes, aids, or abets a strike or lock-out or a movement intended to produce a strike or lock-out, is guilty of an offence, and liable to a fine, and may be proceeded against in the same manner as if the offender were guilty of a breach of an award:

Provided that the fine shall not exceed one hundred pounds for any such offence in the case of a union, association, or employer, or ten pounds in the case of a worker.

(3.) This section shall only apply when, in the district where the alleged offence is committed, an award or industrial agreement is in force relating to the trade in connection with which such strike or lock-out has occurred or is impending.

(4.) The Court may accept any evidence that seems to it relevant to prove that a strike or lock-out has taken place or is impending.

(5.) Where it is alleged in any application made by any person empowered by law to enforce an award that a strike or lock-out was taking place or is impending the Court may, after the Judge has appointed a special date for the hearing of evidence respecting the same, issue summonses to all persons and bodies suspected of having committed offences hereunder, and may deal with any such person or body os if specifically charged with the offences alleged.

Special as to Government Railways.

121. With respect to the Government railways open for traffic the following special provisions shall apply, anything elsewhere in this Act to the contrary notwithstanding :—

(*a.*) The society of railway servants called "the Amalgamated Society of Railway Servants," and now registered under the Acts of which this Act is a consolidation, shall be deemed to be registered under this Act.

(*c.*) The Minister of Railways may from time to time enter into industrial agreements with the registered society in like manner in all respects as if the management of the Government railways were an industry, and he were the employer of all workers employed therein.

(*d.*) If any industrial dispute arises between the Minister and the society it may be referred to the Court for settlement as herein after provided.

31. Abschnitt des Anhangs.

Wesentlicher Inhalt des vorstehenden Neuseeländer Gesetzes über Einigungsämter und obligatorische Schiedsgerichte zur Behandlung von Arbeitskonflikten (Zusammenfassung früherer Gesetze, rechtsgültig ab 1908)[1].

Artikel 5.

Gewerkschaften von mindestens sieben, Arbeitgeberverbände mit mindestens zwei Mitgliedern können ihre amtliche Eintragung als Gewerbeverband fordern.

Artikel 11.

Um zwecklose Vervielfältigung solcher Gewerbeverbände zu verhüten, kann der Registrierungsbeamte die Eintragung verweigern, wenn im Bezirke bereits eine Gewerkschaft resp. ein Arbeiterverband des gleichen Gewerbes besteht.

Artikel 12.

Mit der Eintragung verpflichten sich die Gewerbeverbände und ihre Mitglieder, sich allen Entscheidungen des nachstehend beschriebenen Schiedsgerichtsverfahrens zu unterwerfen und verfallen, wenn sie denselben zuwiderhandeln, in Strafe.

Artikel 25.

Kollektive Arbeitsverträge, die zwischen Gewerkschaften und Arbeiterverbänden geschlossen und vom Registrierungsbeamten entsprechend eingetragen wurden, sind für beide Parteien rechtsbindend.

---

[1]) Aus Raumgründen kann nur der Inhalt der wichtigsten Artikel kurz zusammengefaßt werden, doch sind die Ziffern der einzelnen Artikel beibehalten, um Vergleich mit dem Originale zu elreichtern.

Artikel 35.

Zur Beilegung von Streitigkeiten, die aus solchen kollektiven Arbeitsverträgen oder auch einfach aus dem Arbeitsverhältnisse erwachsen, werden in allen Bezirken des Landes Einigungsämter eingesetzt.

Artikel 37.

Die Einigungsämter sind aus einer gleichen Anzahl von erwählten Vertretern aller im Bezirke vertretenen Gewerkschaften resp. Arbeitgeberverbände und einem Vorsitzenden zusammengesetzt, der von den beiden anderen Beisitzern erkoren wird.

Die Amtsdauer der Einigungsämter beträgt drei Jahre.

Artikel 46.

Kommen keine Wahlen zustande, so werden die Beisitzer resp. wird der Vorsitzende des Einigungsamtes vom Gouverneur Neuseelands ernannt.

Artikel 48.

Alle Beschlüsse des Amtes werden mit einfacher Stimmenmehrheit der Beisitzer gefaßt. Der Vorsitzende stimmt in der Regel nicht mit, gibt jedoch bei Stimmengleichheit den Ausschlag.

Artikel 53.

Alle Gewerkvereine oder Arbeitgeberverbände des Bezirkes sind berechtigt, sich in Konfliktsfällen an das Einigungsamt zu wenden. Die Arbeitgeber können ihre Sache persönlich oder durch einen Vertreter führen, die Gewerkschaften durch beliebige Abgesandte; jedoch sind Rechtsanwälte von solcher Vertretung ausgeschlossen, insoweit nicht *beide* streitenden Parteien dem zustimmen.

Artikel 54.

Das Einigungsamt ist berufen, in jeder zweckdienlichen Weise den Sachverhalt klarzustellen und weiters eine Einigung der Parteien herbeizuführen. Es ist berechtigt, Zeugen zu verhören, Eide aufzuerlegen, jedoch nicht Büchereinsicht zu verlangen.

Das Einigungsamt kann auch ein Subkomitee für Einzelfälle einsetzen.

Kommt eine Einigung zustande, so wird sie in ein eigenes Buch eingetragen und ist für beide Teile rechtsverbindlich. Kommt eine Einigung nicht zustande, so ist das Einigungsamt berufen, seine eigene Ansicht über den Streitfall in einem detaillierten Berichte zu formulieren.

Artikel 59.

Erscheint diese Entscheidung des Einigungsamtes nicht beiden Parteien annehmbar, so kann jede derselben Appell an einen Schiedsgerichtshof, der für ganz Neuseeland tagt, einlegen.

Wird ein solcher Appell längstens einen Monat nach Verkündigung der Entscheidung des Einigungsamtes nicht eingereicht, so erhält dieselbe Rechtskraft.

Artikel 60.

Die streitenden Parteien sind berechtigt, sich *vor* Verhandlung des Einigungsamtes zurückzuziehen und sofortiges Einschreiten des Schiedsgerichtshofes in Umgehung der Einigungsämter als erster Instanz zu fordern [1]).

---

[1]) Diese Bestimmung, die aus früheren Gesetzen in die Zusammenfassung des Jahres 1908 herübergenommen war, brachte eine solche Arbeitsüberhäufung des Schiedsgerichtes mit sich, daß sie am 10. Oktober 1908 durch eine eigene Novelle aufgehoben

Artikel 62.

Als zweite Instanz fungiert ein Schiedsgerichtshof für das ganze Land.

Artikel 64.

Dieser Gerichtshof soll drei Räte zählen, die vom Gouverneur ernannt werden. Einer dieser Räte soll seinem Range nach unmittelbar vor der Ernennung zum Richter am obersten Gerichtshof stehen.

Artikel 66.

Die beiden anderen Beisitzer sollen, einer auf Vorschlag der Gewerkvereine, der andere auf Vorschlag der Arbeitgeberverbände Neuseelands, ernannt werden.

Artikel 76.

Der Schiedsgerichtshof ist für alle Gewerbekonflikte, die vor sein Forum gebracht werden, zuständig.

Artikel 80.

Rechtsanwälte sind zur Vertretung der Parteien vor dem Schiedsgerichtshofe zugelassen.

Artikel 81.

Das freie Ermessen des Schiedsgerichtshofes ist nach keiner Richtung gebunden. Von seinen Entscheidungen ist kein weiterer Appell zulässig.

Artikel 83.

Der Schiedsgerichtshof ist berechtigt, Büchereinsicht zu verlangen, ist aber zur Geheimhaltung des Inhaltes verpflichtet.

---

werden mußte. Die Einigungsämter wurden durch dieselbe wieder obligatorisch als erste Instanz für alle Streitfälle erklärt und mit ausgedehnten Vollmachten versehen.

Artikel 84.

Die Anwesenheit von mindestens zwei Beisitzern ist zur Beschlußfähigkeit des Schiedsgerichtshofes notwendig. Der Vorsitzende stimmt mit und gibt bei Stimmengleichheit den Ausschlag.

Artikel 85.

Der Schiedsgerichtshof kann einzelne Streitfälle vor ein Expertenkomitee zu vorläufiger Verhandlung überweisen.

Artikel 86.

Der Schiedsgerichtshof kann die Verhandlungen eines Streitfalles, der ihm allzu unbedeutend erscheint, ablehnen und die Partei, die die Angelegenheit vorgebracht, zur Bezahlung der Kosten verurteilen.

Artikel 87.

Der Schiedsgerichtshof kann in seinen meritorischen Entscheidungen frei bestimmen, von wem die Kosten der Verhandlung zu tragen sind; in keinem Falle jedoch können die Anwaltskosten einer Partei der Gegenpartei auferlegt werden.

Artikel 90.

Die Entscheidungen des Schiedsgerichtshofes sollen Angaben darüber enthalten, für welche Parteien und Bezirke, wie auch für welche Zeitdauer sie bindend seien. Nach Ablauf der so festgelegten Gültigkeitsperiode bleibt eine Entscheidung trotzdem bis zum Erlasse einer abändernden Entscheidung in Rechtskraft.

Auch Gewerkvereine und Arbeiterverbände, welche nicht als streitende Parteien an der Verhandlung teilgenommen haben, jedoch im gleichen Bezirke gleichen Gewerben angehören, sind diesen Entscheidungen unterworfen.

Der Schiedsgerichtshof kann jedoch den Gültigkeitsbereich seiner Entscheidungen auf einzelne Orte beschränken.

Artikel 92.

Auch jeder Arbeiter, der bei einem Arbeitgeber, auf den die Entscheidung Anwendung findet, in Arbeit steht, ist in gleicher Weise gebunden und kann im Zuwiderhandlungsfalle in Geldstrafe bis zu 200 Mk. genommen werden. Dieses auch dann, wenn er keinem Gewerkverein, auf den sich die Entscheidung bezieht, angehört.

Artikel 97.

Der Schiedsgerichtshof hat klar zu bestimmen, welche Handlungen als Verfehlungen gegen seine Entscheidungen anzusehen seien, so wie er auch die Strafen für derartige Verfehlungen (bis zum Höchstmaße von 10000 Mk.) festzulegen hat.

Artikel 98.

Der Schiedsgerichtshof ist zur Festlegung von Minimallöhnen, sowie zum Erlaß von Ausnahmebestimmungen für verkrüppelte und minder befähigte Arbeiter berechtigt und hat in den letzteren Fällen festzustellen, welche Instanz zur Ausgabe von Erlaubnisscheinen an solche Personen, zu niedrigeren als den Minimallöhnen zu arbeiten, berufen ist.

Artikel 100.

Die Fabrikinspektoren haben die Einhaltung der schiedsgerichtlichen Entscheidungen zu kontrollieren und dürfen zu diesem Behufe Büchereinsicht fordern, sind jedoch zur Geheimhaltung des Inhaltes an andere Personen, als die vorgesetzte Behörde, verpflichtet.

Artikel 101.

Der Schiedsgerichtshof entscheidet auch in den Einzelfällen bezüglich der für einzelne Vergehungen festzulegenden Strafen.

Das Vermögen der Gewerkvereine und Arbeitgeberverbände haftet für Abbüßung dieser Strafen. Reicht dasselbe nicht aus, so sind die einzelnen Mitglieder des Vereins haftbar, jedoch nur bis zu einem Höchstmaße von 200 Mk.

Artikel 103.

Die Exekution in solchen Straffällen soll auf summarischem Wege geschehen.

Artikel 109.

Arbeitgeber sind nicht berechtigt, Angestellte ausschließlich um ihrer Zugehörigkeit zu einem Gewerkvereine willen zu entlassen und verfallen im Widersetzungsfalle in Strafe.

Artikel 111.

Jeder Arbeitgeber, der eine Aussperrung erklärt, und jeder Arbeiter, der in Streik tritt, obwohl für sein Gewerbe eine schiedsgerichtliche Entscheidung vorliegt, begeht eine Verfehlung gegen dieselbe und verfällt in Strafe. Dieselbe soll 200 Mk. für einzelne Personen und 2000 Mk. für Arbeitgeberverbände, die eine Aussperrung, oder Gewerkvereine, die einen Streik erklären, nicht übersteigen.

Artikel 121.

Auch die Staatsbahnen sind der Gerichtsbarkeit des Schiedsgerichtshofes unterstellt.

32. Abschnitt des Anhangs.

Entscheidung des Neuseeländer gewerblichen Schiedsgerichtshofes, bezüglich der Lohn- und Arbeitsbedingungen im Sattlergewerbe[1]).

Wellington Saddlers.—Award.

„In the Court of Arbitration of New Zealand, Wellington Industrial District.—In the matter of the Industrial Concilia tion and Arbitration Act, 1908, and its amendments; and in the matter of an industrial dispute between the Wellington Saddlers' Industrial Union of Workers (hereinafter called "the union") and the undermentioned persons, firms, and companies (hereinafter called "the employers") :—

Allen, A. S., saddler, Frasertown Road, Wairoa.
Allen, J. H. P., saddler, Makuri.
Allen, J. H. P., saddler, Pongaroa.
Andrews, D., carter, Tory Street, Wellington.
Armstrong, H., saddler, Carterton.
Armstrong, Walter, saddler, Greytown.
Avery, G. T., saddler, Marton.
Beer, H. A., saddler, Waverley.
Bennett, C. J., saddler, Mangaweka.
Betheil, Francis, saddler, Hastings etc. etc.[2])

The Court of Arbitration of New Zealand, having taken into consideration the matter of the abovementioned dispute, and having heard the union by its representatives duly appointed, and having also heard such of the employers as were represented either in person or by their representatives duly appointed, doth hereby order and award :—

That, as between the union and the members thereof and the employers and each and every of them, the terms, conditions, and provisions set out in the schedule hereto and of this award shall be binding upon the union and upon every member thereof and upon the employers and upon each and

[1]) Department of Labour. Awards Agrements and Decisions under the Industrial Conciliation and Arbitration Act. Wellington 1911.

[2]) Im ganzen werden ca. 120 Firmen aufgezählt.

every of them, and that the said terms, conditions, and provisions shall be deemed to be and they are hereby incorporated in and declared to form part of this award. And the Court doth hereby further award, order, and declare that any breach of the said terms, conditions, and provisions set out in the schedule hereto shall constitute a breach of this award, and that the sum of £ 100 shall be the maximum penalty payable by any party or person in respect thereof. And the Court doth further order that this award shall take effect from the 3rd day of April, 1911, and shall continue in force until the 3rd day of April, 1913. W. A. Sim, Judge.

Schedule.

Hours of Work.

1. (*a.*) The hours of work shall be forty-eight in each week.

(*b.*) On Saturday in each week the hours of work shall expire in all factories in the City of Wellington and its adjacent suburbs, including Petone and Lower Hutt, at 1 o'clock.

(*c.*) In other parts of the industrial district the hours of work shall expire, subject to the provisions of the Factories Act, 1908, at 1 o'clock on one day in each week; such day may be either Saturday or the day upon which the local half-holiday is observed.

Overtime.

2. All work performed beyond the time mentioned in clause 1 or on the holidays mentioned in this award shall be considered overtime and shall be paid for at the following rates: (*a*) For the first four hours, time and a quarter; (*b*) for the next two hours, time and a half; (*c*) afterwards, double time; (*d*) on Sundays and the days mentioned in clause 11, double time; (*e*) any time lost through a worker's own default during any one week shall be made up before any overtime rates shall be paid.

Wages.

4. Every journeyman working at any branch of the trade shall be paid not less than 1s. 1d. per hour.

Piecework Log.

5. Any employer may arrange with all or any of his workers to work piecework at the rates set out in the log attached hereto.

Under-rate Workers.

7. (*a.*) Any worker who considers himself incapable of earning the minimum wage fixed by this award shall be paid such lower wage as may from time to time be fixed, on the application of the worker, after due notice to the union, by the local Inspector of Awards or such other person as the Court may from time to time appoint for that purpose; and such Inspector or other person in so fixing such wage shall trave regard to the worker's capability, his past earnings, and such other circumstances as such Inspector or other person shall think fit to consider, after hearing such evidence and argument as the union and such worker shall offer.

(*b.*) Such permit shall be for such period, not exceeding six months, as such Inspector or other person shall determine, and after the expiration of such period shall continue in force until fourteen days' notice shall have been given to such worker by the secretary of the union requiring him to have his wage again fixed in manner prescribed by this clause: Provided that in the case of any person whose wage is so fixed by reason of old age or permanent disability it may be fixed for such longer period as such Inspector or other person shall think fit.

(*c.*) Notwithstanding the foregoing, it shall be competent for a worker to agree in writing with the president or secretary of the union upon such wage without having the wage so fixed.

(*d.*) It shall be the duty of the union to give notice to the Inspector of Awards of every agreement made with a worker pursuant hereto.

(*e.*) It shall be the duty of an employer before employing a worker at such lower wage to examine the permit or agreement by which such wage is fixed.

Apprentices.

8. (*a.*) An employer taking an apprentice to learn the trade shall be deemed to undertake the duty which he agrees

to perform as a duty enforceable under this award, and shall pay such apprentice not less than the undermentioned rates of wages: For the first year, 7s. 6d. per week; for the second year, 10s. per week; for the third year, 15s. per week; for the fourth year, £ 1 2s. 6d. per week; and for the fifth year, £ 1 10s. per week.

(*e.*) An employer shall not be deemed to discharge his duty towards his apprentice if he fails to keep him at work owing to slackness of work, but such slackness may form a proper ground for transferring him to a master willing to undertake the responsibility of teaching him.

(*h.*) Existing legal arrangements with or relating to apprentices now serving any employer may continue, provided that any employer wishing them to continue shall forward the names of his present apprentices to the Inspector of Factories within one calendar month after the filing of this award; but an apprentice now serving under verbal agreement shall be deemed an apprentice under this clause.

Improvers.

9. An apprentice after serving his apprenticeship may be employed as an improver for a period of six months at a wage of not less than £ 1 15s. per week, and for a further period of six months at a wage of not less than £ 2 5s. per week.

Female Stitchers.

10. All female stitchers employed shall be paid a weekly wage —for the first year, 7s. 6d. per week; for the second year, 12s. 6 d. per week; for the third year, 17s. 6d. per week; for the fourth year, £ 1 5s. per week; for the first six months of fifth year, £ 1 10s. per week; for the second six months of fifth year, £ 1 15s. per week; and thereafter a minimum rate of 11d. per hour.

Proportion of Apprentices.

11. The proportion of apprentices to journeymen employed by an employer shall not exceed the following—viz., in the saddlery branch, one apprentice and one female stitcher to every three journeymen or fraction of three journeymen; etc.

Preference.

13. So long as the rules of the union permit any person of good character and sober habits to become a member upon payment of an entrance fee not exceeding 5s., upon his written application without ballot or other election, and so to continue upon contributing subscriptions not exceeding 6d. per week, the employers shall employ members of the union in preference to non-members, provided that there are members of the union equally qualified with non-members to perform the particular work, and ready and willing to undertake the same; but this shall not compel an employer to dismiss any person now employed by him.

14. No employer shall in the engagement of dismissal of his men discriminate against members of the union, or shall in the conduct of his business do anything directly or indireetly for the purpose of injuring the union.

15. Where members of the union and non-members are employed together there shall be no distinction between them, and both shall work together in harmony and receive equal pay for equal work.

Term of Award.

18. This award shall come into force on the 3rd day of April, 1911, and shall continue in force until the 3rd day of April, 1913.“

W. A. Sim, Judge.

Memorandum.

„This award is based for the most part on the recommendation of the Conciliation Council. The points on which the Council did not agree—viz., wages and preference—were afterwards settled by the parties after the dispute had been referred to the Court. The log was also compiled by the parties.“

W. A. Sim, Judge.

33. Abschnitt des Anhangs.

Wesentlicher Inhalt der vorstehenden Entscheidung des Neuseeländer gewerblichen Schiedsgerichtshofes bezüglich der Lohn- und Arbeitsbedingungen im Sattlergewerbe.

„In der Streitsache zwischen der Sattlergewerkschaft in der Stadt Wellington und Umgebung und nachbezeichneten Arbeitgebern (folgen ca. 120 Namen) wird nach Einvernahme der Beteiligten und Würdigung aller vorgebrachten Umstände nachstehend entschieden:

Die Entscheidung soll vom 3. April 1911 bis 3. April 1913 rechtskräftig bestehen und Verfehlungen gegen dieselbe sollen in Geldstrafe bis zu 2000 Mk. in jedem Falle genommen werben.

Arbeitsstunden:

Die wöchentliche Arbeitszeit soll 48 Stunden betragen.

Die Arbeit soll in der Stadt Wellington jeden Samstag und in den anderen Orten des Bezirkes an einem beliebigen Wochentage, der nicht unbedingt ein Samstag sein muß, um 1 Uhr mittags schließen. (Außerdem ruht die Arbeit an Sonntagen.) Alle Arbeit über diese Zeit hinaus oder an Feiertagen wird als Überzeitarbeit angesehen und nach nachstehenden Tarifen entlohnt:

Erste vier Stunden Überzeitarbeit pro Woche: das $1\,^1/_4$ fache des sonst geltenden Stundenlohnes,

die nächsten zwei Arbeitsstunden: das $1\,^1/_2$ fache des sonst geltenden Stundenlohnes,

weitere Überzeit wird mit dem Doppelten des gewöhnlichen Stundenlohnes,

Arbeit an Sonntagen und an freien Wochentagsnachmittagen mit dem doppelten Stundenlohn vergütet.

Wenn ein Arbeiter aus eigener Schuld Arbeitszeit versäumt,

so wird dieselbe in Anrechnung gebracht, bevor Überzeitvergütung in Frage kommt.

Löhne.

Erwachsene männliche Arbeiter sollen einen Minimallohn von 1 Mk. 8 Pfg. pro Stunde erhalten. Für Akkordarbeiten gelten nachstehende Festlegungen: (folgen die einzelnen Verrichtungen und ihre Entlohnungen, im Original auf 17 Druckseiten; einzelne Akkordlöhne für Anfertigung von Zaumzeug usw. sind im umstehend abgedruckten Texte angeführt).

Arbeit zu niedrigeren als den Minimallöhnen.

Jeder Arbeiter, der sich für unfähig hält, den Minimallohn zu verdienen, kann den Antrag stellen, zu niedrigerem Lohne arbeiten zu dürfen, und steht die Entscheidung hierüber dem Fabrikinspektor des Bezirkes zu.

Solche Erlaubnisscheine sollen im allgemeinen für längstens sechs Monate ausgegeben werden, doch kann der Inspektor im Falle von alten oder verkrüppelten Personen auch langfristigere Scheine ausstellen. Auch der Gewerkschaftssekretär kann jeden Arbeiter zu unter dem Minimallohn bezahlter Arbeit autorisieren. Die Arbeitgeber sind verpflichtet, sich von Arbeitern, die sie zu niedrigeren als den festgelegten Minimallöhnen zu beschäftigen gedenken, den bezüglichen Erlaubnisschein vorlegen zu lassen.

Lehrlinge.

Arbeitgeber, welche einen Lehrling zu beschäftigen wünschen, sind gesetzlich verpflichtet, ihm tatsächlich die Möglichkeit der Erlernung des Handwerkes zu bieten. Im übrigen haben sie solchen Lehrlingen

für das	erste Lehrjahr	mindestens	7.50 Mk.	pro Woche
„	zweite	„	10	„
„	dritte	„	15	„
„	vierte	„	22.50	„
„	fünfte	„	30	„

zu bezahlen.

Lehrlinge müssen auch bei minder gutem Geschäftsgange beschäftigt oder an andere Arbeitgeber zum Zweck der Weiterbildung abgegeben werden. Schriftliche Gegenvereinbarungen mit den Eltern des Lehrlings, die vor Erlaß der Entscheidung getroffen wurden, sollen in Kraft bleiben; im Falle mündlicher Verabredung aber sollen vorstehende Bestimmungen gelten.

Nach Ablauf des fünften Lehrjahres kann ein solcher jugendlicher Arbeiter noch ein weiteres Halbjahr zum wöchentlichen Minimallohn von 35 Mk. und für das letzte Halbjahr für 45 Mk. pro Woche beschäftigt werden.

Weibliche Arbeiter.

Weibliche Arbeiter sollen im ersten Jahre ihrer Beschäftigung

einen Minimallohn von	7.50	Mk.	pro	Woche
im zweiten Jahre	12.50	„	„	„
dritten „	17.50	„	„	„
vierten „	25	„	„	„
im ersten Halbjahre des fünften Jahres	30	Mk.	pro	Woche
„ zweiten „ „ „ „	35	„	„	„

beziehen; später dann einen Minimallohn von 92 Pfg. pro Stunde. Das zahlenmäßige Verhältnis der Lehrlinge und weiblichen Arbeiter zu der Gesamtheit der erwachsenen männlichen Arbeiter darf in keinem Betriebe höher als zwei zu drei sein.

Bevorzugung von Gewerkvereinsmitgliedern.

Insolange die Statuten der Sattlergewerkschaft es jedem nüchternen Arbeiter guten Rufes ermöglichen, gegen eine erstmalige Zahlung von 5 Mk. und einen Wochenbeitrag von 50 Pfg. Mitglied des Gewerkvereines zu werden, sollen die Arbeitgeber gehalten sein, Gewerkvereinsmitglieder in Bevorzugung anderen Arbeitern gegenüber zu beschäftigen, insolange tatsächlich Gewerkvereinsmitglieder von gleicher Befähigung als die sich anbietenden außenstehenden Arbeiter vorhanden sind.

Kein Arbeitgeber darf bei Aufkündigungen in Zeiten schlechten Geschäftsganges in parteiischer Weise zuerst die Gewerkvereinsmitglieder entlassen. Arbeitgeber, die Nicht-Gewerkvereinsmitglieder beschäftigen, sollen jedoch nicht zur Entlassung solcher Arbeiter gehalten sein.

Alle Arbeiter, ob Gewerkvereinsmitglieder oder nicht, sollen die gleichen Löhne erhalten.

Schlußbemerkung.

Diese Entscheidung ist überwiegend auf die Vorschläge des Einigungsamtes begründet. In jenen Punkten, über die man sich vor dem Einigungsamte nicht hatte verständigen können (Minimallöhne und Bevorzugung von Gewerkvereinsmitgliedern) kam ein Einvernehmen der Parteien noch vor formeller Entscheidung des Schiedsgerichtshofes zustande. Auch die Akkordlöhne wurden im Einklang der Parteien festgestellt.“

gez. W. A. Sim.
Richter [1]).

[1]) Vorsitzender des Gerichtshofes.

34. Abschnitt des Anhangs.

Für vorliegende Studie wurden u. a. nachstehende Bücher, Urkunden und Quellenmaterialien benutzt [1]).

a) Deutschland und Österreich.

Reichstag, 12. Legislaturperiode, II. Session 1909/10, Nr. 237. Entwurf eines Hausarbeitsgesetzes.

Reichstag, 37. Sitzung, Mittwoch, den 16. Februar 1910. Protokoll der ersten Beratung eines Hausarbeitsgesetzes.

Reichstag, 12. Legislaturperiode, II. Session 1909/10, Nr. 554. Bericht der 12. Kommission über Beratung eines Hausarbeitsgesetzes.

Tagesblätter, Bericht über die 2. Lesung des Hausarbeitsgesetzes im deutschen Reichstag, letzte Novembertage 1911.

Schwiedland, Dr. Eugen: Vorberichte über eine gesetzliche Regelung der Heimarbeit. Beil. 10 zu den Protokollen der Handels- und Gewerbekammer Wien. 1897.

Schwiedland, Dr. Eugen: Ziele und Wege einer Heimarbeitsgesetzgebung.

Deutscher Heimarbeitertag. Protokoll der Verhandlungen. Berlin 1911.

Schriften des Vereins für Sozialpolitik. Hausindustrie und Heimarbeit in Deutschland und Österreich. Band IV. Leipzig 1899.

Lüders, Else: Heimarbeitsfragen in Deutschland. Bericht an die Internationale Vereinigung für gesetzlichen Arbeiterschutz. Berlin 1910.

Bericht der k. k. Gewerbeinspektion über die Heimarbeit in Österreich. Wien 1900. Bd. I, II, III.

Wilbrandt, Dr. Robert: Arbeiterinnenschutz und Heimarbeit. Jena 1906.

Die Wohnungs- und Gesundheitsverhältnisse der Heimarbeiter in der Wäschekonfektion. k. k. Arbeitsstatistisches Amt. Wien 1901.

---

[1]) Sämtliche oben genannte Bücher und Dokumente sind im Besitze des Instituts für Internationalen Austausch fortschrittlicher Erfahrungen und stehen allen seinen Mitgliedern unentgeltlich und leihweise zur Verfügung. Zum Zwecke solcher Entlehnung wolle man sich an den Bibliothekar Louis Ganzenmüller, 59 rue Claude Bernard, Paris, wenden.

Hainisch, Dr. Michael: Die Heimarbeit in Österreich. Bericht an die Internationale Vereinigung für gesetzlichen Arbeiterschutz. Wien 1906.

Österreichischer Regierungsentwurf eines Hausarbeitsgesetzes (offizieller Text).

Koch, Heinrich: Die deutsche Hausindustrie. München-Gladbach. 1905.

Hausindustriepflege. Schrift des II. Internat. Mittelstandskongresses. Wien 1908.

Wilbrand, Dr. Robert: Die Weber in der Gegenwart. Hausweberei und Webefabrik. Jena 1906.

von Zwiedinek-Südenhorst, Dr. Otto: Lohnpolitik und Lohntheorie, mit besonderer Berücksichtigung des Minimallohnes. Leipzig 1900.

b) Frankreich und Schweiz.

Office du travail: Enquête sur le travail à domicile dans l'industrie de la lingerie. Tome V. Paris 1911.

Bulletin de l'Office du travail. An. 1911. No. 4.

Benoist, Charles: Les ouvrières de l'aiguille à Paris. Paris 1895.

de Maday, André: Enquête sur le travail a domicile chez les bijoutiers du Canton de Genève. Saint-Blaise 1911.

Comte d'Haussonville: Le travail des femmes à domicile. Paris 1909.

Compain, L. M.: La femme dans les organisations ouvrières.

Comte de Mun: Proposition de loi relative à l'institution de comités professionnels chargés d'etablir des salaires minima pour les travailleurs à domicile. Conseil sup. du Travail, Séance du 10 juin 1910. Paris 1910.

Mény, G.: Le travail à domicile. Paris 1910.

Résolutions finales au premier congrès général suisse pour la protection des ouvrières à domicile. Zürich 1909. (Manuskript.)

Gemähling, Paul: Travailleurs au rabais. La lutte syndicale contre les sous-concurrences ouvrières. Paris 1910.

Chaboseau, A.: La réglementation du travail des femmes et des enfants aux États-Unis. Paris 1911.

Lorenz, Jac.: Die wirtschaftlichen und sozialen Verhältnisse in der schweiz. Heimarbeit. Zürich 1910.

Compte rendu du Conseil Supérieur du Travail. 20e session, novembre 1910. Paris 1911.
Leys, Louise-L.: Le relèvement de l'industrie rurale, Revue des deux Mondes. 81. An. 1911. Tome II. No. 1.
Honoré: Salaire minimum pour les ouvrières à domicile, Rapport au Conseil Supérieur du Travail. Paris 1910.
Projet de Loi, portant modification des Titres III et V du Livre Ier du Code du Travail et de la Prévoyance sociale (salaire des ouvrières à domicile dans l'industrie du vêtement). — Déposé à la chambre des députés le 7 novembre 1911.
Cotelle, Théodore: Le „Sweating-System". Angers 1904.
Métin, Albert: Le socialisme sans doctrines (Australie et Nouvelle Zélande). Paris 1910.

c) England.

Cadbury, E., and Shann, G.: Sweating. London.
Fourth Annual Report of the National anti-sweating League. Manchester 1910.
Smith, Constance: The case for Wages Boards. London.
Markham, Miss Violet R.: The factory and shop acts of the British Dominions. London.
Ferners 4 Ausführungsverordnungen des Handelsministeriums zur Konstituierung der einzelnen Lohnämter sowie die 4 Entscheidungen der Lohnämter (offizielle Texte).

d) Kanada.

Reports of the Department of Labour of Canada. Ottawa 1907, 1908, 1909, 1910.
The Labour Gazette. Vol. X, 1910, No. 12. Vol. VII, 1906, No. 6. Ottawa 1910.
Industrial Disputes Investigation Act. 6—7. Edw. VII. House of Commons of Canada. Ottawa 1907.
Memorandum of Industrial Disputes Investigation Act of Canada, 1907, and operations of the same Department of Labour, 1911. (Manuskript.)

e) Neuseeland.

Annual Reports of the Departement of Labour of New-Zealand. 1905, 1909, 1910, 1911.

Industrial Conciliation and Arbitration Amendement. 1910, No. 68. 1908 No. 239.

Department of Labour. Vol. XII, part. 1; vol. XII, part. 3; vol. XII, part. 4. Wellington 1911.

f) Australien.

Western Australia. Second annual report of the Trade Unions. Year 1903. Perth 1904.

Western Australia. Annual Report of the proceedings under the Industrial Conciliation and Arbitration Act 1902. Perth 1903.

Minutes of Evidence taken before the Royal Commission on the factories and shops acts. Melbourne 1901.

Victoria. Report of the Royal Commission on the factories and shops law of Victoria. Melbourne 1902—3.

Victoria. Reports of the Chief Inspector of factories, workrooms and shops. Melbourne 1896, 1897, 1898, 1899, 1900, 1901, 1902, 1903, 1904, 1905, 1906, 1907, 1908, 1909, 1910.

Victoria. Supplements of the Government Gazette. 1905. No. 30, 47, 91, 114, 121. 128, 138, 141, 155, 161.

Sowie etwa 30 Entscheidungen der Lohnämter (offizielle Texte) und eine große Anzahl von Memoranden, Zeitungsberichten etc. aus Viktoria und Neusüdwales.

g) Vereinigte Staaten.

Bulletin of the Bureau of Labour. No. 86. 1910. Washington 1910.

FSC
www.fsc.org
MIX
Papier | Fördert
gute Waldnutzung
FSC® C083411

Kolibri 360 GmbH
Ferdinand-Jühlke-Straße 7
99095 Erfurt, Deutschland
produktsicherheit@kolibri360.de